두려운 마음 버리기

두려운 마음 버리기

린다 새퍼딘 지음
최세민 옮김

팬덤북스

두려움을 제대로 활용하면 오히려 인생이 달라진다

세상에는 용기와 확신에 가득한 아이들이 있다. 하지만 나는 그런 아이가 아니었다. 두려움에서 태어난 것 같은 겁 많은 아이였다. 나는 매우 감수성이 예민했고 부끄러움을 잘 탔으며 무서움도 많았다. 나는 심각한 것을 염려했다. 흔히 죽음이나 전쟁 같은 거 말이다. 다른 사람들이 나를 어떻게 생각할지에 대해 걱정했으며 집에서는 울보로 통했다.

반대로 지금은 나는 확신에 가득 차 있으며 경쟁적이며 용기 있는 어른이다. 놀랄 만한 경험들을 많이 했다. 어떤 일들은 정말 비일상적인 것들이다. 가령, 우간다의 고릴라 산을 올라서 텔레비전에 나온 적도 있다. 어떤 사람들은 내가 정말 겁 없는 사람들이라고 말들 하곤 한다.

내 인생에서 두려움은 나의 행동을 컨트롤하지 못했다. 만약 그러했다면 나는 아마도 내가 하고 싶은 일의 절반도 행하지 못했을 것이 분명하다. 나는 지금이 예전보다 훨씬 더 나은 상황에 놓여 있다고 생각한다. 그렇다고 내가 무조건 긍정적이지는 않다. 다만, 내 두려움이 이미 과거의 일이었다는 것을 말하고 싶다. 그럼에도 나는 여전히 죽음에 대해 흥분하면서도 두려움을 느낀다. 이처럼 두려움은 양면성을 띠고 있다.

어쩌면 이 책을 쓰는 작업이 스릴 있으면서 고마운 일이기도 하다. 매순간 나는 전투적이면서도 절망적인 상태가 되기도 한다. 가끔 내가 왜 이런 작업을 해서 괜히 나 자신에게 고통을 주는지를 되묻기도 한다. 책을 쓴다는 작업이 때론 어렵고 때론 쉬웠지만 한 단어를 쓸 때마다 나는 놀라운 발견을 하게 되었다. 나에 대한 확신은 물론, 노력에 대한 희열을 얻게 되었다.

우리들 대부분은 우리가 강할 뿐만 아니라, 자신에 대한 의심을 충분히 이겨낼 수 있으며, 불확실을 극복할 수 있다고 믿는다. 하지만 우리의 행동과 감정은 우리 의지에 의존할 뿐만 아니라, 우리가 처한 상황에 따라 떠밀리게 된다. 내 인생은 더 이상 두려움에 의해 좌지우지 되지 않을 것이다. 두려움을 항상 나를 찾아오지만 때로는 그것이 나의 삶을 구조하기도 한다. 때론 환영할 만한 친구이며, 때로는 내 목의 칼로 돌아오기도 한다. 그러나 두려움이 나의 삶을 멈춰 버리는 악마가 아닌 것은 분명하다.

나는 두려움을 이겨내는 것에 대해 많이 배웠으며 그런 지식을 여러분들과 공유하고자 한다. 두려움이 왜 당신의 인생을 방해하는지, 두려움이 어떻게 어둠과 소외에서 성장하는지, 심지어 당신이 움켜쥐려고 했던 것과 파괴하려고 했던 것을 먹어 치워 버리는지를 잘 알고 있다. 동시에 두려움의 이면에는 흥분, 심지어 스릴까지도 자리하고 있다는 것을 알고 있다. 아울러 두려움에 종속되는 것보다 그것을 대면하고 극복해내는 것이 얼마나 즐거운지도 잘 알고 있다.

지금 우리는 우리 선조들이 꿈에도 생각하지 못했을 만큼 건강하고 안전하며 풍족한 삶을 오래 누리고 있다. 그럼에도 불구하고 우리는 삶의 이런 특성 가운데 어느 것에서도 더 편안하다거나 덜 불안하다거나 하는 느낌을 받지 않는다. 뭔가 이상하다는 생각이 들지 않은가? 솔직히 우리는 더 많이 알면 알수록, 혹은 더 오래 살면 살수록, 그리고 더 풍족하면 풍족하게 지낼수록 일상생활에서 두려움을 느끼는 일은 더욱더 많아지고 있다. 안전띠, 에어백, 자전거 헬멧이 없던 시절을 한번 기억해 보라. 몸에서 멍울이 만져지면 무조건 암이라고 생각하고 지레 겁먹던 시절을 떠올려 보라. 전쟁과 온갖 종류의 극악한 행위가 매일 안방의 텔레비전에서 방영되기 전의 시대를 상상해 보라. 투자할 돈이라고는 한푼도 없었기 때문에 주식시장의 동향에 신경 쓰지 않아도 되었던 시절을 기억할 수 있는가?

어쩌면 그 당시 우리는 지금보다 더 큰 위험에 노출되어 있었지만 그 사실에 대해 제대로 인식하지 못했다. 솔직히 우리는 우리 주변에 도사리고 있는 위험을 제대로 알지 못했기 때문에 우리에게 주어진 삶을 더 즐겼을 것이다. 그렇다고 내가 모르는 게 약이라는 말을 하려는 것은 아니다. 심지어 과거로 되돌아갈 수 있으리라고 생각하지도 않는다. 내가 말하고자 하는 것은, 온갖 두려움을 알고 있으면서도 용기는 더 많이, 공포는 덜 지닌 채 살 수 있는 비법을 알아야 한다는 점이다.

두려움을 극복하기 위해서는 먼저 두려움을 제대로 이해해야 한다. 그래서 이 책의 part 1은 '두려움에 대한 이해'를 실었다. 두려움은 우리의 행복과 사고방식을 제약할 뿐만 아니라, 선택권을 제한하며, 더 나아가 인생에서 누릴 수 있는 온갖 즐거움을 누리지 못하게 만들기도 한다. 두려움에는 다섯 가지 유형이 있는데, 이것들은 사람의 정신, 말, 육체, 행동에 각각 영향을 미친다. 이 책의 '자기 평가 퀴즈'를 풀어 보면 당신의 두려움이 어떤 유형에 속하는지 알 수 있다.

part 2는 '변화를 위한 방법'을 담았다. 여기서 우리는 생각과 말, 행동에서 두려움을 떨쳐 버리고 육체를 두려움에서 해방시키는 구체적인 방법을 차근차근 익혀 나갈 수 있다. 사실 두려움을 극복한다는 게 여간 힘든 일이 아니다. 두려움은 몸과 마음을 지치게 하고, 절망감을 안겨 주며, 인생을 파괴할 수도 있는 힘을 지니고 있다. 나는 누구 못지않게 두려움의 이런 속성을 너무나 잘 알고 있다. 나 자신이 공포와 싸워왔으니까 말이다. 하지만 당신도 나처럼 두려움을 극복할 수 있다는 사실 역시 잘 알고 있다. 자, 이제부터 그 여정을 떠나 보자.

당신은 두려움에 적응 반응자인가 부적응 반응자인가?

만약 당신이 느끼는 두려움이 생기와 적당한 긴장감을 주는 '적응 반응'인지 아닌지 어떻게 구분할 수 있을까? 그리고 당신이 느끼는 두려움이 살아가는 데 도움이 되지 않으며 일상 생활, 직업, 사랑을 어렵게 하거나 (어떤 사람에게는) 불가능하게 만드는 '부적응 반응' 인지 아닌지를 어떻게 구분할 수 있을까? 이 중요한 질문에 대한 해답을 찾을 수 있는 간단한 문제를 풀어 보자.

다음 문장에 'T(그렇다)' 또는 'F(아니다)'로 답한다.

번호	질문	T(그렇다)	F(아니다)
1	어떤 도전이나 위협, 반신반의하는 상황에서 두려움이 나를 돕는 경우가 많다.		
2	위험한 상황이든 전혀 위험하지 않은 상황이든 갖가지 다양한 상황에서 두려움을 느낀다.		
3	내가 느끼는 두려움은 도전이나 위협, 반신반의하는 상황 등의 본질에 따라 강도가 달라진다.		
4	내가 느끼는 두려움은 도전이나 위협, 반신반의하는 상황의 본질에 상관없이 심하다.		
5	내가 느끼는 두려움은 대체로 시간에 좌우되어 위험에 처했을 때는 커지다가 그 후에 점차 줄어든다.		
6	내가 느끼는 두려움은 때때로 한계가 없어서 특정한 상황이 끝나도 계속되면서 하나의 사고방식으로 굳어진 것 같다.		
7	내가 느끼는 두려움은 그 원인을 없앤 후에는 사라지고 안도감이 든다.		
8	내가 느끼는 두려움은 그 원인이 없어지거나 끝난 후에도 남아 있다.		
9	내가 느끼는 두려움은 위협이 되는 상황이 얼마나 심각하냐에 따라 다르다.		
10	내가 느끼는 두려움은 위협이 되는 상황이 심각하거나 그렇지 않거나에 그다지 달라지지 않는다.		

먼저 홀수 번호가 붙은 문장에 '그렇다'고 답한 개수를 세고, 다음으로 짝수 번호가 붙은 문장에 '그렇다'고 답한 개수를 세어 보자. 홀수 번호가 붙은 문장은 적응 반응으로서의 두려움을 묘사하는 표현이고, 짝수 번호가 붙은 문장은 부적응 반응으로서의 두려움을 묘사하는 표현이다.

1 짝수 번호보다 홀수 번호의 문장에 '그렇다' 고 답한 개수가 더 많다면, 당신의 두려움은 부적응 반응이라기보다는 적응 반응이다. 적응 반응으로서의 두려움은 어려운 상황에 처한 사람의 생명을 구하는 감정이다. 이는 꼭 필요하고 적절한 감정으로 진정한 위험을 경고해 준다. 홀수 번호의 문장에서 점수가 높았다면 축하를 보낸다. 당신의 공포는 당신에게 도움이 된다.

2 홀수 번호보다 짝수 번호의 문장에 '그렇다'고 답한 개수가 더 많다면 당신의 두려움은 적응 반응이라기보다는 부적응 반응이며, 당장 조치를 취할 필요가 있다. 두려움이 필요한 순간도 물론 있지만, 두려움이 필요하거나 당신을 보호할 수 있는 상황이 아니라면 두려움에 지배당해서는 안 된다.

3 적응 반응으로서의 두려움은 미묘한 감정으로, 시간이 흐르거나 상대적으로 안전하다는 느낌이 들면 사라지는 법이다. 하지만 부적응 반응으로서의 두려움은 항상 의식의 표면 바로 아래에 잠복해 있으며, 불편하거나 낯선 상황이 닥치면, 또는 변화에 직면하면 재빨리 모습을 드러낸다.

당신의 두려움에 대한 신체 반응 유형은 어디에 속하는가?

세 가지 신체 반응 유형에 대한 다음 질문을 잘 읽고, 당신에게 해당하는 질문이라고 생각되면 체크 표시를 한다.

과민 형

• 자신의 몸이 예민하다고 생각하는가?	
• 몸에서 일어나는 아주 작은 변화도 금방 알아차리는가?	
• 일상적인 스트레스와 긴장감 때문에 녹초가 되는가?	
• 불안감을 느끼면 보통 사람들보다 그 감정을 극복하는 데 시간이 더 오래 걸리는가?	
• 외부의 소음 때문에 집중력이 흐트러지거나 마음의 평정을 잃는가?	
• 너무 덥거나 너무 춥거나 하는 온도 변화에 민감한가?	
• 다른 사람들의 말에 민감한가?	
• 자신의 몸에 '완충 장치' 같은 것이 있어 일상에서 받는 충격을 완화시켜 주었으면 하는 생각이 드는가?	
• 사지가 떨리거나 움직이기 불편하다는 느낌을 자주 받는가	
체크 표시 합계	

과민반응 형

• 불안감이 들면 아무 일도 하지 않고 가만히 있기가 힘든가?	
• 두려운 상황이 닥치면 어떤 선택을 할 수 있을지 따져 보기도 전에 충동적으로 행동하는가?	
• 자신이 충동적인 사람이라고 생각하는가?	
• 앞뒤 가리지 않고 즉흥적으로 행동하는 편인가?	
• 무작정 행동에 옮기고 난 다음 뼈저리게 후회한 적이 있는가?	
• 일정 기간 동안 아무 말도 하지 않고 가만히 있어야 한다면 마음이 불안해지는가?	
• 몸을 잠시도 가만 두지 못하고 늘 움직이는 편인가?	
• 행동에 옮기기 전에 계획을 작성하는 데 지금보다 더 많은 시간을 투자할 수 있는가?	
체크 표시 합계	

• 몸이 굳어지거나 뻣뻣한 증상을 자주 느끼는가?	
• 다른 사람들에 비해 감정이 부족하다고 생각하는가?	
• 스트레스를 받으면 몸이 굳어지는가?	
• 양손을 가슴에 둘러 팔짱을 끼는 행동을 자주 하는가?	
• 미처 깨닫지 못한 사이에 주먹을 꽉 쥐는 일이 있는가?	
• 편안히 쉬고 있을 때조차도 몸의 긴장을 풀기가 어려운가?	
• 통제력을 잃지 않는 일이 아주 중요하다고 생각하는가?	
• 감정을 겉으로 드러내지 않고 자제하는 것이 중요하다고 생각하는가?	
체크 표시 합계	

📢 테스트 결과 보기

Section 9에서 확인하세요!

CONTENTS

part 1
두려움을 먼저 이해하라

Section 1 두려워하는 대로 인생을 살게 된다 _ 19

Section 2 두려움의 다섯 가지 유형 _ 30

Section 3 어떻게 두려움으로 가득한 삶을 발전시킬 것인가? _ 49

Section 4 변화 가능성을 이해하자 _ 71

part 3

두려움 이후의 행복한 삶

두려움을 먼저

이해하라

두려워하는 대로 인생을 살게 된다

"두려워해야 할 유일한 것은 두려움 그 자체다."

– 프랭클린 D. 루즈벨트

만일 누군가가 당신에게 두려움을 완전히 없애 버릴 수 있는 마법의 알약을 준다면, 당신의 삶은 얼마나 달라질 것이라고 생각하는가? 만일 당신이 위험한 상황에 처하지 않을까 걱정할 필요가 없다면 당신은 무엇을 하고 싶은가? 또한 누구를 만나고 싶은가? 어디로 여행을 떠나고 싶은가? 어떤 사람에게 무슨 말을 건네고 싶은가? 당신 자신은 어떻게 달라지겠는가? 당신은 어떤 사람이 될 것 같은가?

이런 질문들에 대한 답을 해 보면, 어쩌면 두려움에 사로잡힌 삶이 어떤 것인지 잘 알 수 있을 것이다. 그리고 두려움과 불안감 대신 편안함과 자신감이 내 삶을 지배한다면 삶이 얼마나 달라질 것인지도 스스로 예측할 수도 있다.

두려움에는 대가가 따른다

분명히 당신이 이 책을 읽는 이유는 당신에게(또는 당신이 사랑하는 그 누군가에게) 두려움이 큰 문제가 되기 때문이다. 그렇지 않다면, 아마도 당신이 이 책을 읽기에 주저할지도 모른다. 하지만 두려움 때문에 인생을 즐길 수 있는 능력, 창조적인 일을 할 수 있는 능력, 마음껏 사랑할 수 있는 능력이 제한을 받는다는 사실을 깨달아야 한다.

두려움은 생각을 제한한다

두려움은 하고 싶은 마음을 움츠러들게 하며 기운을 꺾는다.

- 매사에 부정적인 태도를 취한다.
- 매사에 좋은 점이나 장점보다는 상대적인 단점을 찾아내는 데 엄청난 에너지를 쏟아 붓는다.
- 무언가 새로운 일을 시도하면 그 결과에서 불충분한 점, 실패, 함정, 말썽거리, 문제점, 불운이 있지 않을까, 온갖 근심걱정을 하느라 지쳐 버린다.

- 두려움을 솔직하게 털어 놓아라는 제안을 들으면 "아니, 제 정신이야?" 또는 "어떻게 그런 말을 할 수 있어!"라고 반응한다.

두려움은 선택을 옥죈다

두려움은 인생에서 다양하고 흥미로운 선택권을 모두 누리지 못하게 한다. 만날 수 있는 사람, 도전할 수 있는 일, 떠날 수 있는 여행, 맛볼 수 있는 즐거움의 폭이 좁아지게 만든다.

- 세상으로 뛰어들어 탐험하고 싶다는 생각보다는 세상 안에 갇혀 있다는 느낌이 든다.
- 삶이 신나는 모험이라기보다는 짊어져야 할 짐으로 느껴진다.
- '세상에는 신나는 일이 얼마든지 있어' 보다는 '세상에는 위험한 일이 너무도 많아'라는 부정적 생각을 자주 한다.
- 좁지만 안전한 구역 안에서 살아갈 수밖에 없다고 푸념하면서, "어떻게 해야 할지 모르겠어. 선택의 여지가 없잖아"라고 한탄한다.

두려움은 행동을 한정한다

두려움은 당신이 할 수 있는 창조적 활동의 범위를 줄여 버린다.

- 아주 커다란 이익을 볼 수 있는 직업이나 사회적·금전적 기회를 놓치고 만다.
- 어떤 기회가 다가왔을 때, 열린 마음으로 그 가능성을 평가하지 않고 그저 거절하거나 적극적으로 검토하려 하지 않는다.
- 두려움에 마음을 맡겨 버리고 "도저히 내키지 않아" 라든가 "못

하겠어"라며 자신의 행동을 한정짓는다.

두려움은 인생에서 누릴 수 있는 모든 즐거움, 재미, 전율을 고 갈시킨다.

두려워하는 데 많은 에너지를 쏟아 붓는 바람에 인생을 제대로 즐길 여유가 없다.

- 몸이 극도로 피곤하거나 정서적으로 고갈되었다는 느낌이 든다.
- 창조적인 일을 하기 어렵거나 불가능하다는 생각이 든다.
- 우정이나 사랑이 즐겁고 필수적인 것이 아닌, 피곤함의 원천 으로 느껴진다.
- 새로운 경험을 하게 되면 "우와! 재미있겠다! 정말 멋지잖아! 이런 경험을 할 수 있다니!"라며 즐거워하기보다는 "정말 스트 레스 쌓여 죽겠어! 도대체 익숙해지지가 않아! 이렇게 불확실 한 게 많아서야 어디 살겠나!"라며 의기소침해 한다.

두려움 때문에 인생에서 많은 부분을 제약당하고 자유와 즐거움 을 제대로 누리지 못한다면 남는 것은 따분하고 평범하며 아무런 재미도 없는 일상뿐이다. 그리고 사람이라면 누구도 피할 수 없는 끔찍한 순간들, 각종 어려운 일들, 온갖 비극적인 상황도 고스란히 몸으로 부딪혀야 한다. 하지만 인생을 이렇게 살아서야 되겠는가.

43세의 일레나는 오랜 시간을 허비하고 나서야 자신의 인생에 서 위험은 피할 수 없는 기본임을 알게 되었다. 그때서야 비로소 그녀는 온갖 고난과 위험에만 집중하느라 인생의 모든 즐겁고 기쁜 순간들을 놓치고 있다는 사실을 깨달았다. 일레나의 인생은 그때까지 '하나를 겨우 해내면 또 하나가 닥치는' 식이었다. 인생의 즐거움과 기쁨을 거부하고, '이 짐을 짊어지고 가야 해' 라는 부담감에 비틀거리기만 했다.

제이크의 이야기: 안전제일주의

제이크는 최근에 인생에서 '안전제일주의' 만이 최고가 아니라는 사실을 깨달았다. 현재 50대 초반인 그는 10대와 20대의 젊은 시절을 두려움에 사로잡혀 보냈다. 제이크는 재능 있는 클래식 기타리스트로 좋은 교육까지 받았지만 음악가로 살아가는 것에 늘 불안감을 느꼈다. 그렇다고 그는 다른 가능성을 열심히 찾았던 것도 아니었다. 항상 망설였다. 실패하거나 뒤떨어지는 것을 두려워한 나머지 제이크는 개인적인 삶에서나 직업에서나, 누릴 수 있는 모든 기회를 잃어버리고 말았다.

그는 스물두 살에 병원의 간호보조원으로 일하기 시작했다. 다른 음악가, 작가, 배우 들이 흔히 레스토랑이나 상점에서 일하면서 돈을 벌듯이, 간호보조원이라는 직업이 자신의 '음악벽癖'을 재정적으로 어느 정도 지원할 수 있다는 핑계를 댔다. 친구와 친척 들이 하필 왜 예술적 영감과는 아무런 상관이 없는 직업을 구했느냐고 물으면, 제이크는 환자들을 돌보는 일이 좋으며 보수도 짭짤하기 때문이라고 버릇처럼 대답했다.

하지만 솔직히 그에게는 인정하고 싶지 않은 이유가 있었다. 그

것은 간호보조원으로 일하고 있으면 음악가로 살아갈 것이냐 말
것이냐를 하는 어려운 결정을 회피할 수 있기 때문이었다. 이 사
실을 그는 너무나 잘 알고 있었다. 그는 클래식 기타리스트로 성공
할 수 있을지 두려웠기 때문에 꿈을 미루고 기회를 피했던 것이다.

게다가 제이크는 수줍은 성격 탓에 이성과의 사랑에도 통 진전
을 보지 못했다. 젊고 매력적이며 활달한 여성을 만날 기회가 많았
지만 데이트 신청은 거의 하지 않았다. 거절당할 위험을 무릅쓰는
일이 너무나 두려웠던 것이다. 여성들이 그에게 호감을 보일 때에
도 제이크는 그녀들이 진정으로 자기를 좋아한다고는 꿈에도 생
각지 못했다. 공교롭게도 몇 년 후 그가 정말로 사랑에 빠진 여성
은 몹시 냉담하고 매사에 꼬치꼬치 따지기 좋아하는 성격이었기
에 제이크는 더욱 자신감을 잃었다. 결국 제이크는 이성과 사귀는
일은 위험천만한 일이라는 확신을 굳히게 되었다.

오랜 세월이 흐른 뒤에야 제이크는 자신이 변화를 두려워하고
자신의 가능성을 믿지 못하는 바람에 무기력한 인생을 살았다는
사실을 깨닫게 되었다. 젊었을 때 이 사실을 알았다면 얼마나 좋
았을까! 하지만 덴마크의 철학자 키에르 케고르의 명언에서 우리
는 좋은 교훈을 얻게 된다.

"인생이란 본래 앞으로 나아가야 하는 것이지만 우리는 뒤를 돌
아보고서야 비로소 그 사실을 깨닫는다."

두려움과 어떻게 지낼 것인가?

제이크의 이야기는 총명하고 활기와 재능이 넘치는 사람이 어떻게 두려움 때문에 자신이 가진 것을 제대로 활용하지 못하는지를 보여 주는 좋은 예다. 두려움이 통제하지 못할 지경에까지 이르면 인생은 견디기 어렵게 힘들고 무시무시하게 괴롭고 스트레스 쌓이는 일만이 가득하게 된다. 결국 괴로움의 연속이나 다름없다. 하지만 두려움 때문에 삶의 본질을 희생하거나 하고 싶은 일을 하지 못하고 움츠러든다는 것이 이처럼 겉으로 드러나는 현상만이 아니다. 두려움에 사로잡힌 태도나 행동은 포착하기 어려울 정도로 미묘하게 나타는 경우가 많으며, 사람에 따라 이런 두려움의 강도도 다를뿐더러, 두려움을 드러내는 방식도 참으로 다양하다. 그 가운데 아주 흔한 방식 몇 가지를 살펴 보자.

- 스스로 다른 사람들과 떨어져 외톨이가 된다.
- 지나치게 다른 사람에게 고분고분하고 비위를 맞춘다.
- 경계심이 지나치게 많다.
- 무감각해진다.
- 일상에서 부딪치는 모든 상황에 아예 대응하려 하지 않는다.
- 심리학자들이 말하는 '반동형성' 심리상태에 이르러, 자신이 느끼는 감정과 반대 방향으로 행동한다. 다시 말해, 두려움 때문에 거꾸로 마초macho가 되거나 자신의 공포감을 경멸하거나 대수롭지 않게 여기려 한다.

두려움은 안전이나 통제를 몹시 갈망하는 욕구로 나타날 수 있으며, 의심, 우유부단함, 애매모호함, 근심걱정, 완고함이라는 욕구불만의 형태로 표출되기도 한다. 또는 물리적 상황에서는 공포를 거의 느끼지 않으나("내가 어떻게 해볼 수 있는 일이 아니잖아"), 정서적 측면에서는 두려움에 사로잡히는 사람도 있다("외톨이가 되고 싶지 않아"라든가 "다른 사람들이 나를 어떻게 생각하는지 불안해").

이처럼 다양한 두려움의 형태는 하나만 나타나기도 하고 여러 가지가 복합되어 나타나기도 한다. 그리고 각자에게 누적되어 미치는 영향 역시 약간의 불쾌감을 느끼는 것에서부터 마비나 공황恐惶 상태에 빠지기까지 하는 등 천차만별이다.

두려움은 삶의 또 다른 방식이지 증상이 아니다

두려움에 대한 이야기를 더 논하기에 앞서, 의학적으로 말하는 과도하고 부적절한 두려움과 실제의 삶에서 얻어지는 일상적인 두려움을 구분해야 한다. 대부분의 사람들이 두려움을 공포증, 공황반응, 불안반응, 외상 후 스트레스 장애PTSD와 같은 정신병의 한 유형으로 착각한다. 하지만 이 책에서 나는 두려움을 의학적 진단으로 정해진 병명이 아니라 우리가 태어나고 자라면서 배웠고 또한 살아가면서 잊어버릴 수 있는 '경험의 한 형태'라고 말하고 싶다.

이 책은 두려움을 신경증적 증상의 덩어리로서뿐 아니라 한 사람의 전반적인 특성으로서 바라보고 있다. 나는 이 책을 두려움 때문에 움츠러든 인생 자체보다는 풍성한 삶을 누릴 수 있는 방법을 제안하는 데 더 초점을 맞추어 썼다. 이것은 다이어트에 집착하는 것과 좀 더 건강한 식생활을 추구하는 것과의 차이와 비슷하다. 다이어트에 집착하는 것은 문제 자체만 생각하는 단기적인 방식인 반면, 건강한 식생활을 추구하는 것은 삶의 질을 생각하고 해결책에 집중하는 장기적인 방식이다. 내가 이 책에서 강조하는 점은 두려움을 정신의 웰빙을 추구하자는 것이다("어떻게 하면 삶의 질을 높일 수 있을까?").

하지만 내가 방금 말했듯이 두려움에 사로잡힌 생활양식이 '정신병'이 아니라면, 어째서 그토록 인생에 커다란 해악을 끼친단 말인가? 그리고 두려움은 어떻게 발달하는가? 이런 의문에 대해서는 Section 2에서 자세히 다루겠지만 여기에서 먼저 간단히 말해 보자.

두려움에 사로잡힌 생활양식은 다양한 형태로 발전하지만 한 가지 공통점이 있다. 두려움을 너무 자주, 너무 강하게, 또는 너무 오랫동안 느끼는 사람은 (특히 젊은 사람인 경우) 두려움이 단순히 특별한 상황에서 일어나는 반응이 아니라 삶의 한 방식이 되어 버린다. 누군가가 당신을 모욕했을 때 화를 내는 것(특정한 상황에서 적절한 반응)과 늘 화를 내는 사람이 되는 것(삶의 방식)에는 분명 차이가 있다. 아니면 누군가와 헤어져서 슬픔을 느끼는 것(특정한 상황에서 적절한 반응)과 항상 우울한 사람이 되는 것(삶의 방식)의 차이라고 해도 좋겠다.

두려움이 모든 것에 우선하게 되면, 그 생활양식은 두려움을 극복하는 쪽이 아니라 두려움을 받아들이기만 하는 쪽으로 나아간다. 직장에서의 위험, 집에서의 위험, 대인관계에서의 위험, 더 넓은 세상에서 만날 위험 등 갖가지 위험을 끊임없이 경계하게 된다. '경계'는 심성心性의 일부가 되어 당신의 마음은 항상 위험을 찾아 바짝 긴장한다. 위협이 되지 않는 상황에서조차도 쉽게 공포감을 느끼게 된다. '꼭 필요한' 위험도 회피하는 탓에 장기적으로 볼 때 당신에게 이롭게 작용할 경험을 하지 못하게 된다. 굶주린 사람이 음식을 탐하듯 안전하고 싶다는 욕구가 커져 간다. 한마디로 두려움이 하나의 사고방식이 되어 버리는 것이다.

안전하고 안심할 수 있으며 모든 것이 확실한 삶을 꿈꿀 수 있을지는 모른다. 그러나 실생활에서 그것은 불가능하며, 그러한 특성은 상대적이다. 완벽한 안전이란 존재하지 않는다. 인생이란 항상 위험으로 가득 차 있다.

- 삶을 살아가면 죽는다는 위험이 따른다.
- 누군가 혹은 무엇을 사랑하면 그 누군가 혹은 무엇을 잃을 위험이 따른다.
- 감정을 느끼면 마음의 상처를 입을 위험이 따른다.
- 무엇인가를 배우면 자신이 멍청하다고 느낄 위험이 따른다.
- 어떤 일을 시도하면 실패할 위험이 따른다.
- 의견을 입 밖에 내어 말하면 비웃음을 살 위험이 따른다.
- 성공하면 한계에 부딪힐 위험이 따른다.

이렇게 다양한 위험을 최소화할 수는 없을까? 물론 가능하다. 이 모든 위험을 깡그리 없애 버릴 수는 없을까? 그것은 불가능하다.

그렇다면 이런 위험들과 어떻게 살아가야 할까? 두려움, 의심, 반신반의하는 마음을 누그러뜨리는 방법을 찾을 수 있을까? 이 책은 이런 질문들에 대한 해답을 싣고 있다.

두려움의 다섯 가지 유형

사람들이 두려움을 표현하는 방식은 사람마다 아주 다양하다. 사람들이 공포를 느끼는 대상도 가지각색이며 그 공포를 '어떻게' 표현하는지, 그 유형도 천차만별이다. 대부분의 사람들은 남자와 여자가 두려움을 표현하는 방식이 다르다는 것을 이미 잘 알고 있다. 여자들은 아주 어릴 때부터 실생활에서, 혹은 책이나 텔레비전 프로그램, 영화 등에서 공포를 표현하는 쪽의 역할 모델을 더 많이 맡는다. 많은 여자들이 어릴 때부터 주의 깊게 행동하고 무서움을 많이 느끼도록, 심지어 소극적으로 행동하도록 교육을 받는다. 어떤 여자들은 부모나 사회로부터 두려움을 권장하는 (게다가

때로는 두려움을 느끼면 보상을 해 주는) 메시지를 주입 당하기도 한다. 이처럼 우리 사회는 여자들이 두려운 감정을 느끼고 직접적으로 표현하는 것을 쉽게 용인하는 편이다.

심지어 어떤 사람에게는 단순한 '용인'을 넘어 '요구'되기도 한다. 내 친구 가운데 한 명은 이렇게 토로하기도 했다.

"내가 십대 때에는 어디를 가든지 엄마가 '조심해라' 라고 하셨어. 학교를 가든 데이트를 하러 나가든 친구 집에 놀러가든 똑같은 말씀이셨지. 남동생이 말썽을 피우면 부모님은 물론 화도 좀 내셨지만 대개는 '뭐, 남자 애들은 다 그렇지' 정도로 끝내셨지. 하지만 내가 무슨 말썽을 피우면 난리가 나셨어. '조심하라고 했잖니!'라며 거의 히스테리 상태가 되셨지. '납치당하면 어쩌려고! 성폭행 당하거나 살해당할 수도 있어!' 라며 화를 내셨어."

물론 남자들도 두려움을 느끼기도 한다. 하지만, 우리 사회는 남자들에게 두려움을 무시하거나 부정하거나 느끼지 않는다며 거짓말을 하도록 암묵적으로 강요하며, 또는 그런 자세가 남자다운지 가르치기도 한다. 그래서 남자들은 화를 내거나, 술을 마시거나, 독불장군이 되거나, 어떻게 해야 좋을지 모르는 상황을 회피하는 등의 행동으로 두려움을 간접적으로 드러낸다. 다른 사람에게 뭔가를 물어 봐야 하는 등의 아주 일상적인 상황에서도 두려움은 생길 수 있다. (한때 유행하던 농담 하나 해 보자. "모세는 왜 사막에서 40년이나 헤맸을까?" 정답은 "길을 물어 보기를 싫어해서.") 많은 남자들이 두려움을 털어놓거나 표현하거나 심지어 인정하지도 못한 채 극도의 두려움과 싸우고 있는 것도 사실이다. 남자들의 두려움은 감추어져 있다 하지만 오히려 두려움이 감추어져 있기 때문에 여자들의 두려움보다 더 심각하고 더 괴로울 때가 많다.

소년들과 남자들이 공포를 인정하거나 드러내기를 상대적으로 주저하는 원인은 무엇일까? 남자아이는 다섯 살이나 여섯 살이 되면 이미 두려움은 '남성답지 못하며' 따라서 감추거나 부정해야 한다는 메시지를 자기 내면에 완전히 받아들인다. 학교에서는 두려움을 겉으로 드러내는 남학생을 다른 남학생들이 놀리거나 괴롭히거나 심지어 폭력을 가해도 괜찮다는 분위기가 지배적이다. 두려움을 억누르지 못하는 남학생은 '겁쟁이', '계집애 같은 놈', '약골'과 같은 딱지가 붙는다.

그 결과, 남자와 여자는 두려움을 인정하고 또 그런 두려움을 어떻게 해야 하는지에 대해 상당히 다른 메시지를 받는다. 하지만 이 책에서 묻고자 하는 기본적인 질문은 남자와 여자가 '일반적으로' 어떤 감정을 느끼는지가 아니라, 한 개인으로서 당신이 느끼는 '특별한' 감정에 대해서다.

당신의 두려움은 어떤 유형인가?

두려움의 시작은 다른 감정과 엇비슷하지만 시간이 흐를수록 자아 개념과 성격 유형을 형성하기도 한다. 다음에 나오는 문제는 당신이 두려움을 표현하는 유형을 더 잘 이해할 수 있도록 고안된 것으로, 점수를 계산해 보면 당신이 어떤 '두려움 유형'에 속하는지 알 수 있을 것이다. 퀴즈를 활용하는 방법은 다음과 같다.

• 각 문장을 읽고 "전혀 아닌데"에서 "바로 내 얘기야!" 까지 5등급의 대답 가운데 하나를 선택한다.

　1점 = 전혀 아닌데

　2점 = 별로 그렇지 않아

　3점 = 약간 그래

　4점 = 대체로 그렇지

　5점 = 바로 내 얘기야!

• 5가지 문제를 푼 다음 정해진 대로 각 문제의 점수를 계산한다.
• 각 문제의 합산 점수에 따라 유형에 순서를 매긴다. 가장 높은 점수를 얻은 유형을 1번으로, 두 번째로 높은 점수를 얻은 유형을 2번으로 한다.

1. 스트레스를 받거나 불안감을 느낄지도 모르는 상황에 빠질까 봐 안전하다고 생각되는 범위를 벗어나는 것을 주저하는가?

2. 대화를 먼저 시작하거나 자신의 의사를 입 밖으로 표현하는 것에 어려움을 느끼는가?

3. 여럿이 모인 자리에서 다른 사람과 친해지기까지 오래 걸리는가?

4. 사회적 관계에서 심장 박동이 빨라지거나 위장이 뒤틀리는 등 신체적 변화를 겪는가?

5. 다른 사람에게 말을 거는 것보다 침묵을 지키는 편을 좋아하는가?

6. 사회생활에서 잘못을 저지르는 것이 두려운가?

7. 여러 사람과 어울려 활동하는 것을 피해 수동적인 활동, 즉 독서, TV 시청, 컴퓨터 사용하기 등에 많은 시간을 보내는가?

8. 다른 사람과 대화를 나눌 때 상대방이 당신을 어떻게 생각할지 걱정한 나머지 대화의 주제에 집중하지 못하는가?

9. 남들의 이목을 끄는 것을 싫어하는가?

10. 남이 당신을 칭찬하면 불편한 마음이 드는가?

11. 마음 가는 대로 행동하기보다 머리로 이것저것 생각하는 편인가?

12. '나는 똑똑하지 못해, 자격이 모자라, 매력적이지 못해' 등 자신에 대해 부정적인 생각을 많이 하는가?

➡ Quiz 1의 총 점수 :

1. 어떤 일을 하면서 궁지에 몰렸다거나 신경이 지나치게 곤두섰다는 느낌이 자주 드는가?

2. 다른 사람들이 당신에게 "너무 긴장하지 말라"는 말을 자주 하는가?

3. 걱정할 만한 일이 아무 것도 없는데도 도저히 마음이 놓이지 않는 경우가 있는가?

4. 잠이 잘 오지 않거나 짐을 자면서 중도에 자주 깨거나 숙면을 취하지 못하는가?

5. 어떤 문제가 생길지도 모른다는 생각 때문에 쉽게 긴장하는가?

6. 매사에 다른 삶들보다 더 심각하게 고민하는가?

7. 다른 사람들이 당신에게 "진정해"라든가 "걱정 안 해도 돼"라는 말을 한 적이 있는가?

8. 예상치 못했던 일이 생기면 불안감을 느끼는가?

9. "어쩌면 좋아!"라는 표현을 자주 사용하는가?

10. 뉴스나 기상예보, 또는 업무 보고를 들으면서 기분이 언짢아질 때가 자주 있는가?

11. 긴장 때문에 복통, 두통, 어깨통증 등 신체적 증상을 느끼는가?

12. 너무 많은 일에 책임을 느낀다는 생각을 하는가?

➡ Quiz 2의 총 점수 :

1. 사람들이 당신을 좋아하거나 인정해 주는 것이 당신에게 중요한 일인가?

2. 사람들이 무언가 부탁을 할 때 거절하기가 어려운가?

3. 당신 자신이 원하는 쪽보다는 다른 사람이 원하는 쪽으로 따라가는 편인가?

4. '내가 하고 싶어서 하는 일' 보다는 '해야 하니까 하는 일' 이 더 많은 편인가?

5. 누군가가 당신을 불편하게 생각하면 불편한 기분이 드는가?

6. 당신이 하고 싶은 일을 하기 전에 먼저 다른 사람들의 인정, 조언, 격려를 구하는 편인가?

7. 혼자서 결단을 내리기가 어려운가?

8. 다른 사람들의 의견에 쉽게 마음이 흔들리고, 누군가가 반대하면 당신의 관점을 자주 바꾸는가?

9. 다른 사람이 목청을 높이거나 인상을 찌푸리면 쉽게 기가 꺾이는가?

10. 괜한 풍파나 말썽을 일으키고 싶지 않아서 화난 감정을 억누른 적이 있는가?

11. 다른 사람이 원하는 쪽으로 따라갔다가 나중에 당신의 의견이 무시당했다는 생각에 마음의 상처를 받거나 분개하는가?

➡ Quiz 3의 총 점수 :

1. 당신이 마음속 깊이 숨겨 놓은 두려움을 다른 사람들이 알면 깜짝 놀랄 것이라 생각하는가?

2. 언짢은 감정에서 벗어나려고 다른 사람들에게 짜증을 내거나 논쟁을 벌이는 적이 있는가?

3. 만사가 당신 뜻대로만 되어야 한다고 생각하는 바람에 다른 사람들이 당신을 완고하다고 비난하거나 화를 낸 적이 있는가?

4. 다른 사람들에게 멍청하게 보이기 싫어서 길을 물어보지 않은 적이 있는가?

5. 무서운 게 아무 것도 없다고 큰소리친 적이 있는가?

6. 당신 자신이 의도한 것보다도 자신이 더 완고하거나 고집이 세다고 생각하는가?

7. 지금보다 좀 더 느긋하게 인생의 즐거움을 누리고 싶다고 생각하는가?

8. 당신의 분노 아래에는 커다란 두려움이 숨어 있다고 생각해 본 적이 있는가?

9. 다른 사람의 마음에 안 드는 점을 직접적으로 말하기보다는 비꼬거나 조롱하는 투로 표현하는가?

10. '최선의 방어는 공격이다' 라는 말에 따라 자신을 방어하기 위해 공격적인 태도를 취하는가?

11. 다른 사람이 두려워하면 그것이 그 사람의 약점이나 섬약한 면모를 드러내는 것이라고 생각하는가?

12. 당신 자신이 겉으로는 강하지만 속으로는 약한 사람이라고 생각하는가?

➡ Quiz 4의 총 점수 :

1. '어쩔 수 없이 해야 하기 때문에' 하는 일이 많은 편인가?

2. 다른 사람들은 그다지 신경 쓰지 않는 자질구레한 면이나 규칙 등에 신경을 많이 쓰는가?

3. 자신을 완벽주의자라고 생각하는가?

4. 모든 사람들이 '올바른' 방향으로 살아가야 한다는 생각에서 다른 사람들의 삶을 통제하는 경향이 있는가?

5. 다른 사람들이 당신에게 너무 간섭이 심하다고 비난하는가? 그리고 만약 그렇다면, 당신은 그들이 옳지 않다고 말하는가?

6. 일이 생각대로 되지 않고 통제할 수 없게 되면 기분이 나빠지는가?

7. 예상하지 못한 일이 생기는 것이 싫은가?

8. 비판적인 생각을 하지 않는 것이 어려운가?

9. 매사를 '올바른' 방향으로 처리하지 않으면 차라리 안 하는 것이 낫다고 생각하는가?

10. 실수를 하거나 하고 싶은 일에서 실패하면 자신을 가혹하게 나무라는가?

11. 다른 사람들이 당신이 기대한 대로 행동하지 않으면 짜증이 나는가?

12. 변화에 순응하거나 알맞게 처신하는 것이 어려운가?

➡ Quiz 5의 총 점수 :

5개 퀴즈를 모두 풀었다면, 각 퀴즈의 총 점수를 다음 빈 칸에 써 넣는다.

Quiz 1 수줍음 형 두려움 유형

Quiz 2 과다경계 형 두려움 유형

Quiz 3 순응 형 두려움 유형

Quiz 4 마초 형 두려움 유형

Quiz 5 통제 형 두려움 유형

이제 두려움 유형의 순서를 매긴다. 가장 높은 점수가 나온 유형을 1번, 두 번째로 높은 점수

가 나온 유형을 2번으로 하여 아래에 적어 보자.

가장 높은 점수가 나온 두려움 유형

두 번째로 높은 점수가 나온 두려움 유형

세 번째로 높은 점수가 나온 두려움 유형

네 번째로 높은 점수가 나온 두려움 유형

다섯 번째로 높은 점수가 나온 두려움 유형

퀴즈의 결과를 검토하는 동안 다음 사항을 염두에 둔다.

• 이 퀴즈는 어디까지나 두려움 유형을 간략하게 요약한 수준이며, 공식적으로 인증을 받

　았거나 실험으로 입증된 것은 아니다. 이 퀴즈는 단지 두려움이라는 문제에 대처할 수

　있는 방안을 강구하는 것이 목적이다.

• 각 퀴즈마다 가장 낮은 점수는 12점이며 가장 높은 점수는 60점이다. 하지만 12점이라는 점수는 좀처럼 나오지 않을 것이다. 역공포counter-phobic, 즉 무서운 상황에 일부러 더 몰두하여 공포를 잊으려 하거나, 또는 어떤 상황에서도 전혀 공포를 느끼지 않는 사람에게나 가능한 점수니까 말이다. 이상적인 점수는 중간 정도(20에서 40점)로, 이 수준의 점수는 퀴즈에 나오는 각 상황에서 적절한 정도의 두려움을 느낀다는 의미다.

퀴즈의 결과는 당신이 무엇 때문에 두려움을 느끼는지, 그 패턴을 암시한다. 예를 들어 통제 형에서는 41점을 받은 반면 수줍음 형에서는 18점을 받았다면, 상대적으로 볼 때 다른 사람과 만날 때보다는 통제할 수 없는 상황에서 두려움을 더욱 많이 느낀다는 의미다. 이 퀴즈에서 중요한 것은 점수가 아니라 두려움 유형의 순서다.

이제 각 유형에 대해서 좀 더 자세히 알아 보자. 각 유형은 다른 유형과 전혀 상관없는 것이 아니라 몇 가지 중요한 특성을 공유하고 있다. 따라서 두 가지 유형에서 비슷하게 높은 점수가 나올 수도 있다. 하지만 두려움을 많이 느끼는 사람들은 대개 한 가지 유형에서 집중적으로 높은 점수가 나오며, 신체적·정서적으로뿐 아니라 지능 면에서도 그 유형의 영향을 받는다. 그리고 이 책의 다섯 가지 두려움 유형은 의학적 진단이 아니라 삶의 패턴이라는 사실을 명심하기 바란다.

수줍음 형

이 유형의 사람들은 수동적이고 억눌린 행동이 특징이며, '다른 사람들과 같이 있으면 안전하지 못한 것 같고 불편한 느낌이 들어'라고 생각한다. 이런 사람들의 특성은 다음과 같다.

- 소심하다.
- 말수가 적다.
- 기가 죽은 듯 행동이 조심스럽다.
- 동작이 조용조용하다.
- 대인관계가 소극적이다.

제라드의 이야기: 말수가 적은 남자

마흔네 살의 제라드는 컴퓨터 프로그래머로, 평생 동안 수줍음과 싸워 왔다. 그가 가장 두려워하는 것은 사회생활을 하면서 다른 사람들과 일 대 일로 친밀한 관계를 갖는 일이다. 제라드는 열심히 노력했지만 자신의 두려움 밑에 깔려 있는 여러 겹의 의심과 내성적인 성격을 단번에 떨쳐 버릴 수 없었다.

"매사에 적극적이려면 두려움을 잊어야 한다는 사실을 알고 있습니다. 하지만 나는 늘 결단을 못 내리고 미적거리거나, 처리하지 않으면 안 될 때까지 그 상황 자체를 피해 버리지요."

결국 제라드는 두려움 때문에 결혼생활도 파국을 맞았으며 지금도 그 고통에서 빠져나오지 못하는 등 많은 문제를 겪고 있다.

"이혼한 후에 나는 매일 밤 집에 돌아와서는 멍하니 앉은 채 아무 일도 못했습니다. 정말 어리석은 짓이었어요. 너무나 외로웠지만 누군가를 만나는 것은 생각만 해도 두려웠습니다. 나는 무엇이 잘못되었는지만 따져 보고 나 자신을 가혹하게 몰아붙이면서 사람들이 나를 두고 이러쿵저러쿵 입방아를 찧어 댈 거라는 상상을 했어요."

과다경계 형

이 유형은 신경질적이며 늘 안절부절못하고 마치 벼랑 끝에 선 듯 지나치게 민감하여, '이 세상에는 걱정거리가 너무 많아' 라고 생각한다. 이런 사람들이 두려움을 나타내는 방식은 다음과 같다.

- 늘 경계심을 품는다.
- 말투가 히스테리하다.
- 안절부절못한다.
- 겁에 질린 듯 동작이 불안하다.
- 사람들에게 신경질적으로 대한다.

새론의 이야기: 긴장과 초조의 나날

서른여덟 살인 새론은 두 아이의 엄마이자 파트타임으로 근무하는 사회복지사다. 주변 사람들에게 늘 세세하게 신경을 쓰지만, 장점이 될 수도 있는 이런 성격이 그녀에게는 단점이 되고 있다.

"내가 책임지지 않아도 될 일에도 책임감을 느끼고 있다는 건 인정해요. 하지만 도저히 걱정을 안 할 수가 없어요. 무슨 일이 벌어질지 몰라 통 마음을 놓이지 않아요."

새론은 지금도 방과 후에 아이들을 데리러 학교로 간다. 아이들은 이제 열두 살과 열 살로 그 또래 친구들의 부모들은 대개 자녀들이 혼자 또는 급우와 함께 집으로 돌아오도록 내버려 두는데 말이다. 그녀는 간혹 이렇게 핑계를 댄다.

"물론 우리 동네는 범죄율이 낮지만 주의해서 나쁠 건 없잖아요? 언제 무슨 일이 일어날지는 아무도 모르니까. 남편은 제가 아이들을 과잉보호한다면서 조금은 자유롭게 풀어 주라고 해요. 말은 쉽지만 저는 그렇게 하기가 힘들어요."

게다가 새론은 실제로 벌어지는 일 혹은 그녀의 상상 속에서나 벌어지는 일에 신경을 쓰느라 한시도 마음을 놓지 못한다. 그녀도 자신이 좀 더 매사에 느긋하게 마음을 먹고 이것저것 사소한 일에 끝도 없이 노력을 기울일 필요가 없다는 사실을 잘 알고 있지만, 실천을 하기가 쉽지 않다.

"어떻게 하면 긴장을 풀 수 있는지 모르겠어요. 밤에는 잠도 잘 못 자요. 침대에 누우면 내일은 어떤 문제가 생길까, 내가 책임을 져야 하는 일은 무엇일까 하는 생각을 끝도 없이 하거든요."

순응형

순응형은 남에게 의존하고, 매사에 머뭇거리고 우유부단하며, 걸핏하면 겁을 먹는다. 이런 사람들은 '다른 사람들이 나를 좋게 봐 주지 않으면 죽어 버리고 싶어' 라고 생각한다. 이런 사람들이 두려움을 나타내는 방식은 다음과 같다.

- 매사에 확신이 서지 않는다.
- 말투에 자신이 없다.
- 늘 남에게 양보하는 태도를 취한다.
- 동작이 조심스럽다.
- 사람들에게 늘 조용하고 정중하게 대한다.

도리스의 이야기 : 말 잘 듣고 착한 딸

쉰네 살의 가정주부인 도리스는 자신이 한평생을 자신감이라고는 없이 살아왔다고 생각한다. 어릴 때 그녀는 전형적인 '착한 소녀'로, 늘 다른 사람들을 기쁘게 해 주고 부모의 자랑거리가 되려고 애썼다. 그녀의 이런 성격은 가족의 분위기 탓이 컸다. 도리스의 아버지는 그다지 충실한 가장이 아니었고, 어머니는 성격이 까다로운 도리스의 동생을 돌보느라 바빴다.

"어머니는 내가 내 일을 알아서 하기를 바라셨어요. 그래서 나는 언제나 태연하고 차분한 척했죠. 아무리 겁에 질리거나 화가 나거나 당황해서 어쩔 줄 모를 때도 말이에요."

그런 상황에서는 도리스처럼 될 수밖에 없었겠지만, 그 때문에 그녀가 겪은 시련은 컸다. 도리스는 다른 사람들의 기분을 맞추면서 살아온 인생을 이렇게 평가한다.

"나는 다른 사람들이 어떻게 생각할까 그것만 걱정하면서 사는 정도가 아니었어요. 나 자신이 무엇을 생각하는지조차도 제대로 알지 못했죠. 내 의견을 내세우기가 너무 두려워요. 결정을 내려야 할 때면 머뭇거리기 일쑤고요. 남들이 나를 좋게 생각하도록 죽어라고 노력하죠."

마초 형

마초 형 사람들은 완고하고 남들과 다투기를 즐기지만 속으로는 불안에 떨고 있다. 동화 〈오즈의 마법사〉에 나오는 겁쟁이 사자처럼 마초 형 사람들이 우렁차게 포효하는 이유는 속으로 겁을 집어먹고 있기 때문이며, 그에게 정면으로 맞서는 사람에게만 그 속내를 드러낸다. 이런 사람들은 '나는 (나 자신을 포함해서) 누구에게도 내가 겁을 먹고 있다는 사실을 들켜선 안 돼' 라고 생각하며, 그 특성은 다음과 같다.

- 매사에 융통성이 없다.
- 말투가 완강하다.
- 행동이 적대적이다.
- 동작이 딱딱하고 거만하다.
- 대인관계가 완고하고 속내를 좀체 털어놓지 않는다.

롭의 이야기: 마초주의의 화신

롭은 스물여덟 살의 경찰관으로 전형적인 마초 형 남자다. '아무것도 두려워하지 않는 경관'으로 이름을 날리고 있는 그는 자신의 명성을 자랑스러워하며 개인적으로나 직업적인 면에서나 그 명성이 소중한 자산이라고 생각한다. "아무도 내게 감히 덤비려 하지 않죠. 그랬다가는 뼈도 못 추릴 거라는 걸 잘 알고 있으니까." 하지만 자신의 속마음은 겉으로 드러나는 그의 이미지와는 전혀 다르다는 사실을 남몰래 인정하고 있다.

"솔직히 말해 두려울 때가 많습니다. 정말이지 내 겉모습처럼 용감무쌍한 사람이 될 수 있으면 얼마나 좋을까요. 나는 두려운 일이 있으면 큰소리만 탕탕 치다가 은근슬쩍 피해 버립니다. 사실 어릴 때부터 나는 두려운 마음을 숨기는 법을 배웠어요. 내가 자란 동네는 꽤 거칠었고, '남자답게 맞서라' 는 게 철칙이었죠. 심장이 터질 듯이 쿵쿵거리든 신경이 끊어질 듯 팽팽해진 것을 느끼는 겉으로는 용감하게 행동하는 게 중요했습니다. 비겁한 놈이라는 낙인이 찍힐 수는 없었거든요."

통제 형

통제 형 유형의 사람들은 강박증에 사로잡혀 남에게 이것저것 강요하고, 매사에 비판적이며, 늘 무엇인가에 쫓기듯 행동한다. '모든 일이 원리원칙대로 돌아가지 않으면 미쳐 버릴 거야' 가 이 사람들의 좌우명으로, 정리정돈과 질서에 집착하여 예기치 못한 상태가 일어날 가능성을 최대한 줄이려 한다. 이들이 두려움을 나타내는 방식은 아래와 같다.

- 매사에 비판적이다.
- 말투가 명령하는 식이다.
- 무엇에 쫓기는 듯 행동한다.
- 태도가 격하고 사납다.

- 대인관계에서 상대를 지배하려 든다.

제니스의 이야기: "내가 시키는 대로 해"

서른네 살로 독신인 제니스는 전형적인 통제 형 인간이다. 어느 기업에서 홍보 담당으로 일하고 있는 그녀는 자신의 능력과 직업 성취도를 자랑스러워하며, 야근을 밥 먹듯 하면서 열심히 일한다. 문제는 제니스가 주변의 모든 사람들도 자신처럼 생활하도록 강요한다는 점이다. 회사의 부하직원들이나 심지어 동료들조차도 그녀를 엄격하고 완고한 십장什長쯤으로 생각한다. 매사에 남을 통제하려 드는 제니스의 태도는 직장에서의 대인관계뿐 아니라 이성 관계도 망쳐 놓았다.

"남자친구나 작년에 나를 차 버렸어요. 그러면서 하는 말이, 내가 사사건건 자기를 비판하고 통제하려고 들어서 더 못 견디겠대요. 그때 정말 깜짝 놀랐어요. 나는 그 남자가 내 애인이 될 만한 자격이 못 된다고 생각했거든요. 그런데 그 남자가 나를 차다니!"

제니스는 이때 충격으로 그룹 치료를 하는 모임에 등록했고, 이 모임에서 자신이 남자친구가 평가한 대로 '다른 사람을 좌지우지하려 드는 타입' 이라는 평가를 듣고 또 한 번 놀랐다.

"사람들은 내가 속으로는 많이 두려워한다는 사실을 알아 주지 않아요. 나는 매사에 내가 생각하는 원리원칙대로 되지 않으면 불안해서 어찌할 바를 모르겠어요. 모든 게 통제되고 있으면 안심이 돼요. 하지만 그런 사고방식 때문에 외톨이가 되어 버렸으니 비참한 기분이 드네요. 이렇게 말하면 이상하게 들리겠지만, 누군가를 손에 넣고 좌지우지하지 못하는 인생은 가치가 없을 것 같아요."

두려움은 바꿀 수 있는 패턴에 지나지 않는다

"두려움을 느끼면서도 두려워하지 않는 것은 성숙함을 가늠하는 마지막 시험이다."

– 애드워드 윅스

이제 당신의 두려움 유형(한 가지든 그 이상이든)이 정해졌다. 당신의 태도와 행동 양식을 만천하에 공개하고 그에 대해 더 알려고 노력한다는 것은 커다란 진전이다. 이제 두려움을 극복하기 위해서는 당신의 두려움이 어디에서 시작되었는지를 알아야 한다. 다음 장에서는 두려움에 사로잡힌 생활양식이 어디에서 비롯되는지를 살펴 볼 것이다.

이 책을 읽어 나가면 두려움의 속박에서 풀려나는 기술을 배울 수 있다. 자신에게 박수갈채를 한번 보내라. 좀 더 자유롭고 모험이 가득한 삶을 누릴 수 있는 방법을 배우기 위한 길로 들어섰으니 말이다.

어떻게 두려움으로 가득한 삶을 발전시킬 것인가?

유대인 대학살의 생존자 가운데 유일한 어린아이였던 시드는 헤아릴 수 없는 슬픔과 상실감에 빠진 가정에서 자랐고, 어릴 때부터 극도의 두려움과 싸워야만 했다.

앨런은 열세 살 생일이 막 지났을 무렵 아버지를 잃었다. 그 이후 15년 동안 그는 자신감이라고는 가져 보지 못했고, 안전하게 살아 갈 수 있을까 불안해 했으며, 어떤 예기치 못한 불상사가 일어날지 모른다는 생각에 늘 안절부절못했다.

조안나는 어릴 때부터 불안감을 많이 느꼈으며, 10대나 20대 초반에도 일상생활에서 늘 겁에 질려 깜짝깜짝 놀라기 일쑤였다.

이 세 가지 에피소드에서 볼 수 있듯, 두려움에 사로잡힌 생활양식의 원인은 참으로 다양하다. 어릴 때 어딘가를 다쳤다든가, 정신적 충격을 받았다든가, 학대를 당했다든가, 보살핌을 제대로 받지 못했다든가 등 그 원인이 뚜렷한 경우도 있다. 하지만 의외로 많은 경우에서 다른 경로를 통해서 두려움을 갖게 되기도 한다. 신체적 또는 정서적으로 장애가 있다든지, 가정형편이 어려웠다든지, 부모나 가까운 사람을 이혼이나 죽음으로 잃었다든지 하는 경우도 두려움의 원인이 된다. 사람의 기질 역시 두려움을 만들어 내기도 하고 더욱 강화시키기도 한다.

내가 이 책을 쓰는 목적은 두려움에 사로잡힌 생활양식을 바꾸는 방법을 제시하고자 하는 것이다. 하지만 아이러니한 것은 두려움에서 '벗어나려면' 먼저 두려움 속으로 '파고들어야' 한다는 점이다. 일상생활에서 두려움을 느끼게 되는 원인은 단 한 가지만 있는 것이 아니다. 서로 정반대로 보이는 요소들이 모여 두려움에 사로잡힌 생활양식을 만들어 내기도 한다. 다음은 대표적인 몇 가지 경우이다.

사실 두려움이 야기하는 삶에는 증후가 나타나지 않는다. 오히려 어떤 사람들은 성장하면서 두려움에서 벗어나기도 하고, 또 어떤 사람들은 두려움을 떨치지 못해 하나의 습관이 되어 버린다. 또 어떤 사람들은 두려움이 갈수록 커져만 간다. 하지만 반대로 두려움 덕분에 강해지는 사람도 있다.

두려움의 기원은 어디인가?

어린 시절에 받은 상실감과 정신적 충격

두려움에 사로잡힌 생활양식의 원인은 많지만, 그중에서 가장 강력한 힘을 발휘하는 것이 비극적인 사건 혹은 심한 정신적 트라우마에 따른 생활 경험이다. 신체적 또는 정서적 트라우마를 경험한 사람은 이 세상에서 살아가는 것 자체에 불안감을 느낄 수 있다.

이런 경험이 남기는 증상 가운데 하나가 이런 비극이 또다시 일어날지도 모른다는 두려움이다. 그래서 이런 두려움을 경험한 사람들은 매사에 안전제일주의가 되어 조금이라도 위험해 보이는 일은 아예 하려 들지 않으려는 경향을 보인다. 어린 시절의 순수함을 깡그리 깨뜨려 버리는 이런 트라우마 증세를 안겨 주는 사건이 아주 어릴 때 일어난다면, 당사자에게 더욱더 심각한 충격의 영향을 미칠 수 있다. 단 한 번의 사건이 엄청난 결과를 낳는 것이다.

캐서린의 이야기: 너무 빨리 어른이 돼 버린 아이

현재 서른여덟 살인 캐서린은 행복한 어린 시절을 보냈으나 열네 살이 되던 해, 어머니가 말기암 선고를 받은 지 석 달 만에 사망했다. 이 일은 가족 모두에게 돌이킬 수 없는 충격을 주었다. 특히 캐서린의 아버지는 혼자서 부모의 역할을 감당하지 못해 늘 괴로워했으며, 아내를 잃은 슬픔을 달래기 위해 폭음으로 지내야만 했다. 아버지가 가장 노릇을 제대로 하지 않자 캐서린은 사실상 소

녀 가장이 되어, 요리와 청소 등 집안일을 모조리 떠맡은 것 외에
도 열두 살이 채 못 된 여동생 헬렌도 돌봐야 했다. 캐서린은 이 무
거운 책임을 조금의 빈틈도 없이 완벽하게 해내는 것으로 마음의
안정을 찾으려 했다.

이십 년이 흐른 지금, 캐서린은 일상의 모든 일을 통제하지 않
으면 안 된다는 불안감에 휩싸여 살고 있다. 조금이라도 어정쩡한
부분이 보이면 그녀는 모든 일이 '잘못될' 것이라는 걱정에 사로
잡힌다. 공교롭게도 캐서린의 이런 완고함과 비관적인 태도 때문
에 그녀가 두려워하던 대로 나쁜 결과가 생기는 일이 잦았다. 친
구와 친척들은 캐서린을 멀리했고, 직장에서도 남을 통제하지 못
하면 안달복달하는 그녀의 성격은 악명이 높았으며, 모든 일이 자
기가 생각하는 대로 되어야 한다는 그녀의 사고방식은 결혼생활
에도 나쁜 영향을 미쳤다.

캐서린의 이야기에서 알 수 있듯, 충격적인 사건 때문에 근심걱
정을 모르고 순진하던 어린아이가 인생의 짐을 짊어진 수심 가득
한 어른으로 바뀔 수 있다. 너무 일찍 어른 노릇을 떠맡은 아이는
겉으로는 그 소임을 곧잘 해내는 것으로 보이지만, 그 아이의 정
서 상태는 혼란스럽기 짝이 없다. 아이는 "내가 지금 이 일을 잘하
고 있는 걸까?"라고 걱정하기도 하고, "왜 내가 이런 일을 해야 하
는 거지?"라든가 "왜 아빠(엄마)는 자기 할 일을 안 하는 거야?"라
고 분노를 느끼기도 한다. 또한 아이 자신은 가족을 돌보아야 하
는데 정작 자신을 돌봐주는 사람은 아무도 없다는 생각 때문에 외

로움을 느낀다. 그리고 "왜 엄마는 죽어 버린 거야?"라며 적개심을 품기도 한다.

정신적 충격은 쓰디쓴 경험으로 한 가족을 몽땅 비극으로 몰아넣기도 하지만, 아이에게는 커다란 충격이 되지만 다른 가족들은 비교적 영향을 덜 받는 경우도 있다. 할아버지나 할머니가 큰 병치레 없이 노환으로 돌아가시는 것이 그 좋은 예다. 어른들의 기준에서 보면 그다지 비극적인 일은 아니지만, 아이는 놀라고 당황스러워서 어찌할 바를 모르게 된다. 친한 친구가 갑자기 이사를 가게 되는 일도 이와 비슷하다.

9.11 테러와 같은 커다란 사건은 어린아이에게 직접적인 영향을 주지 않을지는 모르지만, 이 사건 이후에도 계속 보도되는 끔찍한 사진이나 영상 때문에 어린아이들은 악몽을 꾸게 되기도 한다. 한 아이의 말에서 어린 시절의 트라우마가 얼마나 큰 영향을 미치는지 알 수 있다.

"비행기가 빌딩으로 돌진하던 모습이 자꾸 눈앞에 떠올라요. 저는 오리건 주에 살지만, 그 사건 때문에 부모님이 돌아가신 아이가 있다는 생각을 하면 슬퍼요. 그리고 만약 우리 엄마나 아빠가 돌아가시면 나는 어쩌나 하는 걱정도 자꾸 들고요."

정신적 트라우마를 많이 경험할수록 일상에서 느끼는 두려움도 과연 커질까? 사실, 꼭 그렇지는 않다. 어떤 사람들은 비극적인 일을 많이 겪고 숱한 상실감을 맛보았어도 쾌활하게 살아가면서 인생이 제공하는 도전과 모험을 즐긴다. 그럼에도 불구하고 대체로 정신적 트라우마는 두려움에 사로잡힌 생활양식을 초래하는 주요한 원인인 것은 확실하다.

미세한 트라우마는 아무도 무슨 일인지 설명해 주지 않을 때 생긴다

　어린 시절에 결코 남에게 드러내지 않는, 비밀스럽고 은근하게 정신적 트라우마를 경험하고 그것을 헤쳐 나가야 하는 두려움을 안고 평생 살아가는 사람들도 있다. 그 어린아이가 자신의 인생에서 무서운 상황을 겪었다는 데에 문제도 있지만, 무엇보다 무서운 건 자신에게 무슨 일이 일어났는지를 알 수 없을뿐더러, 그에 대해 설명해 주거나 조언이나 위로를 해 주는 사람이 없다는 데 있다. 어린아이들은 주변 상황을 제대로 이해하지 못하는 경우가 많다. 그래서 자산에게 처한 일이 어떻게 되고 있는지 알기 위해 다른 사람들에게 매달리기 마련이다. 하지만 아이들이 얻는 정보는 대개 이해하기 어렵거나, 정직하지 못하거나, 핵심을 피하거나, 심지어 도통 알아들을 수 없는 것들뿐이다. 결국 미세한 트라우마는 아무도 자신에게 처한 일에 대해 설명해 주지 않는 것에서 발생한다.

조이의 이야기: "대체 무슨 일이에요?"

　조이의 어머니는 겉으로 보기에는 멋지고 상냥하며 매력적이다 하지만 조이는 어머니에게 당혹감은 물론, 심지어 두려움마저 느끼고 있었다. 그의 어머니는 남들이 볼 때와 둘만이 있을 때 아들을 대하는 태도가 완전히 딴판이었다. 남들이 볼 때는 애정이 많고 따스하며 모성애를 드러냈지만 둘만 있을 때는 아들을 유혹하려 하거나 이래라저래라 명령하기 일쑤였다. 사람들은 늘 어머니를 칭찬했지만 조이는 어머니와 사는 것이 두렵기만 했다. 어머니의 기분이 언제 어떻게 바뀔지 전혀 알 수 없기 때문이었다. 그는 어머니에게서 섬뜩한 느낌을 받았지만 왜 그런지 설명할 수 없었다. 하지만 그와 동시에 조이는 어머니가 필요했으며 어머니가 자신을 사랑하기를 원했다.

어쨌든 어머니는 예측불허 그 자체였다. 세월이 흘러 어른이 된 후에야 조이는 비로소 어머니가 양극성 장애(조울증)을 앓고 있으며 알코올 중독자라는 사실을 알았고, 그때서야 어머니의 행동을 이해하게 되었다. 어릴 때에는 그 누구도 그런 설명을 해 주지 않았던 사항이다.

대개 아이들은 어떤 상황에서 무엇이 잘못되었는지 설명할 능력이 없기 때문에 자신의 삶에 강력한 영향을 미치는 사람에게 좌우된다. 그리고 가족 내에서 살아남기 위해 애를 쓰면서 말수가 적어지거나 반대로 말이 많아지기도 하고, 늘 겁에 질린 태도를 보이며, 고분고분해지거나, 반대로 지나치게 반항심이 많아지기도 한다. 어른이 되어 어릴 때의 상황에서 벗어난 후에도 이런 성향은 지속되는 경우가 의외로 많다. 두려움에 사로잡힌 생활양식이 너무나 몸에 배인 나머지 더 이상 살아남기 위해 발버둥 칠 필요가 없어졌어도 그러한 패턴에서 벗어나지 못하고 만다.

기질과 유전은 함께 작용한다

두려움에 사로잡힌 생활양식을 낳게 되는 또 하나의 커다란 요인은 기질과 유전이다. 기질은 인격을 형성하는 강력한 결정 요인 가운데 하나다. 갓난아기조차도 '텅 빈 백지'가 아니라 나름대로 기질을 갖고 있다. 어떤 아기는 차분하지만 어떤 아기는 신경질적이며, 어떤 아기는 예민해서 달래기 어렵지만 어떤 아기는 달래 주면 금방 울음을 그친다. 어떤 아기는 품에 안겨 있기를 좋아하지만 어떤 아기는 누가 만지는 것을 싫어한다.

제이크의 가족은 화목한 편이었고, 그는 부모 양쪽에게서 사랑과 관심을 받으며 자랐으며, 어린 시절이나 사춘기 때에 심각한 수준의 상실감을 겪지도 않았다. 하지만 제이크는 원래 신경질적이고 예민한 기질이었다. 사춘기에 들어서면서 삶이 어렵게 느껴졌고 다른 사람들은 쉽게 결정하는 일에도 주저주저하고 불안감을 느꼈다. 다른 사람과 함께 있으면 수줍음을 타고 가급적 남의 눈에 띄지 않으려 애를 썼으며, 대수롭지 않은 상황에서도 겁을 먹고 움츠러들었다. 제이크의 사례는 두려움이 많은 기질과 과잉보호하는 부모의 영향이 함께 작용할 때 어떤 결과가 나오는지를 잘 보여 준다.

부모들의 극단적 행동: 과잉보호이거나 과소보호이거나

부모가 어떤 태도를 취하는 것이 자녀에게 가장 좋은지에 대해서 구체적인 연구자료는 없지만, 극단적인 태도나 방법이 문제가 있다는 사실만은 확실하다. 어떤 부모들은 자녀를 과잉보호하는 나머지 아이들에게서 한시도 눈을 떼지 않는다. 또 어떤 부모들은 아이들에게 지나치게 냉담하여 신체적으로나 정서적으로 상처를 입도록 내버려 둔다. 이 두 가지 유형은 비슷하게 치명적인 결과를 초래한다.

과잉보호

아이들은 본능적으로 노력 없이는 인생에서 원하는 것을 얻을 수 없다는 사실을 너무나 잘 알고 있다. 그런 노력에서 얻을 수 있는 대가는 무궁무진하다. 그런데 부모가 자녀에게 아무런 노력이 필요 없는 삶을 만들어 준다면, 그 의도는 물론 자녀를 위한 것이기도 하겠지만, 오히려 그 결과는 자녀에게 백해무익하다.

물론 부모가 '이따금씩' 과잉보호를 한다고 해서 자녀가 두려움에 사로잡힌 생활양식을 갖게 되지는 않는다. 하지만 과잉보호가 일상이 되어 버리면, '이 세상에서 일어나는 일은 대부분 위험한 것이며 혼자서는 그 어떠한 문제를 해결할 수 없게 된다. 결국 이 세상에서 안전하게 살아가려면 부모의 간섭과 보호에 기대어야 한다'는 메시지에 순응할 수밖에 없다.

부모가 과잉보호를 계속할 경우 생기는 부작용은 다음과 같다.

• 과잉보호는 잘못된 안전의식을 심어 준다.

과잉보호 아래서 자라는 아이는 "엄마와 아빠가 항상 내 곁에 있어 줄 거야" 라고 생각하여 부모에게 지나치게 의존한다. 그 결과 해결하기 어렵거나, 좌절감을 안겨 주거나, 고통스러운 경험을 겪으면 충격을 받고 의기소침해진다.

• 과잉보호는 실수와 판단 착오를 통해 여러 가지 경험을 할 수
있는 기회를 박탈한다.

부모가 나서서 곤경이나 실수는 죄다 처리해 주면서 자녀를 '보
호' 하면, 자녀는 자신의 행동이 초래하는 결과에서 아무 것도 배
울 수 없다. 아이는 자기가 무슨 일을 하든지 부모가 그 밑에서 안
전그물을 펴고 기다리고 있을 것이라고 믿어 버린다. 실패와 좌절
을 모르는 환경은 나중에 더 큰 문제를 낳을 뿐이다.

• 과잉보호는 위험을 판단하고 힘든 상황을 처리하며 해결 능력
을 기르고 자신감을 키울 수 있는 기회를 박탈한다.

아주 어린 아이들은 분명하게 위험을 알리는 메시지에서 배우
는 것이 많다. 5~6세 미만의 아이들은 위험을 세세하게 구분하지
못하여 추상적인 생각을 할 능력이 없다. 하지만 7~8세가 되면 경
험을 통해 위험을 판단하는 법을 배워야 한다. 이 때가 위험의 강
약을 가늠하고 어떻게 반응해야 할지 좀 더 상세한 결정을 내리는
능력을 길러야 할 시기다. 그런데 많은 부모들이 세상을 '모 아니
면 도' 라는 식(이것은 안전하고 저것은 위험하다)으로 설명함으로써 자
녀가 겪어야 하는 이 과정을 망치고 있다.

• 과잉보호는 자녀가 현실적인 역할 모델을 갖게 될 기회를 박
탈한다.

부모들에게 자신의 삶을 솔직하게 평가해 보라고 하면, 대다수
는 위험을 무릅쓰는 과정에서 많은 것을 배웠다는 사실을 인정할

것이다. 들이는 대가와 얻을 수 있는 이익을 계산해 보면서 지식과 지혜를 얻었고, 판돈이 큰 도박판에 뛰어들기에 앞서 정보를 입수해야 한다는 사실을 배웠으며, 안전과 모험 사이에서 균형을 잡는 능력을 발달시켰다. 하지만 바로 그렇게 자라난 사람들이 자녀가 똑같은 과정을 거쳐 똑같은 지혜를 얻는 과정에 뛰어들려는 것을 막아서고 있다는 것을 깨달아야 한다.

과잉보호가 두려움을 유발하는 것은 그 부모가 자녀에게 무관심하거나 내버려 두기 때문이 아니라 오히려 자녀에게 너무 크게 관심을 갖거나 지나치게 걱정하기 때문이다. 어떤 부모들은 아이를 키우면서 끊임없이 "아무리 조심해도 지나치지 않단다"며 주의를 준다. 역설적이게도 매사에 지나치게 조심스러운 태도는 아이가 문제가 대처할 수 없도록 만드는 바람에 그 자체로 위험을 초래할 수 있다.

과소보호

과잉보호에 반대되는 부모의 태도는 과소보호다. 자녀에게 지나치게 관심을 기울이지 않는 것 역시 두려움을 유발할 수 있다.

캐서린의 이야기를 생각해 보자. 어머니가 사망하고 아버지가 알코올 중독에 빠지자 캐서린과 여동생은 혼자 힘으로 살아가다시피 해야 했다. 특히 캐서린은 열네 살짜리 소녀로서는 지나치게 무거운 책임감을 짊어졌다. 부모가 해야 하는 일을 떠맡은 아동들은 대개 어른 노릇에서 비롯되는 부작용 때문에 괴로워한다. 겉으로 보

기에는 소년소녀 가장 노릇을 곧잘 해내고 있지만, 아이가 부모의
책임을 다해야 하는 상황은 필연적으로 문제를 낳을 수밖에 없다.

• 과소보호는 세상을 불신하게 만든다.
신체적으로 정서적으로 제대로 보살핌을 받지 못한 아이는 주
변 환경에서 안정감을 느끼지 못한다.

• 과소보호는 위험한 상황을 초래할 수 있다.
아이들은 인생에서 맞닥뜨리는 문제와 위험에 대처할 방법을
알지 못하므로, 과소보호는 위험한 상황을 초래할 수 있다. 이렇게
되면 아이는 집 안에서나 집 밖에서 늘 위험에 처해 있는 셈이다.
이런 아이들은 자기 몸을 자기가 돌보아야 하며 누구에게도 의지
할 수 없으므로 심각한 위험을 초래할 만한 일에 빠져들기 쉽다.

• 과소보호 상황의 아이들은 자신이 일을 제대로 해내지 못한
다는 걱정을 한다.
이런 아이들은 실제로는 자신이 떠맡은 일을 훌륭히 해내고 있
음에도 자신이 얼마나 지식이 부족한지, 또는 얼마나 불안감을 느
끼고 있는지를 절감하는 '사기꾼 증후군'을 겪는다.

• 과소보호 상황의 아이들에게는 적절한 역할 모델이 없다.
이렇게 되면 아이들은 바람직하지 않은 기대나 의무감을 가
질 수 있고, 또한 아무런 지침 없이 책임과 문제를 떠맡아야 한다.

과소보호 상태의 아이들이 떠맡아야 하는 일은 대개 위험성이 높기 때문에, 이 아이들은 다른 사람들이라면 대수롭지 않게 생각하는 문제에 부딪히면 오랫동안 두려움을 느끼는 경우가 많다. 부모에게서 충분한 보호를 받지 못하고 성장했으므로 어른이 되어서도 앞으로 다가올 위험, 맛보게 될 좌절감, 닥쳐올 불운에 대해서 끊임없이 두려워한다. 또는 두려움의 유형 가운데 마초 형이 되어, 겉으로는 거칠고 용감무쌍하지만 내면에는 커다란 두려움을 감추고 있는 사람이 되기도 한다(위험천만한 일을 일부러 찾아다니는 사람이나, 무서운 결과를 초래할지 모르는 위험한 섹스에 탐닉하는 사람들도 이런 예에 속할 수 있다).

행복한 중간 지점은 어디인가?

부모가 어떻게 행동해야 자녀에게 너무 지나치지도 않고 너무 모자라지도 않는 것일까? 사회심리학자인 스탠리 색터Stanley Schacter의 연구에 따르면, 사람들은 애매모호하거나 잠재적으로 위협이 될 만한 상황에 처하면 어떤 감정을 가져야 하는지 알기 위해 서로를 관찰하거나 대화를 나누며, 또한 다른 사람이 어떤 감정을 느끼고 있는지 파악함으로써 자신이 어떤 감정을 가지고 있는지를 알려고 한다. 색터의 연구는 지금 내가 말하는 문제와 관련이 있다. 아이들이 두려운 상황에서 반응하는 방법을 어떻게 배우는지를 알려 주기 때문이다. 부모의 반응이 지나치게 한쪽으로 치우쳐 있으면, 자녀는 그런 모습을 보고 불안감을 느낀다.

아이의 정서에 영향을 미칠 수 있는 부모의 반응을 세 가지 상황으로 나누어 살펴 보자.

어린 시절에 누구나 겪게 마련인 일 하나를 상상해 보라. 유아는 아직 걸음걸이가 불안정하지만 세상을 탐험하고 싶은 호기심이 가득하다. 저쪽에 반짝거리는 새 장난감이 보이자 어정어정 뛰어가다가 균형을 잃고 넘어져 머리를 바닥에 부딪친다. 아이는 대체 어떻게 된 상황인지 몰라 놀라서 엄마를 돌아본다.

상황 1. 엄마는 기겁을 하고 놀란다. 공황상태에 빠지다시피 하여 고함을 지른다. "어쩌면 좋아!" 아이는 무언가 끔찍한 일이 일어났다는 생각에 울음을 터트린다. 이런 상황이 여러 해 동안 '자주' 벌어지면, 아이는 두려움에 사로잡힌 생활양식을 갖게 되며, 소심하거나, 경계심이 지나치거나, 욕구불만이거나, 완고하거나, 남에게 강압적인 사람이 된다. 부모가 지나치게 호들갑스러운 반응을 보이면 아이가 원래 갖고 있던 공포심을 더욱 강화시키게 된다.

상황 2. 위와 반대의 경우다. 아이가 넘어졌지만 엄마는 아이에게 달려올 처지가 못 되거나 또는 그 자리에 있으면서도 아이에게 별 관심이 없다. 아이는 몹시 놀랐지만 엄마가 관심 어린 말도 없고 달래 주지도 않자 불안감은 더욱 커진다. 아니면 아이가 엄마에게 매달렸는데도 냉담한 반응만이 돌아오기도 한다. "귀찮게 징징거리지 마! 다치지도 않았으면서." 어느 경우에든 아이는 두려움을 떨칠 수 있는 부모의 애정을 받지 못한다.

상황 3. 엄마는 차분한 태도를 유지하면서도 아이를 걱정해 준다.

아이가 다치지 않았는지 살피고 안심시킨 다음, 더 아프지 말라고 뽀뽀를 해 주고 금방 괜찮아질 것이라고 말해 준다. 두려움은 수그러들고 아이는 탐험을 계속한다. 부모의 침착한 대응 덕분에 가정은 용기를 북돋워주는 장소가 되며, 아이는 가정에서 어른으로 성장하고, 위험을 감수하며, 두려워해도 괜찮은 상황과 두려워하지 않아도 되는 상황을 구분하는 법을 배운다. 안전한 가정에서는 아이의 실수를 용납하고 결단력을 존중한다.

요약하면, 가장 바람직한 부모의 자세는 아이의 자신감을 북돋우고 아이의 감정을 존중하는 동시에 인생에서 맞게 될 위험을 제대로 가르쳐 주는 것이다. 쓸데없이 겁을 주거나 아무런 관심을 보이지 않는 태도는 자신감을 키워 주지 못한다.

부모의 기대치는 어떤 영향을 미치는가?

두려움에 사로잡힌 생활양식을 갖게 되는 또 하나의 중요한 원인은 부모의 기대치가 비현실적으로 높거나 혹은 낮다는 것이다.

당신의 부모가 당신이 완벽하기를 바라면서 단 한 번의 판단 실수도, 시간 낭비도, 실패도, 부주의도, 게으름도 용납하지 않는다고 상상해 보자. 평범한 아이인 당신은 당연히 일을 망쳐 놓기도 하고, 상황을 잘못 판단하기도 하고, 해야 할 일을 이해하지 못할 때도 있고, 가끔은 이유 없이 게으름을 피우거나 의욕이 생기지 않을 때도 있다. 하지만 부모의 기대치가 너무나 높기 때문에 당신은 아이로서 지극히 정상적인 그런 행동에서 죄책감을 느낀다. 그러면서 마음은 불안해지고, 실제로는 그렇지 않은데 '부모님을 실망시켰다'는 생각 때문에 안절부절못한다.

내가 상담했던 마이크라는 열 살짜리 소년은 학교 성적에 지나치게 집착했다. 물론 성적을 걱정하는 것은 자연스러운 현상이지만, 마이크의 경우는 성적이 떨어지는 것을 비정상적인 정도로 걱정했다. 나는 그 문제를 좀 더 물어 보기도 했다.

"학교 성적이 나쁘면 어떤 일이 벌어질 거라고 생각하니?"

"내가 할 수 있는 만큼의 노력을 하지 않는다는 의미가 돼요."

마이크가 의기소침하게 대답했다.

"할 수 있는 만큼의 노력을 하지 않는다면 어떻게 되는 거니?"

"일류대학에 못 가게 돼요."

나는 이 부분을 파고 들어가면 아이가 느끼는 두려움의 원인이 나올 것이라고 판단했다.

"그럼, 네가 일류대학에 가지 못하면 어떻게 되는 거니?"

"우리 가족을 먹여 살릴 수가 없어요."

"그럼 어떻게 되지?"

마이크는 심란한 표정을 지었다. "음…… 그럼 우리 가족은 맛있는 음식도 못 먹고 좋은 집에서도 못 살아요. 그리고 여름에 좋은 곳에서 휴가여행도 못 가고요. 다 나 때문에 그렇게 되는 거예요!"

마이크는 겨우 열 살의 나이에 인생의 실패자가 될까 봐 걱정하고 있었다. '우리 가족을 위해서 돈을 많이 벌어야 해' 라는 생각을 이 소년 혼자서 한 것일까? 나는 그렇게 보지 않는다. 내게는 마이크의 목소리 뒤편으로 그 애의 엄마와 아빠가 자신들이 기대하는 바를 말하는 목소리가 겹쳐서 들렸다.

지나의 경우는 마이크와는 사뭇 다르다. 열세 살인 지나의 부모는 딸에게 거의 아무런 기대도 하지 않는다. 지나의 학교 성적에 대해서도 흥미가 없고, 사회생활에 문제가 없는지 걱정도 하지 않으며, 그 외 다른 면에 대해서도 궁금해 하지 않는다. 지나의 엄마와 아빠는 각자 자신의 일에만 너무 몰두한 나머지 무남독녀인 지나와 같이 보내는 시간이 거의 없다. 지나는 "우리 부모님은 나를 전혀 생각하시지 않아요" 라고 말했는데, 그 말이 옳았다. 지나는 종종 자신이 이 세상에 있어 주기를 바라는 사람이 있는지 확신을 갖지 못하고, 또 무엇을 해야만 좋을지 몰라 갈팡질팡하곤 했다. 하지만 이런 문제에 조언을 해 주는 사람은 없다. 이런 상황에서 사춘기에 막 접어든 이 소녀가 느끼는 감정은 자유가 아니라 끝없는 불안감이다.

지나의 부모는 실제로 딸에게 무관심한 사람들이지만, 어떤 부모들은 자녀에게 상당한 관심을 가지고 있지만, 아이에게 가지는 기대치가 지나치게 낮아 오히려 아이에게 부담을 주기도 한다. 내가 아는 어떤 부모들은 아이를 전적으로 믿기 때문에 아이에게 이래라 저래라 요구를 거의 (또는 전혀) 하지 않는다고 자랑한다. 그들은 자신들의 자녀가 심각한 실수를 저지를 리 없고, 말썽을 부리지도 않을 것이며, 어디에 내놓아도 빠지지 않으리라고 확신한다. 이는 앞을 내다보지 못하는 근시안적인 태도다. 아이들은 (설령 제 앞가림을 곧잘 하는 어른스러운 아이라 해도) 그 나이에 알맞은 명확한 한계와 경계선을 알아야 한다. 부모가 자녀에게 명확하고 사려 깊은 기대를 보여 주지 않는 것은 아이를 위하는 일이 아니라 아이에게 부담을 주는 행위다.

가족 전체의 공포 분위기가 아이의 정신을 지배한다

아이들은 부모들이 생각하는 것보다 더 예민하고 직감이 뛰어나다. 아이들은 가족 내의 분위기를 귀신같이 알아채는 예민한 촉수가 있어서, 무슨 일이 일어났는지 아무도 알려 주지 않거나 심지어 거짓말을 들려주더라도, 무언가 두려운 일이 생겼음을 재빨리 알아차린다. 부모가 두려워하고 있으면 아이들은 그 원인이 무엇인지 이해하지 못하더라도 무언가 잘못되었다는 사실은 금방 눈치 챈다. 아이들은 관찰력은 뛰어나지만 본 것을 해석하는 능력은 형편없다. 어떤 일이 벌어지고 있는지는 몰라도 상황이 바뀐 것은 알아 볼 수 있기에, '아빠가 요즘에는 집에 안 오시는 날이 많아' 라든가 '엄마가 화가 많이 났어' 라고 생각한다. 이 때문에 부모들은 아이가 가족 내에서 벌어지는 일을 그 나이에 맞게 판단할 수 있도록 도와 주어야 한다.

아이는 세상사에 대한 부모의 반응에 민감하다

가족 내에서 벌어지는 비극 외에도 바깥세상의 사건과 사고 역시 아이들의 정서적 반응에 영향을 준다. 존 F. 케네디 대통령의 암살이 당시 아이들에게 잊을 수 없는 사건이었던 것처럼, 9.11 테러는 자금의 아이들에게 엄청난 사건이다. 그리고 오늘날은 영상매체가 발달했기 때문에 국내외에서 벌어지는 사건들, 즉 이라크 전쟁, 지진, 홍수, 비행기 추락사고, 납치 등 수천 킬로미터 떨어진 곳에서 일어난 사고들도 아이들에게 즉각적인 두려움을 불러일으킨다. 이런 사건에 대한 아이들의 반응은 아이들의 감수성과 그 부모의 반응에 따라 달라진다. 아래에 소개하는 상황은 9.11 테러 사건에 부모들이 보였던 반응을 세 가지로 나눈 것이다. 앞으로 이런 끔찍한 사건이 벌어질 때 자녀에게 어떤 행동을 보이는 것이 좋을지 지침이 될 것이다.

상황 1. 아빠가 아이들이 빤히 보는 앞에서 발작을 일으키듯 반응한다. "아니, 저런 끔찍한 일이! 대체 세상이 어떻게 되어 가고 있는 거야! 이래가지고서야 어떻게 안심하고 살 수 있겠어! 테러리스트들이 없는 데가 없잖아!" 아빠가 두려워서 허둥지둥하는 모습을 보며 아이들은 무슨 일인지는 잘 모르지만 아빠가 느끼는 감정이 얼마나 격렬한지는 금방 알아차린다. 따라서 아이들 역시 위기 상황이 닥쳤을 때 어떻게 대처하면 좋을지 모른 채 두려워하고 동요한다.

상황 2 아빠는 놀라서 기겁을 하지는 않지만, 사건을 최소화하려고 든다. 이 역시 문제가 되는 행동이다. 뉴스 보도를 보며 아빠는 아이들을 보호하려는 마음에서 별 일 아닌 것처럼 행동한다. 테러 경계 태세가 '코드 오렌지(Code Orange: 미국의 5단계 테러경보 단계 가운데 2번째로 높음-옮긴이)로 한 단계 높아졌다는 보도를 접하자 "흠, 뭐 우리한테는 아무런 영향도 없을 거야"라고 말한다. 아빠가 이렇게 사건을 최소화하려고 하는 바람에 아이들은 무슨 일이 일어나고

있는지, 또 비슷한 사건이 일어나면 어떻게 대처해야 하는지 배울
수 있는 기회를 잃어버리는 셈이다.

상황 3. 위의 두 가지보다 나은 반응이다. 아빠는 마음속 깊이 두
려움을 느끼지만 그런 이야기는 아내, 친척, 친구들처럼 걱정을 함
께 할 수 있는 같은 어른들에게만 털어놓기로 하고, 초등학생인 자
녀들에게는 좀 더 신중한 반응을 보인다. 아빠는 테러 경계 태세에
관해 아이들의 나이에 맞도록 쉽게 풀어서 설명해 준다. 아이들이
질문을 하면 솔직하게, 하지만 공포감을 전염시키지 않는 범위 내
에서 대답한다. 9.11 테러와 같은 사건은 실제로 아주 드물게 일
어나며, 테러 경계 태세가 강화되었기 때문에 비슷한 사건은 다시
일어나지 않을 가능성이 높고, 우리가 사는 동네는 그런 위험에서
안전하다고 말해 준다. 아이들은 이런 상황에서 두려움을 느끼는
것은 당연하지만 그 두려움을 잘 억제하여 삶 자체에 악영향을 끼
치지 않도록 하는 방법을 배운다.

아이들이 비극적이고 끔찍한 사진과 영상을 계속 접하도록 놓
아두면, 아이들은 두려움을 억제할 능력을 잃어버린다. 어떤 여자
아이는 9.11 테러를 두고 이렇게 말했다. "나는 무서웠어요. 하지만
엄마아빠가 괜찮아 보였기 때문에 나도 괜찮은 것 같아요."

어린 시절의 경험은 정서 발달과 세상에 반응하는 방식에 엄청난 영향을 미친다. 하지만 어린 시절의 경험만이 전부는 아니다. 인간은 계속 발전하는 존재기 때문에 어린 시절 이후의 사건 역시 커다란 영향을 끼칠 수 있다. 특히 애정관계는 좋은 쪽으로 결말이 나든 나쁜 쪽으로 결말이 나든 아주 중대한 사건이다.

어떤 대인관계는 희망과 밝은 미래를 약속하며 따라서 긴장과 불안감을 줄이고 따뜻한 보살핌과 관심을 보장한다. 성인이 된 후 맺었던 대인관계 (친구, 친척, 배우자, 치료사, 애인 등) 가운데 당신 자신에 대해 좋은 감정을 가지게 해 주었던 경우를 떠올리면서 다음 질문에 답해 보라.

- 그 관계에서 자신감이 커졌는가?
- 그 관계에서 희망을 품을 수 있었는가?
- 그 관계에서 특정한 어려운 일을 처리하는 능력이 향상되었는가?
- 그 관계에서 소신을 말할 수 있는 용기를 얻었는가?
- 그 관계에서 생각한 것을 실천에 옮기는 능력이 높아졌는가?
- 그 관계에서 통찰력과 용기를 기를 수 있었는가?
- 그 관계에서 자신에 대해, 그리고 자신이 할 수 있는 일에 대해 명확히 인식하게 되었는가?
- 그 관계에서 (강도와 빈도 면에서) 두려움이 줄어들었는가?

반면에 당신의 희망과 미래에 대한 기대를 배신하고 비난, 위협, 혼란스러움 때문에 오랫동안 계속되는 두려움을 안겨 준 대인관계를 경험한 적이 있는가? 있다면 다음 질문에 답해 보자.

- 그 관계에서 자신감을 잃었는가?
- 그 관계에서 자기주장을 펼 용기를 잃었는가?
- 그 관계에서 소신을 말하거나 실천에 옮기는 일을 주저하게 되었는가?
- 그 관계에서 이전의 적개심, 무관심, 또는 학대의 양상이 되살아났는가?
- 그 관계에서 두려움, 우유부단함, 자신감 상실의 양상이 강화되었는가?
- 그 관계에서 남에게 의존하고 기대는 마음이 더욱 커졌는가?
- 그 관계에서 옛 상처가 다시 살아났는가?
- 그 관계에서 자신의 능력에 관해 더욱 비관적인 마음이 들었는가?
- 그 관계에서 현재와 미래에 대한 두려움이 더 커졌는가?

지금까지 두려움에 사로잡힌 생활양식이 어떻게 시작되는지를 알아 보았다. 이제부터는 그 양식을 깨트릴 수 있는 방법을 배울 차례다.

변화 가능성을 이해하자

이제 당신은 왜 그렇게 자신이 두려움을 많이 느끼는지를 이해하게 되었을 것이다. 두려움에 사로잡힌 채 오랫동안 살아왔지만, 이제는 그런 습관을 변화시킬 준비가 되었다. 적어도 준비를 하고 있다. 그렇다면 어떻게 하면 그런 변화를 맞이할 수 있을까? 그리고 어떻게 하면 더 나은 삶을 위해 필요한 기술을 배울 수 있을까?

혹시 두 손가락을 맞비벼 '딱' 소리를 내는 순간 '짠' 하고 모든 것이 바뀌었으면 좋겠다고 꿈꾸고 있는가? 어떤 사람들은 실제로 그런 식의 변화가 가능하다는 투로 말한다. 내가 장담하건대, 당신의 친구들, 가족들, 직장 동료들, 심지어 이름도 모르는 낯선 이들조차도, 당신더러 의지만 있으면 두려움을 저만치 밀어낼 수 있다고 말한 적이 있을 것이다. "무서워할 것 없어", "겁먹지 마", "부끄러워하지 말라고", "걱정할 필요 없다니까", "마음을 굳게 먹어야지" 등의 표현을 써 가면서. 그러나 당신도 알고 나도 알지만, 그것은 결코 쉬운 일이 아니다.

변화에 대해 알아야 할 것들은 무엇일까?

오랜 시간 동안 바다와 결별하는 것을 동의하지 못한다면, 신대륙을 발견할 수 없다

– 앙드레 지드

'변화하라'는 말을 듣는다고 해서 실제로 변화가 일어나는 것은 아니다. 변화는 하나의 과정이지 순간적으로 일어나는 일이 아니다. 당신을 바꾸는 것은 시간이고, 살아가는 환경이고, 당신이 취하는 선택이다. 하지만 가만히 앉아서 기다리고 있으면 안 된다. 또한 이전보다 더욱 두려워하고 인생에서 제약이 더 많아지는 쪽으로 변화가 일어나서도 안 된다.

변화에 관하여 당신이 알아야 할 몇 가지 개념을 알아 보자.

• 변화는 피할 수 없다.

변화를 막으려는 것은 강물의 흐름을 막으려는 것이나 마찬가지

다. 즉 가능하지 않다는 말이다. 얼마나 많은 노력을 기울이든 간에 강물의 힘은 그보다 더 강하다. 그러니 이왕이면 변화라면 무조건 움츠러들지 말고 마음을 열고 환영해 보는 것이 어떨까?

• 변화는 힘들거나 골치 아픈 것만은 아니다.

간단하고도 즐거운 변화도 많으니, 변화가 다가올 때 공포에 질려 허둥지둥할 필요는 없다. 당신에게 꼭 필요한 변화를 마음 편하게 받아들일수록 처음에 들었던 저항감은 사라지고 변화에 익숙해질 것이다.

• 변화에 적응하면 인생이 좀 더 편안하고 즐거워진다.

컴퓨터 사용법을 익힌다든가, 운동하기 싫은 마음을 바꾼다든가, 대인관계에서 상대를 좌지우지하려는 욕심을 누른다든가 하는 사소해 보이는 변화가 삶을 즐겁게 해 줄 것이다. 그토록 아등바등 힘들게 적응해야 했던 변화가 어느 사이엔가 가장 좋아하는 삶의 일부가 되었을 때의 기분은 형용할 수가 없다.

• 변화를 잘게 쪼개어 한 단계씩 달성하면 쉬워진다.

인생에서 맞닥뜨리는 변화 가운데는 마른하늘에 날벼락처럼 순식간에 덮쳐 오는 것도 있지만, 그런 경우에라도 그 변화를 작은 단계로 나누어 조금씩 극복해가면 쉽게 적응할 수 있다. 한꺼번에 모든 일을 처리할 필요는 없다. 자신이 원하는 속도로 나아가도 새로운 환경에 적응할 수 있다. 새로운 방식이 몸에 익고 편안하게 느겨질 때까지 느긋하게 적응해 나가라.

문제는 변화할 것이냐 말 것이냐가 아니라, 얼마나 그리고 어떻게 변하느냐는 것이다. 아무런 지식도 없이, 미처 준비도 하지 않고, 채 결심도 서기 전에 변화를 맞이하고 싶은가? 아니면 눈을 크게 뜨고 자신에게 일어나는 변화를 목격하고 받아들여, 주어진 기회를 최대한 활용하고 싶은가?

변화에 필요한 좋은 자세

두려움을 지배하는 것은 지혜의 시작이다

– 버트란트 러셀

자신감을 키우는 것이든 결단력을 강화하는 것이든, 두려움을 극복하여 성공적으로 변화하고 싶다면 먼저 몇 가지 조건을 갖추어야 한다.

두려움을 자신의 근본적인 태도로 인정하라

자신을 바꾸려면 자신에게 솔직해져야 한다. 당신이 가진 문제를 두고 남을 탓하는 일은 이제 그만두자. 두려움에 사로잡힌 인생을 사는 것 외에는 다른 선택의 여지가 없었다는 식으로 당신의 두려움을 합리화하는 짓도 그만두자. 만성이 되어 버린 근심걱정,

비관적인 확신, 강박적인 사고방식, 못 말리는 우유부단함, 다른 사람을 손아귀에 쥐고 흔들지 않으면 못 배기는 욕구 등은 모두 두려움 때문에 나타나는 증상이다. 자신에게 이런 문제가 있음을 인정하면 그동안 두려움 때문에 선택의 여지가 얼마나 좁았으며, 힘을 얼마나 낭비했는지, 그리고 능력을 키울 기회를 얼마나 잃었는지 깨달을 수 있을 것이다.

변화할 수 있다는 것을 현실화하라

불안감과 공포로 가득한 삶을 살고 싶어 하는 사람은 없겠지만, 그런 삶을 사는 사람들은 달리 선택의 여지가 없다고 믿는 경향이 있다. 당신이 이런 범주에 속하는 사람이라면, 늘 겁에 질려 있는 것이 자신의 성격이라고 믿어 버리고 어떻게 할 도리가 없다고 생각하고 있을지 모른다. 하지만 나는 당신에게 두려움을 고정된 성격으로 보지 말고, 마음만 먹으면 바꿀 수 있는 하나의 태도나 성향으로 보라고 권하고 싶다. 마치 불끈 화를 잘 내는 사람이 그런 태도를 억누르고 유능한 관리자가 될 기술을 배우듯이, 차분함을 유지하고 용기를 북돋우는 기술 역시 배워서 익힐 수 있는 것이다.

생활양식을 바꿀 수 있다고 믿으면, "내 인생이 지금 같지만 않았어도……", "내가 이렇게 겁이 많은 사람만 아니었어도……", "누가 나 좀 구원해 주지 않나?"와 같이 소극적인 생각은 더 이상 들지 않는다. 이제부터는 인생이라는 자동차의 운전석에 앉아 직접 운전대를 잡는다는 기분이 들 것이다.

<h2 style="text-align:center">변화를 껴안아라</h2>

변화할 준비를 하려면 변화를 기꺼이 받아들이기로 결심하는 것도 필요하다. 당신은 지금껏 두려움에 사로잡혀 살아 왔지만, 이제는 다르게 살아가는 방식을 찾아야 할 때다. 이제는 절망("나는 게 이렇지 뭐. 나 같은 게 어떻게 사고방식을 바꾸거나 두려움을 극복할 수 있겠어")에서 희망("나는 지적이고 역동적이며 매일같이 발전하는 사람이야. 두려워하는 태도를 바꾸고 극복할 수 있어")으로 바꿀 때다. 이제는 약점("난 이걸 할 수 없어")에 신경을 쓰기보다 장점("나는 이걸 잘해")에 눈을 돌릴 때다.

새로운 일이 으레 그렇듯, 이제부터 이 책에서 배우게 될 기술들을 이해하고, 실행하고, 몸에 익히려면 시간이 걸릴 것이다. 새로운 개념을 배우고 새로운 기술을 써먹으려면 시간을 들여야 하는 법이다. 또한 배운 기술을 어떻게 활용하여 인생을 바꿀 수 있는지를 깨닫는 데에도 시간이 걸린다. 해낼 수 있는 신념을 가져라.

변화의 길에는
어려움이 따른다

길에서 질곡을 만나지 않는다면, 결코 목적지에 다다를 수 없다. 유비무환이라고 했다. 지금부터 변화의 길을 가는 도중에 당신이 직면하게 될 어려움의 유형을 알려주겠다.

변화의 길은 비포장도로다

삶을 바꾸고 싶은 마음이 아무리 간절하더라도, 당신의 두려움은 어딘가에 숨어 있다가 불쑥 모습을 드러낸다. 변화를 위해 그토록 노력을 해야 하는 것인지, 정말로 두려움을 덜 느끼고 싶은 것인지, 불현듯 의구심이 솟구칠 때가 있을지 모른다. 왜 그럴까? 의식적으로는 변화를 원하지만 무의식에서는 그렇지 않을 수 있기 때문이다. 당신의 마음 어디선가 무서운 상황에 대처하고 위험을 극복하며 의구심을 떨쳐 버리고 변화를 겪고 싶지 않은 것이다. 어쩌면 당신은 손 안 대고 코 푸는 식으로 고통 없는 대가, 위험 없는 안전, 노력 없는 변화를 원하고 있는지도 모른다.

때로는 변화를 원하는 동기 자체가 흔들리기도 하고, 이전과 같은 문제에 부딪혀 오도 가도 못하기도 한다. 당신 자신에게 또는 다른 사람에게 불안감을 느끼거나, 짜증이 나거나, 초조한 기분이 들기도 한다. 한 주일 동안은 차분하고 즐겁게 보냈지만 바로 다음 주에는 '내가 도대체 변하고는 있는 걸까' 라며 안절부절못하기도 한다. 길을 벗어나 옆길로 새기도 하고, 길이 너무 험하거나 '이 방향이 맞는 걸까'는 의심 때문에 힘들 때도 있다. 가파른 오르막이 눈앞에 보이자 더 이상 못가겠다는 생각이 들기도 한다.

이럴 때면 마음을 편히 가져라. 변화는 복잡한 과정이며 대부분의 사람들에게 결코 순탄치 않은 시간이다. 사실 변화로 향하는 길은 매끈한 고속도로라기보다는 울퉁불퉁한 비포장도로다. 중간 중간 실패를 맛보기도 하겠지만, 그렇다고 출발점으로 다시 돌아갈 필요는 없다. 옳은 길을 가고 있다고 믿고 참을성 있게 앞으로 나아가라. 변화는 한 단계 한 단계가 차곡차곡 모여 만드는 일련의 과정이지, 갑자기 일어나 영원히 고정되는 드라마틱한 사건이 아니다.

초조감, 불안, 미심쩍음은 그런 과정에서 늘 따라다닌다. 이런 감정 때문에 전진을 멈추어서는 안 된다.

이미 배운 것들을 잊어라

두려움은 우리 안에서 교육되는 것이며, 우리가 원한다면 우리 밖에서도 양육되기도 한다.

– 칼 메닝거

태어난 지 얼마 안 된 갓난아기라면 모를까, 두려움을 극복하려는 사람은 이미 배운 것들 가운데 일부를 잊을 필요가 있다. 습관처럼 되어 버린 공포 반응을 잊는 것 같은 큰 문제도, 낯선 음식을 무조건 거부하지 않고 먹어 본다든가 하는 작은 문제도 마찬가지다. 물론 이미 굳어 버린 사고방식을 선뜻 고치고 싶은 마음은 들지 않을 것이다. 이미 성격의 일부가 되어 버린 행동을 바꾸어야 한다는 말을 들으면 도망치고 싶을 것이다. 하지만 마음 깊은 곳에서는 지금까지와 같은 방식을 고수한다면 앞으로도 지금까지와 같은 인생을 살아갈 수밖에 없다는 자각을 하고 있지 않은가? 두려움에 사로 잡혀 평생을 살 수는 없다고 생각하고 있지 않은가 말이다.

옛 방식을 잊는 것을 굳이 '좋아할' 필요는 없다. 좋아하든 싫어하든 거쳐야 하는 과정이니까. 그리고 변화를 하려면 옛 방식을 잊어버리는 것이 유일한 방법인 경우가 대부분이니까 말이다.

이 빠진 무지를 두려워하라

당신이 변화를 두려워하는 것은 새로운 환경에서 자신의 무지함이 탄로 날까 걱정스럽기 때문일 수도 있다. 새로운 사람들을 만나고, 새로운 행동을 하고, 새로운 대화를 나누다 보면 '이건 내 능력 밖의 일이야' 라는 생각이 들면서 당신이 얼마나 무지한지를 들키지 않으려고 애쓴다. 그래서 겁이 더럭 나는 것이다.

모든 사람들에게는 '이 빠진 곳' 이 있다. '이 빠진 곳' 이란 마치 중학교 때 1주일 동안 학교를 결석하는 바람에 그 기간에 배워야 할 지식을 배우지 못한 것처럼, 지식 체계의 일부분이 공백으로 남은 것을 말한다. 또 다른 비유를 들어 설명하자면, 당신이 일주일간 휴가를 떠나 그 동안 뉴스를 일체 보지 않았다고 하자. 그 일주일 사이에 새로 등장한 정보에 대해서 당신은 전혀 모르게 된다. '역설적 paradoxical'이란 단어를 모를 수도 있고, 루치아노 파바로티가 누군지 모를 수도 있고, VTR 조작법을 모를 수도 있다. 어쩌면 당신은 단순히 모르는 수준을 넘어, 사람들이 무언가에 관해 이야기를 나누는데 그 무언가를 알지 못해 그 대화에서 소외되었을 때에야 비로소 당신이 몰랐다는 사실을 깨닫기도 한다. 그러면 당신은 다른 사람들이 그 사실을 알아챌까 당황하여 그 자리를 피해 버릴 것이다. 이런 일이 계속되면 회피는 습관이 되고, 당신도 모르는 사이에 인생에서 접할 수 있는 여러 가지 것들을 놓쳐 버린다.

인생은 자식이 가장 많은 사람이 승리하는 경주가 아니다. 중요한 것은 늘 발전하고 새로운 기술을 배우려는 마음가짐이다. 무지가 탄로 날까 봐 두려워 몸을 사리는 행동이야말로 패배다.

부지불식간에 알게 된 것을 무시해야 된다?

변화라는 과정을 방해하는 또 하나의 장애물은 잠재의식 속에서, 또는 본능적으로 알고 있는 것들을 경시하는 마음이다. 당신은 많은 것들을 알고 있지만 다른 사람이 그것을 지적하고 나서야 비로소 그 사실을 깨닫게 된다. 하지만 잠재의식 속의 지식을 존중한다면 '진짜' 문제에 집중할 수 있게 되어 변화하기가 한층 쉬워진다.

게리가 한 다음과 같은 말이 좋은 예가 될 것이다.

"나는 심리치료를 받으면서 내가 이미 알고는 있었지만 미처 깨닫지 못한 것들이 많다는 사실을 알았습니다. 무의식중으로는 알고 있었지만, 치료사가 그것을 의식 바깥으로 끄집어내기 전까지는 확신을 하지 못했던 거지요. 예를 들어, 나는 처남과 있으면 마음이 불편했지만 그 이유가 뭔지는 몰랐어요. 그런데 치료사가 이렇게 말하더군요. '말씀을 들어 보니 처남 되시는 분은 남을 윽박지르는 걸 좋아하는 타입 같군요. 처남이 말을 하면 게리 씨는 입을 다물어 버리시잖아요. 제 생각에, 게리 씨는 처남과는 맞설 수 없다고 생각하시는 것 같아요.' 그 말을 듣자마자 나는 그게 사실이라는 걸 깨달았습니다."

게리는 문제가 무엇인지를 깨닫자 자신감이 생겼다. 비록 상황을 바꿀 수는 없지만 적어도 그런 상황이 어떻게 생겨났는지를 알게 되었고, 원한다면 그 상황에 대처할 수 있는 행동을 생각해낼 수도 있게 되었다. 당신도 의식의 표면 아래에서 알고 있는 것들을 믿기 시작하면 자신을 좀 더 쉽게 바꿀 수 있다.

준비되었는가?

이제 소매를 걷어붙이자. 두려움을 극복하고, 근심걱정을 떨쳐버리고, 진짜 인생을 살기 위해 필요한 기술을 배울 시간이 되었다.

새뮤얼 존슨Samuel Johnson은 "일하는 데 장애가 될 요인부터 생각한다면 이 세상에 할 수 있는 일은 아무 것도 없다"라고 말했다. 이 말은 인생에도 고스란히 적용되며 두려움을 극복하는 과정에도 딱 들어맞는다. 왜 지금의 상황을 바꾸기가 어려운지, 당신은 아마 수십 가지 핑계를 댈 수 있을 것이다. 너무 바빠서, 성공할지 자신이 없어서, 원래 이렇게 한심한 인간이기 때문에, 결과가 어떻게 될지 두려워서 등등. 물론 당신은 두려워하고 있다. 하지만 두려워한다는 바로 그 사실 때문에 두려움을 극복해야 하는 것이다.

분명 성공할 수 있다는 보장도 없이 출발선에 섰지만, 처음 몇 걸음을 떼기가 어려울 뿐이다. 그 다음부터는 변화하기가 훨씬 쉬워질 것이다. 그러니 자신 있게 발을 내딛고, 페이지를 넘겨라!

두려움을 이기는

변화에 주목하라

내 마음부터 다스리자

마음을 컨트롤하는 법을 알려 주는 강좌에 참석해 본 적이 있는가? 생각하는 방법을 배우는 책을 읽은 적이 있는가? 아마 거의 없을 것이다. 대부분의 사람들은 학교에 다니면서 생각하는 방법을 배웠다고 생각한다. 하지만 학교에서 배우는 생각하는 방법은 딱 한 가지, '정답을 찾기' 뿐이다. 그래서 사람들은 정답을 찾았기 때문에 생각하는 방법을 더 이상 배울 필요가 없다고 믿는다. 지금

하고 있는 생각을 곱씹어 볼 필요도 없고, 지니고 있는 신념을 되돌아볼 필요도 없다고 믿는 것이다. 그리고 생각하는 기술을 업데이트할 필요도 없다고 믿는다.

하지만 이렇게 되면 문제가 발생한다. 생각하는 기술을 업데이트 하지 않으면 어른이 되어 인생에서 부딪치는 갖가지 애매모호한 상황, 정답이 없는 어려움, 해결책이 없는 문제에 대처할 수 없게 된다. 인생에서 끊임없이 겪게 되는 변화, 성쇠, 스트레스와 긴장에는 간단한 정답이란 없다. 이를 처리하려면 마음을 강하게 그리고 넓게 만드는 방법을 배워야 한다. 그렇지 않으면 두려움에 사로잡힌 인생에서 벗어날 수 없다.

인생의 다른 부분에서도 '관리'의 중요성이 입증되는 예는 많다. 지금 당신도 몸 관리를 위해 한두 가지 방법쯤은 사용하고 있지 않은가? 집에서 운동을 하든가, 헬스클럽에 등록해서 다니든가, 어쩌면 개인 트레이너까지 두고 있다 해도 별로 놀랄 일은 아니다. 또는 재산 관리를 위해 재테크 관련 서적을 읽는다든가 전문가와 상담을 한 적도 있을지 모르겠다. 체중 관리니 하는 개념에 대해서도 꽤 들어서 알고 있을 것이다.

하지만 '마음' 관리라는 개념은 어떤가? '생각' 관리는? 아마 들어본 적이 없을 것이다.

생각하는 기술을 발전시키지 않으면 인생에서 부딪치는 문제를 어른의 시각이 아니라 아이의 시각으로 바라보게 된다. 당신이 어릴 때 각종 사건, 상황, 사람을 '이쪽 아니면 저쪽'으로 양분해서 판단한다. 좋은 사람 아니면 악당, 옳은 일 아니면 나쁜 일, 우리 편 아니면 적이라는 식이다. 아이들이 읽는 동화는 이런 흑백논리를 최대한 이용한 이야기들이다. 좋은 마법사와 나쁜 마법사, 착한 요정과 사악한 계모, 흰 모자를 쓴 사람들과 검은 모자를 쓴 사람들이 대조를 이룬다. '그 후로 그들은 오랫동안 행복하게 살았습니다'라는 결말 역시 이런 단순한 사고방식을 형성하는 데 한 몫을 한다.

"무엇을 말하는가가 중요한 것이 아니라, 어떻게 말하느냐가 중요하다"라는 명언은 많은 사람들에게 알려져 있다. 하지만 "무엇을 생각하는가가 중요한 것이 아니라, 어떻게 생각하느냐가 중요하다"는 명언을 들어 본 적이 있는가? 당신이 생각하는 방식은 당신 자신과 당신의 행동에 막대한 영향을 끼친다. 당신의 사고방식은 당신의 두려움을 증폭시키기도 하고 줄여 버리기도 한다.

사고방식은 자동적인 것도 아니고 수동적이지도 않다. 사고방식은 살아가면서 새로운 도전에 부딪힐 때마다 배우고, 업데이트하고, 바꾸어야 하는 기술이다. 이 장에서 다루고자 하는 내용이 바로 이것이다.

사소한 결정 vs 중대한 결정

우리는 하루 종일 이것저것을 결정하지만, 무언가를 결정한다는 것은 커다란 불안감을 가져올 수 있다. 현대인의 삶은 이전보다 결정해야 할 일이 더욱 많아졌는데, 이것은 축복인 동시에 저주다. 어떤 결정은 우리에게 도움이 되지만, 어떤 결정은 짜증과 당혹감을 느끼게 하고 심지어 인생을 더 어렵게 만들기도 한다.

나의 사례를 들어 보자. 얼마 전 나는 아들 브라이언과 버몬트 주의 어느 자그마한 스키장에 갔다. 본격적으로 스키를 타기 전에 간단하게 아침을 먹으려고 음식점에 가서 오렌지주스, 달걀부침 토스트, 커피를 주문했다. 그런데 이토록 간소한 주문에도 친절한 여종업원은 끝도 없이 질문을 했다. 오렌지주스는 소, 중, 대 가운데 어느 사이즈를 선택하시겠습니까? 갓 짜낸 주스로 드릴까요, 아니면 농축 주스로 드릴까요? 달걀 노른자를 익힐까요, 아니면 반숙으로 할까요? 빵은 흰 빵, 통밀빵, 건포도를 넣은 빵, 호밀빵, 흑빵 가운데서 어느 빵으로 하시겠습니까? 커피는 소, 중, 대, 특대 사이즈 가운데 무엇으로 하시겠습니까? 보통 커피로 드릴까요, 아니면 디카페인 커피로 드릴까요? 커피는 크림만 넣을 수 있고, 우유와 크림을 반씩 넣을 수 있고, 우유만 넣을 수 있습니다. 그리고 우유도 2% 저지방 우유와 무지방 우유가 있습니다. 어떻게 해서 드릴까요?

아들과 나는 똑같은 반응을 보였다. 간단하게 아침을 먹는데도 이렇게 많은 결정을 해야 한다니! 이런 것은 우리에게 도움이 되는 것일까 아니면 그저 성가신 일일까? 우리는 양쪽 다에 해당된다고 합의를 보았다. 우리를 놀라게 한 것은, 이렇게 조그마한 동네의 삶도 뉴욕 못지않게 복잡하다는 점, 시골의 음식점에서도 스타벅스 못지않게 복잡한 절차를 거쳐야 한다는 점이었다.

현대인의 삶에서는 이처럼 결정해야 할 사항이 홍수를 이루는 상황이 많다. 당신이 불안감을 느끼는 어떤 상황에 처했다고 상상해 보자. 세상이 뒤집힐 만큼 큰일은 아니고 사소한 상황이지만,

그래도 당신으로서는 시간과 에너지를 쏟아 부어야만 하는 일이다. 셔츠를 하나 사야 하는 경우를 예로 들어 보자. '이걸 살까 저걸 살까? 너무 비싼 거 아냐? 다른 상점에도 가 봐야 하나? 어떻게 하지?' 이렇게 되면 불안감이 생겨나고 그 때문에 결정을 내릴 수 없게 되거나, '장고長考 끝에 악수惡手' 라고 결국 바가지를 쓰고 셔츠를 사기도 한다. 아니면 아예 종류 별로 셔츠를 사거나, 시간만 낭비하다가 결국 하나도 못 사거나, 하나 사긴 했으나 일주일 내내 망설이다가 결국 환불하러 가기도 한다.

좀 더 비싼 물건을 사는 경우도 마찬가지다. '어떤 컴퓨터를 사지? 지금 살까, 아니면 일 년만 기다렸다가 가격이 내리면 살까? 최신형 컴퓨터를 사면 너무 돈을 낭비하는 건가? 노트북을 살까, 아니면 데스크톱을 살까? CD-ROM 드라이브만 있는 걸로 살까, DVD 드라이브와 CD 라이터까지 다 있는 걸로 살까? 이 카탈로그에 있는 주변기기가 다 필요하긴 한 걸까? 어떻게 결정해야 한담!' 이런 식으로 머리가 복잡해져 버린다.

물건을 사는 것보다 더 중요한 결정을 내려야 할 때는 또 어떤가? 어려운 직업에 도전할 것인지, 결혼을 할 것인지, 이혼을 할 것인지, 아이를 가질 것인지 말 것인지와 같은 심각한 문제 말이다. '지금 이래도 되는 건지 잘 모르겠어', '그런 책임을 내가 감당할 수 있을지 확신이 서지 않아', '내 나이 이제 마흔인데 너무 늦은 거 아닐까?', '좀 더 일찍 시도했으면 좋았을 걸', '그때 그렇게 결정하지 말 걸 그랬어' 등등. 이토록 고심하고 겁에 질리고 두려워하는데도 자신이 무엇을 원하는지 결정을 내리지 못하기 일쑤다.

어떻게 하면 이런 진퇴양난의 궁지를 헤쳐나갈 수 있을까? 어떻게 하면 좀 더 결단력 있고 보다 나은 결정을 내리는 마음을 지닐 수 있을까? 이런 질문들은 매일같이 수없이 많은, 아마도 필요 이상으로 많은 결정을 내려야 하는 요즘 같은 사회에서 필수적인 것이다(지금보다 모든 것이 덜 풍족했던 시절에는 사람들은 그저 생활에 꼭 필요한 것만 갖추어도 감지덕지했다). 결정을 잘 내리게 되면 불안감, 혼란스러운 마음, 두려움을 좀 더 잘 다스릴 수 있을 것이다.

생각인가 강박증인가?

두려움을 극복하는 기술 가운데 반드시 배워야 하는 것이 바로 '생각'과 '강박증'을 구분하는 방법이다.

앤드리어는 두려움의 유형 가운데 '과다경계 형'에 속하는 사람으로, 낮 동안에 생긴 일을 걱정하느라 밤에 잠을 이루지 못한다. 그녀는 말 그대로 온갖 일을 강박적으로 고민한다. 꼭 빨래해 놓아야 하는 세탁물, 사고 싶은 자동차, 동생에게 보내려고 사 두었는데 깜빡 잊고 부치지 않은 생일 축하 카드, 점검해야 하는 부엌의 물 새는 곳, 생각만 해도 눈앞이 캄캄해지는, 시세가 폭락한 주식 등. "이런 일들을 머릿속에서 떨쳐 버릴 수가 없어요. 사람을 완전히 미치게 만든다니까요. 긴장을 풀 수도 없고, 잠도 자지 못하고, 그렇게 밤새 이리저리 뒤척거리니까 아침에는 너무 피곤해서 일어나기조차 힘들어요." 앤드리어의 말이다.

이처럼 아무런 발전 없이 똑같은 생각을 반복하는 것은 사실 '생각' 이 아니라 '강박증' 이다. 고민하는 문제에 대해서는 아무런 해결책도 얻지 못한 채 두려움만 커져 가고 강화되기 때문이다. 앤드리어에게 강박증은 피할 수 없는 악순환의 연속이다.

'생각'과 '강박증'은 다음과 같은 차이점이 있다.

생각은 어떤 개념을 추론하거나, 재고하고나, 심사숙고하거나, 판단하거나, 눈앞에 그려 보거나, 찬찬히 살펴 보는 것으로, 창조적이고 효과적이다. 생각은 생산적인 결과를 낳으며, 목표를 정하고 행동을 하기 위해 거치는 과정으로, 이성적인 사고, 문제를 해결하기 위한 궁리, 브레인스토밍, 창조적인 공상이 이에 포함된다.

예를 들어, 당신이 일반인을 위한 교육 프로그램을 훑어 보며 어떤 강좌에 등록을 할까 선택을 한다고 가정해 보자. 당신은 이런 저런 강좌를 들으면 어떤 장점과 단점이 있을지 하나하나 따져 보고, 이 강좌에서는 어떤 것을 배우게 될까 예상해 보고, 교통편이 어떤지 또 수강료는 얼마나 되는지도 계산해 볼 것이다. 이런 것이 바로 '생각'을 하는 예다.

반면 '강박증' 은 마음이 단 하나의 감정이나 개념에 집중된 나머지 도저히 벗어나지 못하는 경우를 말한다. 강박증은 A라는 지점에서 출발하여 돌고 돈 끝에 결국 A 지점으로 다시 돌아온다. 강박증 역시 생각의 한 종류인 것은 사실이지만, 강박증은 비효율적인 생각이다. 끊임없이 빙빙 돌며 정처 없이 헤매다가 결국은 출발점으로 되돌아와 버린다. 생산적인 결과는 고사하고 역효과를 낳는다. 실과 바늘의 관계처럼 불안감을 대동하며 쓸모 있는 해결책도 없이 제자리로 돌아와 버리기 때문이다. 그리고 강박증의 악순환 속에서 두려움이 자라난다.

다음과 같은 걱정은 강박증의 좋은 예다. '교육 강좌를 좀 듣긴 들어야 할 텐데, 어떤 걸 선택하면 좋지? 너무 많아서 뭐부터 들어야 할지 감을 못 잡겠어! 야간대학을 다녀 볼까? 하지만 나한테 안 맞을 것 같은데. 그건 그렇고, 과목은 어떤 걸로 선택하지? 경영학? 보건학? 컴퓨터공학? 아니면 다른 과목? 선택할 수 있는 게 너무 많아서 결정을 못 내리겠어. 어쩌면 공학 쪽이 나한테 맞을지도 몰라. 하지만 공학 중에서도 뭘 선택한담? 그리고 등록하고 나면 수강료는 어떻게 하지? 은행에서 대출을 좀 받을까? 장학금을 알아 볼 수도 있을 거고. 아니면……, 으으! 도대체 생각이 정리가 안돼! 하지만 교육 강좌를 듣긴 들어야 하는데. 난 왜 이렇게 우유부단한지 몰라.'

일로 되돌아가자

다음 상황을 생각해 보자.

당신의 집 부엌에서 물이 샌다. 당신은 배관에 대해서는 아무것도 모른다. 남편은 좀 알 수도 있겠지만 모를 수도 있다(아니면 남편은 그저 아는 척할 뿐일지도 모른다. 이전에도 고장난 곳을 수리한답시고 일을 더 크게 만들어 놓은 적이 많다). 이 문제를 어떻게 처리하면 좋을까?

이 문제를 강박적으로 대하면 당신은 아무런 해결책도 얻지 못한 채 자기 꼬리를 물려고 빙빙 도는 강아지 형국이 된다. '부엌에서 물이 새는데, 어떡하면 좋지? 난 배관 일은 아무 것도 모르는

데! 남편도 나하고 별로 다를 게 없어. 하지만 배관공을 부르면 돈이 엄청 들 텐데! 게다가 배관공을 부르면 집에 사람이 있어야 하는데, 내가 회사를 안 나갈 수도 없잖아. 그렇다고 주말에 오라고 하면 난 쉬지도 못해. 그리고 배관공은 틀림없이 바가지를 씌울 거야. 안 그래도 이것저것 돈 들어갈 데가 많은데 큰일이잖아! 하지만 물새는 걸 이대로 내버려 두면 나중에 더 큰일이 될 텐데. 아 정말, 어떡하면 좋을지 모르겠어!'

게다가 강박증은 원래의 문제와는 전혀 상관없는 엉뚱한 문제까지 끌어들이기도 한다. '물이 새는 것만 심각한 게 아냐. 부엌 전체를 다 뜯어고쳐야 할지도 몰라. 물새는 게 해결되어도 그 다음에 무슨 문제가 또 터질지 모르잖아! 그리고 싱크대로 제발 좀 바꿨으면 좋겠어. 게다가 벽지 색깔은 이제 꼴도 보기 싫어. 집수리 용도로 대출을 좀 받아서 부엌 전체를 리모델링하는 게 어떨까? 아니, 지금 있는 싱크대를 새로 칠하면 돈이 적게 들겠지. 하지만 그러면 저 끔찍한 바닥 타일도 바꿔야 하는데. 아, 골치 아파!'

골치 아픈 것도 무리는 아니다. 강박증은 아무런 해결책도 내놓지 않고 제자리로 돌아와 버리기 때문이다. 게다가 그러는 동안 당신은 기운은 기운대로 쓰고 마음의 평정도 잃어버린다.

이와는 대조적인 태도가 문제를 차근차근 생각하고, 무엇을 선택할 수 있는지 따져 보고, 결정을 내리는 것이다. '일단은 남편한테 물이 새는 수도관을 살펴 보라고 부탁해야지. 어쩌면 남편이 수리를 할 수 있을지 몰라. 남편이 자신이 없다고 하면 전화번호부를 찾아 보자. 배관공들은 많이 있을 테니 그 중에서 나와 스케줄을 맞출 수 있는 사람이 있을 거야.' 당신의 생각은 딴 데로 새는 일 없이 체계적으로 발전하여 문제를 해결하고 결말을 지었다. 상황을 따져 보고, 결정을 내린 다음, 실천을 하는 것이다. 물이 새는 문제는 해결될 것이며, 당신은 느긋하게 잠을 이룰 수 있다.

생각을 한다고 해서 복잡한 문제가 사라지는 것은 아니지만, 좀 더 문제를 체계적으로 정리하고 한 단계씩 처리하면 생산적인 결과를 낳을 수 있다.

시장에서 고민당하다

마지막 시나리오는 주식투자에 관한 강박증이다.

"맙소사! 도대체 얼마나 손해를 본 거야? 난 왜 이렇게 멍청하지? 주가가 더 떨어지기 전에 지금이라도 주식을 팔아야겠는데. 아니야. 주가가 이렇게 내려갔으니까 조만간 올라갈지도 몰라. 그러니 오히려 지금 주식을 더 사는 게 좋을 거야. 하지만 지난달에도 이제 주가가 올라갈 거라고 생각해서 주식을 산 거잖아! 올라가기는커녕 이번 달엔 더 떨어졌고! 난 이런 쪽에 운이 없나 봐. 내 주제에 무슨 돈을 벌겠어. 이래가지고서야 노후 대비는 물 건너간 거야! 왜 멍청한 처남 말은 들어가지고 이 고생이람!"

이러면서 당신은 제자리를 뱅뱅 돌며 손을 비틀고 자신을 비하하며('나는 왜 이렇게 무능한지 몰라!'), 남을 비난하고('처남은 나보다 더 무능한 놈이지!'), 운명을 한탄하지만, 정작 문제를 해결할 수 있는 대책은 전혀 세우지 못한다.

강박증이 아닌 생각은 훨씬 차분하다.

“그래. 요 몇 년간 주식 투자에서 손해를 많이 본 건 사실이야. 거품경제가 붕괴되고 난 후에 내가 돈을 얼마나 많이 잃었는지 따져 보면 혈압이 오를 것 같아. 하지만 지금 중요한 문제는 이 상황에서 내가 어떤 일을 할 수 있는지 알잖아? 자, 차근차근 계획을 세워 보자. 먼저 동요하지 말아야 해. 앞뒤 가리지 않고 행동했다간 문제가 더 커질 뿐이야. 다음으로는 좀 더 믿을 만한 사람과 상담을 해야 해. 처남이야 좋은 의도로 내게 투자를 권한 거지만 자기가 생각하는 만큼 주식시장을 잘 아는 건 아니지. 실적이 좋은 전문 투자자의 조언을 구할 필요가 있어.”

이런 식으로 생각을 하면 생산적인 결과가 나오고, 육체적으로나 정신적으로 에너지를 낭비하지도 않으며, 두려움도 줄어든다.

그렇다면 제자리에서 맴돌기만 하는 상태를 벗어나려면 어떻게 해야 할까? 강박증의 한계를 탈피하는 방법이 있을까? 강박증을 생산적인 생각으로 바꾸려면 어떤 단계를 밟아야 할까?

첫째, 강박증으로 빠져 들어가는 마음을 돌려세워야 한다(아니면 적어도 강박증에 빠져 있는 시간을 줄여야 한다). 당신의 두 살짜리 아이가 전기 플러그에 손가락을 찔러 넣으려고 안달한다면 어떤 방법을 쓰는가? 무언가 다른 것, 아이의 관심을 끌 만한 물건으로 아이의 주의를 딴 데로 돌릴 것이다. 당신의 마음에도 같은 방법을 쓸 수 있다. 텔레비전을 본다거나 앨범 정리와 같은, 지금껏 미뤄왔던 단순한 일거리를 처리하는 것, 친구에게 전화를 하는 것도 방법이고 독서를 하면 마음이 안정되는 성격이라면 책을 읽어도 좋다.

둘째, 운동을 하는 것도 좋은 방법이다. 운동하기 싫어하는 사람이라면 그저 몸을 움직이는 것도 괜찮다. 일단은 엉덩이를 털고 일어나자. 양손을 힘껏 위로 뻗어 기지개를 켜거나 할 수 있는 데까지 목을 뒤로 젖혀 본다. 잠깐 산택을 나가는 것도 좋다. 운동을 좋아하는 사람이라면 어떤 종목에 흠뻑 빠져 보자. 꼭 체육관이나 헬스클럽에 갈 필요는 없다. 달리기를 해도 좋고, 테니스를 쳐도 좋다. 요가나 태극권은 어떤가? 몸을 움직이면 강박증을 떨쳐 버리는 데 효과가 있다.

이렇게 하여 강박증에서 벗어난 후에는 생산적인 결과를 낳는 생각을 할 수 있게 된다. 어쩌면 당신이 찾는 해답은 이미 집 앞까지 찾아와 문을 두드리고 있는데, 당신이 강박증에 빠져 있느라 그 소리를 못 듣고 있는지도 모른다. 이제 두려움이나 강박을 느끼는 것들을 적어 보자. 그리고 그 결심에 도움이 될 만한 여러 해결책을 단계별로 생각해서 정리해 보자. 그 다음 그것을 행동으로 옮긴다면 의외로 그 고민은 한층 쉽게 해결된다. 숨을 깊게 들이마시고, 목소리를 차분하게 가라앉히고, 자신에게 말해 보라.

"나는 할 수 있어. 이제 곧 성공적인 단계에 이르렀어!"

분석의 마비에서 벗어나라

실행에 대한 두려움은 마비를 일으킨다

– 메이슨 쿨리

두려움에서 비롯되는 또 하나의 무익한 생각은 '분석 때문에 정체되는 생각'이다. 아무리 열심히 연구하고, 심사숙고하고, 계획을 짠다 하더라도 실제로 결정을 내리거나 행동을 취하는 것은 아니다. 역설적이지만 분석을 많이 하면 할수록 머릿속은 더욱더 어지러워지기만 할 뿐이다.

좋다고 다 좋은 게 아니다

재니스는 중요한 일을 결정하려 할 때마다 '분석 때문에 정체되는 생각'으로 고통을 겪는다. '통제 형'인 그녀는 강박증에 시달리지는 않지만 마주치는 문제마다 정보를 너무 많이 모으려 해서 탈이다. 때문에 정보의 산더미 속에서 허우적거리다가 지쳐 버린다.

최근 재니스는 다섯 살이 된 아들 케네스를 유치원에 보내기로 했다.

"어느 유치원에 보내야 제일 좋을지를 체계적으로 결정하고 싶어. 그러려면 우리가 사는 학군 내에 있는 유치원에 대해서 충분한 정보가 필요해. 아무리 적은 가능성이라도 놓치고 싶지 않아. 그리고 케네스는 미술에 재능이 있으니까 그런 쪽으로 커리큘럼이 잘 되어 있는 유치원을 골라야지."

기대했던 것 이상으로 많은 유치원이 검색되자, 재니스는 기분이 좋아졌다. 하지만 수많은 유치원과 다양한 커리큘럼은 차츰 그녀를 혼란스럽게 만들었다.

"대체 왜 이렇게 유치원이 많은 거야! 전화번호부에 나와 있는 것 말고도 사람들이 추천해 준 유치원도 있고, 게다가 인터넷을 찾아보니 또 잔뜩 나오잖아! 그리고 전화해서 원장 선생님과 이야기를 나누어 보니 하나같이 다 좋은 것 같아. 커리큘럼들은 또 왜 이렇게 유치원마다 다양한지! 하나하나 비교할 수가 없잖아. 다른 유치원들과 너무 판이하게 달라서 비교하기도 힘든 유치원들도 있고 말이지."

재니스는 이런저런 가능성들을 걸러내기 위해 각 유치원의 크기, 수업료, 원생과 교사의 비율, 특별 프로그램 등의 특성을 기록한 일람표를 만들었다. 하지만 자료를 많이 모으면 모을수록 머릿속은 더욱 혼란스러워질 뿐이었고, 설상가상으로 이러다가 케네스에게 딱 맞는 유치원을 영영 찾아내지 못할지도 모른다는 두려움마저 커져 갔다.

이제 그만하면 충분해!

데비는 자신이 해야 할 일을 확실히 처리하는 능력을 지니고 있다고 자부한다. 하지만 최근에 집의 침실을 개조하는 일을 추진하면서, 평소에는 엄마에게 고분고분하던 열 세 살짜리 딸에게 깜짝 놀랄 만한 말을 들었다.

"글세. 재클린이 이러는 거예요. '엄마, 대체 왜 그래요? 결정을 한 번 내리면 그걸로 끝이지, 왜 이랬다 저랬다 하면서 다른 사람들을 괴롭혀요? 다들 침실 때문에 미쳐 버릴 것 같아요. 무슨 궁전을 수리하는 것도 아니잖아요!' 그런데 그 애 말이 맞아요. 나는 개조 문제에 완전히 푹 빠져서 매일매일 제정신이 아니었어요. 내가 결정해 놓고도 그게 마음에 들지 않고, '더 좋은 게 있을지도 몰라' 하는 생각이 들어서 안절부절 못했죠. 오늘은 이걸로 결정했다가 내일은 저걸로 바꾸고 하면서 가족들뿐 아니라 담당 디자이너까지 들들 볶았어요.”

데비는 자신의 문제를 깨닫고 중요한 통찰을 얻었다.

“그렇게 끊임없이 이것저것 분석하다 보니까 개조 자체에 대한 흥미가 줄어들어 버렸어요. 침실을 개조해 보겠다고 몇 년 동안이나 별러왔는데, 침실 따위야 어찌되었던 상관없다는 생각이 들다니. 제 자신이 부끄러워졌죠. 그때서야 마음을 가라앉히고 차분해져야 한다는 걸 깨달았어요. 안 그랬다간 일을 망쳐 버릴 테니까요. 나는 사실 무언가를 결정하고 그것으로 끝내는 걸 두려워한 거예요. 나는 어떤 일을 하면 구석구석 세세한 부분까지 신경을 써야 직성이 풀리는 성격이거든요. 하지만 그래가지고는 일을 도통 끝낼 수가 없다는 사실을 깨달았어요. 나는 내가 선택한 인테리어 디자이너가 유능한 사람이며, 그 사람에게 모든 것을 일임해야 한다는 걸 잊고 있었어요. 디자이너가 하는 일에 내가 일일이 참견하고 분석할 필요가 없는 거였죠.”

당신을 괴롭히는 문제에 너무 집착하지 말고 한걸음 떨어져서 생각하라. ‘많이’ 생각한다고 ‘좋은’ 생각이 나오는 것은 아니다. 생각이 너무 많으면 오히려 문제의 본질이 흐려질 가능성이 높다. 선택의 여지가 너무 많고, 분석을 너무 많이 하고, 이랬다저랬다 결정을 번복하면 생각은 정체될 뿐이다. 결정을 내릴 때 세세한 부분까지 자료를 수집해야 한다는 생각은 버려라. 자료를 분석하고 또 분석한다고 더 좋은 결과가 나온다는 보장은 없다. 분석에는 ‘수확 체감의 법칙diminishing returns’이 적용되어, 일정한 양을 넘어서면 효율이 오히려 떨어진다. 그리고 결과가 좋은 결정은 대개 엄청난 데이터를 꼼꼼하게 분석해서 얻어지기보다는 신중한 통찰력에 의해 짧은 시간 안에 나오는 경우가 많다.

분석으로 정체된 생각 풀어 주기

분석을 지나치게 하기 때문에 문제 해결에 진전이 없는 사람은 다음과 같은 단계를 밟아 딱딱하게 굳어진 생각을 풀어 주도록 하자.

1. 당신의 시간을 지나치게 많이 잡아먹는 문제를 하나 생각한다. 그리고 그 문제를 해결하는 데 걸림돌이 되는 사항을 떠올린 다음 그것을 문장으로 적는다. 아래에 나열해 놓은 사항 가운데 '그래, 바로 이것 때문에 결정을 못 내리겠어!' 라고 생각되는 것들을 골라 체크 표시를 해도 좋다.

나는 이일에 너무 많은 시간을 드리고 있는데, 그 이유는……

_____ 완벽하기를 원하기 때문이다.

_____ 어려운 선택을 하기가 싫어 질질 끌고 있기 때문이다.

_____ 이러고 있으면 내가 열심히 바쁘게 일하는 중요한 인물인 것처럼 느껴지기 때문이다.

_____ 다른 일을 안 해도 되는 핑계거리가 되기 때문이다.

_____ 잘못된 결정을 하느니 아예 아무 것도 결정하지 않는 게 낫기 때문이다.

_____ 나는 이상적인 것을 좋아해서 최고가 아닌 것은 싫어하기

때문이다.

_____ 이러고 있으면 여가 시간을 보낼 수 있기 때문이다. 안 그러면 여가 시간에 할 일이 없다.

_____ 다른 사람들이 내가 내린 결정에 이러쿵저러쿵 하지 않을까 걱정되기 때문이다.

_____ 나는 무슨 일이든 끝장을 보지 못하고 미적거리기 때문이다.

_____ 이 일을 마무리하면 해야 할 일이 또 있으니 당분간은 마무리하지 않는 편이 더 나을 것 같아서다.

_____ 나는 강박증이 있어서 무슨 일에든 이렇게 신경을 많이 쓴다.

_____ 나는 발등에 불이 떨어지듯 긴박한 상황이 아니면 좀처럼 일을 매듭짓기 못하기 때문이다.

_____ '혹시 ~하면 어쩌지?' 하는 고민 때문에 생각을 제대로 할 수 없기 때문이다.

_____ 나는 어떤 일을 실천할 때보다 이리저리 계획을 짤 때가 더 좋기 때문이다. 궁리하는 단계를 벗어나 실천에 옮기기가 들어가기가 어렵다.

여기에는 없지만 당신에게 걸림돌이 되는 사항이 있다면 덧붙여서 적어 둔다. 이제 당신이 작성한 목록을 읽어 보고, 가장 크게 문제가 되는 세 가지를 골라 별(☆) 표시를 한다.

2. 별 표시를 해 놓은 문장 옆에 그 문장을 반박할 수 있는 문장을 만들어 적는다. 원래 문장과 뜻이 반대인 문장을 만들면 된다.

예를 들어 '나는 완벽하기를 원하기 때문이다' 가 걸림돌이라면, 그 옆에 '나는 꼭 완벽할 필요는 없다' 라고 쓴다. '나는 어려운 결정을 내리고 싶지 않아서 시간을 질질 끈다' 가 걸림돌이라면, 그 옆에 '나는 어려운 결정을 내릴 수 있다' 라고 쓴다. 나중에 생각해 보고 좀 더 재치 있는 문장을 만들어 보라. 예를 들어 '이러고 있으면 내가 열심히 바쁘게 일하는 중요한 인물인 것처럼 느껴지기 때문이다' 가 걸림돌이라면, '나는 열심히 바쁘게 일하는 사람이 되고 싶지는 않다. 이런저런 결정을 질질 끌면서 골머리를 앓지 않는다면, 내 인생은 좀 더 즐거워질 것이다' 라고 반박하면 된다.

지금 당장은 당신이 써 놓은 반박 문장들이 그리 마음에 와 닿지 않을 것이다. 하지만 미심쩍더라도 그 문장들을 큰 소리로 읽어 본다. 그 문장들을 읽는 당신의 목소리를 당신의 귀로 듣고, 당신의 마음속에 실천할 수 있는 가능성으로 자리 잡을 때까지 계속 소리 내어 읽는다. 당신은 지금 법정의 증언대에 서 있는 것이 아니다. '오로지 진실만을 말할' 필요가 없다. 지금 탐험을 떠나고 있다고 생각하고, 새로운 아이디어를 찾아내어 그것에서 무엇을 얻을 수 있는지 탐색해 보라.

3. 결정을 내리기 위해서는 '제한시간' 과 '시간예산' 을 정하는 것도 도움이 된다. 재니스의 경우를 예로 들면, "다음 주까지는 어느 유치원에 케네스를 보낼 건지 결정을 해야 해" 라고 제한시간을 정하는 것이다. 그리고 그에 맞추어 시간 예산을 짠다.

- 정보를 찾아 인터넷을 검색한다(3시간)

- 유치원 안내서를 검토한다(2시간)

- 유치원에 관해 잘 알고 있을 만한 친구에게 물어 본다(20분)

- 수집한 정보를 정리한다(45분)

- 남편과 상의한다(90분)

- 마음에 드는 유치원을 3군데 선택하여 입학 신청서를 쓴다
  (3시간)

이제 당신 자신의 문제를 해결하기 위해 제한시간과 시간 예산을 정해 보라. 물론 이 일정표를 '무슨 일이 있어도 꼭 지켜야' 할 필요는 없다. 사정에 따라 바꾸어도 괜찮으며, 그저 분석 때문에 정체되어 버린 생각을 풀어 주고 적절한 시간 내에 결정을 내릴 수 있도록 도와 주는 지침서로 활용한다.

역발상으로 브레인스토밍 하기

어느 날 매리언이 내게 말했다. "회사 다니기 싫어서 미치겠어요. 그만두고는 싶은데 겁이 나서 그러지는 못하죠. 카드 값이나 각종 보험 문제도 그렇고, 그 회사에 다니고 있으면 남들이 좋은 직장에 다닌다며 부러워하기도 하고요. 어떻게 해야 좋을지 모르겠어요. 난 너무 우유부단해요."

나는 그녀에게 말했다. "자신이 우유부단하다고 생각하지 말고,

여러 가지 가능성을 찾는 도전정신이 있다고 생각해 보는 게 어때요?”

그러자 매리언의 얼굴에 미소가 떠올랐다. 그녀는 장난꾸러기처럼 대답했다. “오늘이라도 당장 사표 내고 한 달쯤 여행을 떠나야겠어요. 여행에서 돌아와선 조그마한 회사를 차릴 거고요.”

매리언은 그날 당장 사표를 내지는 않았지만 약 6개월 후에 회사를 그만두었다. 자신에게는 여러 가지 가능성을 찾는 도전정신이 있다고 생각한 결과였다. 그리고 이 결심은 그녀에게 좋은 쪽으로 작용했다. 매리언은 현재 작은 홍보업체의 사장으로, 자신의 일에 무척 만족하고 있다. 그리고 2001년 경제위기 때 이전의 회사에서 같이 근무하던 동료들이 해고되었다는 소식을 들었다.

“내가 도박하는 심정으로 회사를 그만두었을 때는 일이 이렇게 되리라고 생각도 못 했죠. 하지만 결과를 놓고 보면 나 자신에게도 좋은 일이었을 뿐 아니라 회사에 그대로 남아 있었던 동료들보다 더 안전한 선택을 한 셈이 되었어요.”

하지만 브레인스토밍은 단순히 ‘생각의 방향을 바꾸는 과정’만이 아니라, 한 가지 문제에 관해 나올 수 있는 다양한 해결책을 만들어 내는 방법으로도 활용 가능하다. 혼자 해도 좋고, 친구와 해도 좋으며, 가족들이 함께 모여 아이디어를 생각해 보아도 좋다. 중요한 점은 아무리 엉뚱하거나 실현될 것 같지 않은 생각이라도 무시하지 말아야 한다는 것이다. 브레인스토밍을 하면 당신의 마음은 자유롭게 여러 방향으로 쭉쭉 뻗어 나가 여러 가지 다양한 아이디어를 내놓을 것이다. 이미 습관이 되어 버린 사고방식의 방

향을 반대로 돌려 보면 그 결과에 아마 깜짝 놀랄 것이다. 이전에
는 상상도 못했던 무궁무진한 가능성이 눈앞에 펼쳐지기 때문이
다. 브레인스토밍은 당신의 생각을 풍성하게 만들어 주며, 실천하
기도 쉽다. 여러 가지 대안을 생각한다고 해서 손해볼 것은 없지
않은가? 돈이 드는 것도 아니고 말이다.

상황을
재구성하자

대부분 사람들은 자신이 진실이라고 믿는 것이 실제로도 진실
이라고 생각하며, 우리가 각자의 경험, 가족 배경, 생물학적 감각,
문화와 종교, 교육받은 선입견, 사회적 관계를 토대로 진실을 '만
들어낸다' 는 것을 깨닫지 못한다. 우리는 그냥 이 세계에서 살아
가는 것이 아니라 이 세계와 그 속에서 겪는 경험을 '자연스러운'
방법으로 해석한다. 그리고 우리의 사고방식 바깥에 존재하는 것
은 '부자연스러운' 것으로 간주한다. 경험을 해석하는 이런 방식을
'구성하기framing'라 부르며, 그 해석하는 방식을 바꾸는 것을 '재구
성하기reframing'이라 부른다.

새로운 현실을 재구성하라

누구나 한번쯤은 '잔에 물이 반쯤 찼는지 아니면 반쯤 비었는지'
에 관한 이야기를 들어 보았을 것이다. 잔에 물이 반쯤 찼다고 보
는 사람은 낙천주의자, 반쯤 비었다고 보는 사람은 비관주의자라

고 한다. 누구의 견해가 옳을까? 당신이 낙천주의자 쪽을 선택했다면, 축하한다! 정답을 골랐으니까. 당신이 비관주의자 쪽을 선택했다면, 역시 축하한다. 정답을 골랐으니까. 정답이 두 개 있는 경우도 있을까? 물론이다. 세상을 어떻게 해석하느냐에 따라 정답은 여러 개가 있을 수 있다.

원래 비관주의자인데 낙천주의자가 되고 싶다든가 또는 신경이 날카로운 사람에서 차분한 사람으로 변화하고 싶다면, '재구성' 하는 법을 배워야 한다. 어떤 상황에서든 중요한 점은 있는 그대로의 현실('잔에 물이 100밀리리터 들어 있다')이 아니라, 그 현실을 어떻게 인식하느냐는 것일 경우가 많다. 현실을 나쁘다고 생각하는가 좋다고 해석하는가? 비관주의자인가 낙천주의자인가?

당신이 늘 두려움에 사로잡혀 있다면, 이미 모든 상황을 습관적으로, 또 자동적으로 무섭다고 해석하는 사고방식이 고정된 것이다. 그 상황이 실제로 무서운 상황이든 아니든 간에 말이다. 이제 무조건 불길한 예감을 지니고 상황을 판단하는 습관을 버리고 같은 상황이라도 다른 방식으로 보아야 할 때다. 예를 들면 다음과 같이 자신을 바꾸는 것이다.

당신이 당신 회사의 중역들에게 컴퓨터 소프트웨어 사용법을 가르치는 임무를 맡았다고 가정해 보자.

원래의 구성은 "겁이 나서 못 견디겠어!"라고 느끼는 것이다.

- '도저히 못 하겠어!'
- '어떻게 빠져나갈 방법이 없을까?'
- '여러 사람 앞에서 망신을 당할 거야'

- '왜 하필이면 나야?'

이런 순서와 같은 생각들이 뒤이어 떠오른다.

이 상황을 어려운 문제로만 받아들이지 말고 사고방식을 바꿔 보아라. 이것이 바로 '재구성하기'다. 상상력과 생각의 범위를 넓혀 보자. 이 상황을 다르게 해석해 보면 어떨까? "재미있겠는데!"라고 말이다. 뒤이어

- '드디어 기회가 왔구나!'
- '좀 더 잘할 수 있는 방법을 찾아야겠어.'
- '마침 잘됐어'
- '이제 나도 유능한 사람이라는 인상을 줄 수 있겠어'

이런 순서와 같은 생각들이 떠오를 것이다.

어떤 상황을 재구성한다면, 현실을 다르게 보아야 할 뿐 아니라 그 새로운 해석을 실천하기 위해 지금까지와는 다르게 행동해야 한다. 위의 예에서 두려움을 느끼던 마음을 재미있다는 쪽으로 바꾸어 재구성한 것이 그 첫 단계다. 두 번째 단계로는 재구성하기에서 떠오른 생각이 현실로 나타나도록 노력을 하는 것이다. 이 두 번째 단계를 무시하면, 새로운 사고방식은 오히려 역효과를 가져와 당신은 이전보다 더 크게 두려움을 느끼게 된다('거봐, 역시 이 일은 재미있는 게 아니었어. 나 같은 게 잘 해낼 리가 없지'). 하지만 재구성하기에 반드시 실천이 필요한 것은 아니다. 사실 재구성하기는 지금까지와는 다른 방향에서 생각하는 방식일 뿐이다.

어떤 상황을 재구성하는 독창적인 방법을 배우고 싶다면, 어린

아이들의 말에 귀를 기울여 보라. 모든 것에는 반드시 정답이 존재하며 내가 생각한 정답은 남에게도 정답이라는 생각에 아직 물들지 않은 어린아이들에게서 재구성하기의 진수를 배울 수 있다.

아이는 재구성의 천재다

내 아들 대니가 유치원에도 가기 전의 나이일 때, 나는 아들에게서 재구성에 관하여 결코 잊을 수 없는 교훈을 하나 배웠다. 대니는 어릴 때 고집이 세고 자기주장이 강했다. 어느 날 오후, 나는 녀석이 고집을 꺾지 않은 바람에 화가 머리끝까지 났다. 나는 대니를 끌고 가다시피 하여 자기 방 안으로 떠밀어 넣은 다음, 문을 쾅 닫고 엄포를 놓았다. "꼼짝 말고 들어가 있어!" 그러자 대니는 일말의 주저도 없이 문을 도로 열더니 다시 쾅 닫고는 소리쳤다. "엄마는 절대 들어오지 말아요!"

나는 방문 앞을 떠나면서 녀석의 당당한 선언에 키득키득 웃지 않을 수 없었다. 나는 녀석을 방 안에서 나오지 못하게 할 수는 있었지만 녀석의 고집을 누를 수는 없었다. 대니는 자신이 벌을 받는 상황을 '재구성' 하여 거꾸로 나에게 벌을 준 것이다! 나는 어릴 때 벌을 받게 되면 잔뜩 겁을 집어먹기 일쑤였는데, 대니는 겨우 세 살의 나이에 상황을 재구성해 내지 않는가! 나는 "녀석이 할 수 있으면 나도 할 수 있겠지"라고 중얼거렸다. 그 이후로, 나는 어려운 순간이 닥치면 그때의 일을 생각하고 자신감을 얻었다. 마냥 어리게만 보이는 자식이 어느 날 혼자 힘으로 생각을 하고 심지어 부모에게 한수 가르치는 경지에 이르다니!

어린아이가 상황을 재구성해 내는 예를 한 가지 더 들어 보자. 다만 이 아이의 부모는 자녀의 그런 능력에 그다지 감탄하지 않았지만 말이다.

월터는 축구 연습을 마친 딸 아멜리아(여섯 살)와 그 친구를 차에 태우고 집에 돌아오는 길이었다. 백미러로 보니 아멜리아가 안전띠를 매지 않은 채 친구와 장난을 치고 있어서 그는 큰소리로 야단을 쳤다. "차 안에서 뛰어다니지 마! 안전띠 매고 얌전히 앉아 있어!"

아멜리아는 아빠 말대로 했지만, 2분쯤 후에 팔짱을 끼고 장난꾸러기 같은 미소를 얼굴에 떠올렸다. 월터는 뭐가 그렇게 우습냐고 물었다. "아빠는 나더러 얌전히 앉아 있으라고 했지만, 나는 마음속으로는 지금도 뛰어다니고 있단 말예요."

불행히도 월터는 재구성하기에 대해서 아무 것도 몰랐기에 딸아이의 대답이 얼마나 독창적이고 영리한 것인지를 알아차리지 못했다. 그는 그저 딸아이의 대답을 버르장머리가 없는 것이라고 해석했고, 그래서 집에 도착한 후 딸아이이게 '마음속으로 뛰어다닌 것'에 대한 벌을 주었다.

결과에 연연하지 말라

한 세대 전만 하더라도 사람들은 삶에서 일어나는 여러 가지 사건의 결과를 통제할 수 없는 것으로 여겼으며, 있는 그대로 받아들였다. 자녀는 계획에 맞추어 낳는 존재가 아니라 '하늘이 점지

해 주셨다.' 적성에 꼭 맞는 직업을 찾아다니는 것이 아니라 그저 '어떤 일을 하게 되었다.' 하지만 요즘 사람들은 자신의 인생에서 좀 더 통제력을 갖게 되었고 따라서 통제할 수 없는 일이 생기면 몹시 괴로워한다.

어떤 일의 결과가 늘 당신에게 이로워야 한다는 기대를 버릴 수 있다면, 당신의 두려움은 많이 줄어들 것이다. 그렇다고 당신이 선택하고 행동한 결과가 어떻든 간에 전혀 신경을 쓰지 말라는 뜻은 아니다. 내 말은, 어떤 상황에 맞추어 결정을 내리고 행동할 수는 있더라도 특정한 일을 '당신이 원하는 대로' 일어나게 할 수는 없다는 사실을 받아들이라는 의미다. 인생에 부딪히는 모든 상황을 통제할 필요는 없다.

해야 할 것부터 하라

마흔두 살의 로이는 '수줍음 형'에 속하는 이혼남이다. 그는 자신이 남에게 거부당할까 두려워한다는 사실을 잘 알고 있다. 로이는 세실에게 호감을 느끼고 데이트를 신청하고 싶어 하지만, 그런 생각이 들 때마다 부정적인 결과를 예상한다.

"세실에게 데이트를 신청한다는 생각만 해도 흥분이 돼요. 하지만 두려움을 떨쳐 버릴 수는 없어요. 그녀가 싫다고 하면 어쩌지? 나를 자기와 데이트를 할 만한 남자가 아니라고 생각하면 어쩌지? 벌써 애인이 있으면 어쩌지? 이런 생각 때문에 도저히 입이 안 떨어져요."

로이가 세실에게 데이트 신청을 못 하고 불안해 하는 것은 그가 자신의 행동이 성공이냐 아니냐의 판정을 세실의 반응으로 평가

하려 하기 때문이다. '결과에 연연하지 말라'는 것은 세실이 데이트 신청을 승낙하거나 거절하는 것이 중요한 문제가 아니라는 의미다. 중요한 것은 로이가 스스로 통제할 수 있는 범위 내에서 목표를 정하고 ('세실에게 데이트 신청을 한다') 그 목표에 전력을 다한다는 점이다.

이보다 좀 더 복잡하고 여러 감정이 얽혀 있는 예를 들어 보자.

용기도 처한 상황에 따라 다르다

에단은 강한 남자, 이른바 '용기 있는 남자'를 중시하는 가정에서 자랐다. 그의 아버지, 삼촌 두 명, 형은 모두 소방관이었다. 에단은 가족에게 끔찍한 경험은 다반사로 일어났고, 따라서 남에게는 끔찍한 경험이라도 그들에게는 대수롭지 않은 일이 되었다. 그들에게는 비극이란 결코 일어나지 않았으며 괴로운 경험도 한때의 이야깃거리에 불과했다. 각종 운동 종목에서 남과 경쟁하는 것도 이들 가족이 좋아하는 일이었다. 에단은 어릴 때부터 '고통이 없으면 얻는 것도 없다' 라든가 '2등은 패배다' 와 같은 좌우명을 마음 깊숙이 새기고 자라났다.

이러한 가족 배경과 마초 형 성격 때문에 에단에게 용기란 '남성다움' 과 비슷한 개념이었다. 용감하지 않은 사람, 즉 어려운 상황에서 마음을 다잡고 고개를 꼿꼿이 한 채 당당하게 나아가지 못하는 사람은 겁쟁이라는 오명을 뒤집어써야 마땅했다. 에단의 가족에게 용기란 신체적인 힘, 불굴의 의지, 그리고 '하면 된다'라는 마음가짐을 뜻했다.

하지만 아내 제닌은 췌장암 판정을 받자 에단은 어릴 때와는 판이하게 다른 종류의 도전에 직면하게 되었다. 에단이 처음 보인 반응은 지극히 당연한 것이었다. "우리는 암을 이길 수 있어", "노력하면 돼", "암에게 질 수는 없지."

하지만 항암치료를 계속해도 암은 차도가 없었고, 앤은 차츰 남편의 태도가 못마땅해졌다. 마침내 제닌은 남편이 가장 듣기 두려워하는 말로 대화를 시작했다. "우리 얘기 좀 해요."

"무슨 얘기?" 에단은 대꾸했다.

"여보, 난 당신이 내가 죽게 될 거라는 사실을 받아들였으면 해요. 당신이 날더러 암과 싸워 이기라고 말할 때마다 나는 기분이 좋아지기는커녕 더 나빠져요. 그런 말을 들으면 내가 실패자 같단 말예요. 물론 나도 살고 싶어요. 하지만 그럴 가능성은 별로 없어요."

에단은 아내의 말에 당황했다. 제닌은 단호하게 말했다.

"나는 당신이 내 옆에 있어 주기를 바라지만, 그렇게 허세를 부리지 말고 그저 사실을 사실대로 받아들여 주었으면 해요. 지금으로서는 당신에게 내 마음을 자유롭게 얘기하지도 못해요. 당신을 두고 이 세상을 하직한다는 게 얼마나 슬픈지, 도로시를 생각하면 내 가슴이 얼마나 찢어질 듯 아픈지 당신에게 터놓고 말할 수가 없어요. 도로시가 이제 겨우 열두 살이라는 걸 생각해 봐요. 지금 상황에 대해서 정확하게 설명해 줄 사람이 있어야 해요. 나는 당신이 그 애한테 마음을 강하게 먹으라고만 말하지 않았으면 해요. 열두 살짜리 애가 이런 상황에서 어떻게 마음을 강하게 먹을 수 있겠어요? 도로시를 위해서도, 또 나를 위해서도 당신이 그러지 말았으면 해요."

에단은 평생 처음으로 자신이 알고 있는 것과는 전혀 다른 종류의 용기가 필요한 상황에 부딪혔다. 매사에 싸움을 하듯 임하는 것과는 전혀 다른 태도를 취하고, 결과에 연연하지 말아야 했다. 그는 아내가 암을 극복하기를 바랄 수는 있지만, 아무리 노력을 한다 해도 그런 일이 실제로 일어나게 할 수는 없었다. '불굴의 의지'는 이 상황에서 더 이상 효과가 없었다. '하면 된다'라는 말은 스포츠에서는 몰라도 이 문제에서는 아무런 의미도 없었다. 에단에게 아내의 암은 이전에 겪어 보지 못한 어려움이었다.

지금 에단에게 필요한 용기는 현실을 있는 그대로 받아들이고 자신의 힘을 통제하려는 시도를 그만두는 것이었다. 에단이 해야 할 일은 아내 곁을 지키는 것이지 '적과 싸우는 것' 이 아니었다. 에단이 지금 직면한 위기는 그가 이전에 한 번도 겪어 보지 못했으며 그의 통제력을 벗어난 것이었다. 그가 할 수 있는 일은 현실을 받아들이고 그가 사랑하는 사람들의 말을 들어 주는 것이었다. 그가 해야 할 일은 곁에 '있는' 것이지 무언가를 '하는' 것이 아니었다. 에단에게 아내의 암은 그가 생각지도 못했던 종류의 용기, 즉 '그냥 놓아 두는 용기'를 시험하는 일이었다.

계획을 짰으면 곧바로 실행하라

완벽주의자들은 모든 일이 빈틈없이 잘되고 있어야 성공했다고 생각하기 때문에 특히 두려움을 많이 느낀다. 하지만 인생에서 부딪히는 각종 상황들이 모두 '잘될' 수는 없는 노릇이다. 주식시장을 생각해 보라. 어느 해의 주가가 평균 25퍼센트나 하락했는데 자신은 '겨우' 10퍼센트만 손해를 보았다면 대개의 사람들은 기뻐할 것이다. 하지만 짐과 같은 완벽주의자들은 자신이 손해를 보았다는 사실 자체에 경악을 금치 못한다. 짐은 돈을 잃은 것도 문제지만, 이 상황이 '난 무엇 하나 제대로 하는 게 없어'라는 자신의 두려움을 사실로 확인시켜 준다고 생각한다. 자신이 입은 손해를 걱정할수록 그런 두려움은 점점 더 커진다.

이 상황에 결과에 연연하지 않는다는 개념을 적용시켜 보자. 짐은 만족할 만한 자산관리 계획을 작성하되, 아무리 멋지고 훌륭한 계획이라도 매년 이득을 보장하지는 못하며, 손해를 보더라도 자신이나 자산관리를 해 주는 전문가가 잘못했기 때문이 아닐 수도 있다는 사실을 받아들여야 한다. 주식시장은 늘 주가가 올랐다 떨어지는 과정을 반복하기 때문이다. 이와 마찬가지로, 결과에 연연하지 않는다고 해서 반드시 데이트 승낙을 받아 내거나, 근사한 직장에 취직하거나, 아이가 말썽을 부리지 않게 된다는 보장은 없다.

그런 결과는 당신의 통제력 밖에서 결정이 나기 때문이다. 열심히 노력하고, 열심히 대화하고, 일등하기를 바라는 것 자체는 바람직하다. 하지만 끊임없이 걱정하고 한 가지 결과만을 오매불망 기대하는 것은 목표를 달성하는 데 하등 도움이 되지 않는다. 그럴 시간이 있거든 그 순간에서 최선이라고 여겨지는 일을 하는 데 마음을 집중하라고 조언하고 싶다. 당신이 할 수 있는 일을 하고, 그 다음은 하늘에 맡겨라.

아래와 같이 상황을 재구성하면 결과에 연연하지 않게 된다.

- 원래의 생각: '이 직장에 꼭 취직해야만 해.'

재구성한 생각: '면접에 대비해서 철저히 대비하면 결과가 어떻든 후회는 없을 거야.'

- 원래의 생각: '돈을 빌려 달라고 말하기가 두려워.'

재구성한 생각: '왜 돈이 꼭 필요한지를 잘 설명해야지. 만약 못 빌리면 다른 대책을 세우고.'

- 원래의 생각: '멍울이 만져지는데! 무슨 진단이 나올지 겁이 나서 죽겠어.'

재구성한 생각: '내 몸에서 일어나는 일을 내가 통제할 수는 없어. 친구한테 같이 병원에 가 달라고 부탁해야겠다. 혹시 좋지 않은 결과가 나오더라도 혼자서 슬퍼하지 않아도 될 테니까.'

마음을 편하게 먹어라

'마음 편하게 먹어'라고 말하기는 쉽지만, 막상 실천하기란 여간 어렵지 않다. 그러나 편안한 마음을 기른다는 것은 해볼 만한 목표다. 어떤 일을 결정해야 할 때 강박적인 생각을 덜 하게 되어 좀 더 명확하게 판단할 수 있고 피로도 덜 느낄 수 있기 때문이다.

위험을 찾아서

　서른네 살의 조안은 두 아이의 엄마로, 전형적인 '과다경계 형' 이다. 그녀는 어디를 가든지 일어날 수 있는 온갖 위험한 가능성을 상상하면서 끊임없이 걱정하며, 또한 그런 위험을 기어이 찾아내고야 만다. 덕분에 그녀는 안 그래도 어려운 순간을 더 어렵고, 더 심각하고, 더 끔찍하게 만들어 버린다. 조안은 최근 가족끼리 스키를 타러 갔는데 스키장에서 언제 넘어져 다리가 부러질지 모르니 조심하라고 자신에게 끊임없이 잔소리를 늘어 놓는 바람에 여행 분위기를 잡쳤다.

　조안은 마음을 편안하게 가질 필요가 있다. 늘 긴장을 늦추지 못하는 사람의 인생이 즐거울 리가 없다. 그럼 어떻게 하면 좋을까? 해답은 어떤 상황에서 두려운 요소 대신에 즐겁고 기대되는 요소에 초점을 맞추는 것이다. 조안은 무서운 생각이 한번 떠오르면 도저히 떨쳐 버릴 수 없었지만, 그런 생각이 머릿속에 오래 머무르지 않도록 통제하는 방법을 익힐 수 있었다.

　그녀는 처음에 그 스키 여행을 왜 계획하게 되었는지 자신에게 상기시키는 방법을 썼다. '스키 여행은 재미있고, 가족들끼리 오붓하게 야외에서 보낼 수 있는 기회다.'

　조안은 매사에 지나치게 경계심이 강하면 인생의 즐거움을 맛보지 못할 뿐 아니라 신체적 정신적 소모도 심하며, 그렇다고 해서 남보다 더 안전해지지도 않는다는 사실을 깨달았다.

　물론 살다 보면 예기치 못한 사건이 일어나기도 하고 패배를 맛보기도 하지만, 늘 재난을 두려워하며 벌벌 떤다고 해서 도움이 되지는 않는다. 도움이 되기는커녕 몸과 마음을 지치게 하고 심지어 역효과를 낼 수도 있다. 물론 테러 같은 사건은 정말로 끔찍하고 무서운 일이지만, 설령 그에 맞먹는 상황에서라도 처음의 충격과 스트레스는 어쩔 수 없겠지만 그 다음부터는 마음을 편안하게 가지는 것이 두려움에 질리는 것보다 낫다. '나는 이 상황을 극복할 수 있을 거야. 힘들지만 도움을 청할 방법을 찾아 보자. 언제가 될지, 또 어떻게 될지는 모르지만 일이 잘 풀리게 될 거야' 라고 자신을 안정시키는 것이 좋다.

부담을 덜어라

"어릴 때는 살기가 지금보다 훨씬 수월했죠. 학교에 갔다 오고, 공놀이를 하고, 자전거를 타고, 텔레비전을 보면 하루가 갔어요. 심각하게 고민할 거리도 없었고요. 하지만 지금은 나 자신이 너무 약한 인간이라는 생각이 들어요. 내 아내는 완벽주의자라서 피곤하고, 아이들 둘은 이것저것 돌봐 주어야 할 나이죠. 내 가족이 풍족한 생활을 하도록 돈을 많이 벌어야 한다는 생각 때문에 부담스러워요. 내가 잘하지 못하면 가족들이 실망할까 봐 두렵습니다."

릭은 특히 아내가 자신에게 갖는 기대 때문에 부담을 많이 느낀다고 털어놓았다.

"나는 아내를 기쁘게 해 주고 싶지만 그렇게 하기가 점점 더 힘들어져요. 우리가 처음 만났을 때, 아내는 내가 느긋한 성품이어서 좋다고 말했죠. 하지만 지금은 제 성격을 못 참겠대요. 아내는 내가 한 일과 하지 않은 일을 인정사정없이 평가합니다. 우리는 결혼하면서 내 느긋한 성품이 아내의 성격에 영향을 주기를 바랐지만, 오히려 아내의 성격 때문에 제가 점점 더 신경이 날카로워지고 있어요. 더 이상 이대로 두어선 안 된다고 봅니다."

릭은 결혼생활의 위기에 맞서 좌절감과 스트레스를 줄이는 방법을 찾아 고군분투했다. "나는 마음을 편안하게 하기 위해 집과 사무실에 장난감 농구 골대를 붙였습니다." 농구공으로 슛을 쏘는 일은 그리 힘들지 않으면서도 릭의 긴장을 효과적으로 풀어 주었다.

"그리고 10대 시절에 듣던 음악을 다시 듣기 시작했고, 요즘은 음악을 하는 친구들과 일주일에 한 번 모여서 같이 연주를 합니다. 남들이 보기에는 시시한 일일지 몰라도 느긋하던 10대 시절로 다시 돌아간 것 같은 기분이에요."

이보다 더 중요한 일은, 릭과 그의 아내가 부부 상담 전문가와 상담을 시작한 것이다. 전문가는 부부 사이의 감정과 오해를 풀어 버리도록 도와 주고 있다. 그 결과, 두 사람은 서로의 차이점을 존중하는 방법을 배우고 있으며 이전보다 대화를 더 많이 나누고 있다.

<h2 style="text-align:center">마음이 느긋해지는 방법</h2>

- 음악을 듣는다. 당신의 영혼을 편안하게 해 준다면 어떤 음악도 좋다.
- 따뜻한 물에 목욕을 한다. 물속에 오랫동안 잠겨 있는 것만큼 긴장을 풀어 주는 좋은 방법도 드물다. 원한다면 거품 목욕을 해도 좋을 것이다.
- 벽난로나 모닥불 옆에 앉아 쉰다. 20분 정도 아무 일도 하지

않고 불길을 바라보면서 흠뻑 빠져들어 보라.

- 자그마한 탁상용 분수대를 산다. 물이 졸졸거리며 흐르는 소리에 귀를 기울여 보라.

- 농담을 많이 하고 많이 듣는다. 익살과 해학을 삶에 끌어들이는 것이다.

- 자신이 따뜻하고, 안전하고, 아늑하고, 편안한 장소에 누워 다고 상상한다. 침대도 좋고, 집에서 제일 좋아하는 방도 좋고, 물가나 나무 아래도 괜찮다. 마음이 안정되고 몸의 긴장이 풀릴 때까지 그 장소에 누워 있다는 상상을 한다.

태도부터 바꿔라

너무 조심하면 오히려 큰 위기가 온다

– 자와할랄 네루

윌리엄 제임스의 《위대한 발견》은 "마음의 태도를 바꾸는 것에서 자신의 삶이 바뀌기 시작한다"고 적고 있다. 삶이란 우리에게 많은 도전을 요구한다. 때로는 이것이 위험을 촉발하기도 한다. 그럼에도 당신의 상황에 맞게 마음을 다루는 것이 가장 최상의 행동을 유도하는 최고의 방법이기도 하다. 이제 단호하게 당신의 두려움을 이겨내야 한다.

미디어 노출을
최대한 줄여라 - - - - - - - - - - - - - - - - -

현대에는 섹스뿐 아니라 두려움까지도 상품화되고 있다. 그렇지 않아도 불안에 떨며 살아가는 것이 요즘 사람들인데, 각종 매체에서는 불에 기름을 붓고 있다. 신문, 잡지, 텔레비전, 인터넷 기사를 보면 오싹한 이야기들이 한두 가지가 아니다.

여기 최근 두려움을 조장하는 미디어 기사들을 살펴 보자.

- 《타임》지는 최근 커버스토리 '콜롬바인 효과(Columbain Effect: 1999년 4월 20일 미국 콜로라도 주 콜럼바인 고교에서 일어난 총기 난사 사건에서 유래한 용어-옮긴이)'에서 이 사건으로 학부모와 아이들이 학교에서 총기 사고를 당하지 않을까 공포에 떨고 있다고 보도 했다.
- 또 다른 《타임》지의 커버스토리 '당신을 두려움에 떨게 하는 것'에서는 미국인 가운데 약 5천만 명이 두려움 때문에 건강이 악화되고 있다고 한다.
- 심지어 패션과 미용 전문잡지인 《글래머Glamour》조차도 두려움을 다룬 기사를 두 개나 표제에 올렸다. '암이면 어떡하지? – 몸에서 만져지는 멍울과 혹'과 '꼭 읽어야 할 21가지 성폭행 대비책'이 그것이다.

매스 미디어는 위험을 과장하여 선정적인 기사로 만든다. 최근 신문·잡지에서는 테러 공격의 가능성을 지나치게 자세히 보도하고 있는데, 물론 테러는 주의해야 마땅한 일이다. 하지만 누구라도 테러 공격의 희생자가 될 수 있다는 식의 이야기는 과장된 것이다. 대부분 미국인들은 테러와 같은 희귀한 사건보다는 좀 더 일상적인 위험, 예를 들면 교통사고의 희생자가 될 가능성이 훨씬 크다. 하기야 무섭고 끔찍한 이야기를 다루어야 신문·잡지의 판매부수와 텔레비전 시청률이 올라가기 마련이다.

9.11 테러 직후 미국의 모든 사람들이 공포에 사로잡혀 있을 때, 미국인들은 일상생활에서 테러의 습격에 대비하라는 각종 경고를 수도 없이 들었다. 수상한 우편물에 주의하라, 주위에 미심쩍은 움직임이 있는지 살펴 보라, 수상한 사람을 경계하라……. 하지만 정부 당국은 한편으로는 '마음 놓고 일상으로 돌아가라' 고도 말했다. 엥? 대체 어쩌란 말인가? 전 미국 심리학회 회장이었던 필립 짐바르도Philip Zimbardo는 "사람은 자극이 계속되지 않으면 긴장상태를 오래 유지하지 못한다"고 말했다. 미국인들은 긴장을 늦추지 말라는 경고와 일상으로 돌아가라는 메시지 사이에서 합의점을 찾고 싶어 했다. 9.11 테러 이후, 우리는 '경계를 게을리 하지 말라' 와 '일상으로 돌아가라'는 상반되는 두 가지 메시지를 어떻게 절충하였을까? 테러는 계속될 것이라는 위협을 느끼면서도 어떻게 아무 일도 없었던 듯 일상생활을 계속할 수 있었을까?

이 질문은 9.11 테러 이후뿐 아니라 지금 이 순간에도 중요한 의미를 지닌다. 어떻게 하면 신문과 텔레비전과 인터넷 뉴스 사이트가 매일같이 경고하는 각종 위험에 겁을 먹는 일 없이 일상생활을 할 수 있을까? 여름에는 홍수, 겨울에는 눈보라! 아이들은 교통사고를 당하고, 끔찍한 질병에 걸리고, 괴한에게 유괴를 당하는데! 중년으로 접어들면 업무와 가족 부양의 의무에 스트레스가 쌓이고, 노년이 되면 건강 악화와 불확실한 노후가 기다리는데! 게다가 매일매일 비행기는 추락하고, 열차는 탈선하고, 자동차는 서로 부딪혀 박살나고, 아이들은 학대받고, 각종 테러 위협에, 이라크에서 벌어지는 전쟁에, 북한은 핵무기를 보유했다는데!

위험을 '회피' 하기보다는 '평가' 하는 것도 그 해답이 될 수 있다. 예를 들면 자동차 사고의 위험을 평가해 보는 것이다. 안전띠를 매면 교통사고로 죽거나 중상을 입을 위험이 줄어든다. 그렇다고 안전띠를 매고 자동차를 타면 교통사고의 위험이 깡그리 사라질까? 물론 아니다. 하지만 그래도 안전띠를 매는 것이 좋을까? 물론 그렇다. 하지만 이상하게도 많은 사람들은 가능성이 적은 위험 쪽에 더 신경을 쓴다. 추락사고가 날까 봐 비행기를 타기 무서워하는 사람들이 운전을 할 때는 안전띠를 매지 않는 것이다. 비행기 사고보다는 자동차 사고로 죽거나 다칠 가능성이 훨씬 더 큰데도 말이다. 나더러 조언을 구하는 사람이 있다면, 일상에서 지킬 수 있는 안전수칙을 지키되 안전 때문에 모험이나 도전, 야망을 희생시키지는 말라고 말하고 싶다.

위험을 분석하라

어느 정도의 위험까지 감수할 수 있느냐는 사람마다 다르겠지만,

위험과 위험을 감수했을 때 따라오는 보상을 정확히 평가할 필요가 있다. 사라는 남자친구와 경치 좋은 곳에 가서 점심을 먹고 싶은데 기상청에서는 그날 사라가 사는 지역에 비바람이 몰아칠 것이라고 예보했다. 사라는 결국 데이트를 취소했다. 보상(그날 꼭 하지 않아도 되는 데이트)에 비해 위험(비가 오는데 운전을 해야 하는 것)이 컸기 때문이었다. 같은 날, 조제트는 비바람을 무릅쓰고라도(위험) 남동생의 결혼식에 참석(보상)하기로 했다. 위험에 견줄 수 없을 정도로 보상이 크기 때문이었다.

당신은 살아가면서 어느 정도의 위험을 기꺼이 감수할 수 있는가? 어느 수준이 되어야 '지나치게' 조심한다고 말할 수 있을까? 어느 정도가 되어야 '너무 위험한' 수준이라고 할 수 있을까? 이런 질문에는 정답도 오답도 없다. 사람들 각자가 결정할 문제다. 하지만 분명한 것은, 위험은 사람들이 생각하는 만큼 위험스럽지 않다는 사실이다. 다음과 같은 사항을 항상 명심하기 바란다.

• 어떤 행동을 할 때에는 반드시 위험을 각오해야 하지만, 그런 위험은 사람들이 예상하는 것만큼 크지 않은 경우가 많다. 대부분의 사람들은 자동차를 타는 것보다 비행기를 타는 것을 두려워한다. 통계로 볼 때 비행기 사고로 죽을 확률보다 자동차 사고로 죽을 확률이 훨씬 더 높다는 말을 무수히 듣는데도 말이다. 감정을 다스릴 때 논리는 별 도움이 되지 못한다.

• 사람들은 자신의 상황을 통제하고 있으면 남이 상황을 통제

  두려움을 이기는 변화에 주목하라

할 때보다 더 안전하다고 생각한다.

남이 운전하는 차의 조수석에 앉아 있는 것보다 자신이 운전대를 잡을 때 더 안도감을 느끼는 것이다. 비행기 타기를 두려워하는 것은 비행기 안에서는 자신이 모르는 사람들(승무원)을 믿어야 하기 때문이다. 매사에 주도권을 잡기 좋아하는 사람일수록 남이 주도하는 상황에서 두려움을 느낄 때가 많다. 그래서 자신보다 그 상황을 더 잘 아는 사람이라도, 다른 사람이 상황을 통제하고 있으면 불안감을 느끼고 이래라 저래라 간섭이 심한 것이다.

• 낯선 위험은 이미 알고 있는 위험보다 더 무섭게 느껴진다.

탄저병으로 죽을 확률보다 독감으로 죽을 확률이 훨씬 크지만, 독감은 '알고 있는' 병이고 탄저병은 (적어도 일반 대중에게는) '낯선' 병이기 때문에 탄저병이 훨씬 치명적이고 무섭게 느껴지는 것이다.

• 신문과 텔레비전에 나오는 끔찍한 사건의 사진과 영상은 우리의 상상력보다 훨씬 생생하다.

비행기 추락, 테러 공격, 그 외의 각종 재난은 상당한 강도의 두려움을 불러일으킨다. 이런 사건들이 언론에 너무 빈번하게 나오기 때문에 사람들은 이런 재난이 실제보다 더 자주 일어나고 있다는 느낌을 받는다.

이 세상에 완벽한 안전이란 없다. 심지어 집에 틀어박혀 있다 해도 위험하기는 마찬가지다. 집은 여러 가지 끔찍한 사건들의 온상이기 때문이다. 따라서 어떤 상황에서 느껴지는 위험과 실제의 위험을 구분하는 것은 아주 중요한 일이다. 위험을 판단할 때 자신이 느끼는 두려움과 머릿속 지식을 함께 활용하도록 하자.

어려운 상황에서도 기쁨을 찾자

'어려움' 이란 단어를 떠올리면 자동적으로 '벅차다, 지나치다, 성가시다, 피곤하다, 괴롭다, 힘들다, 불가능하다, 감당 못 하겠다' 는 생각이 떠오르는가? 그렇다면 당신은 어려운 일을 해야 한다는 생각이 들 때마다 남들보다 불안감을 더 많이 느끼는 사람이다. 하지만 어려운 일이 반드시 부담스럽거나 부정적이지만은 않다. 어려움은 도전할 만한 일, 안전하다고 느껴지는 범위를 확장하는 일, 이전까지는 상상도 못했던 새로운 기술을 배우는 일로 생각할 수도 있다. 어려운 일을 할 때 그저 고통을 꾹 참고 견뎌야 한다고 생각하지 말고 자긍심을 높이고 자신을 계발하며 기쁨과 성취감을 느낄 수 있다고 생각하면 어떨까?

얼마 전, 나의 사촌 캐럴이 사망하자 그 남편인 조지가 내게 장례식에서 추도 연설을 해달라고 부탁했다. 나는 그의 말을 듣고 놀랐다. 내가 캐럴과 그다지 가까운 사이가 아니라서가 아니라(물론 나는 캐럴과 가까운 사이였다), 나는 그런 일을 한 번도 해 보지 않았기 때문이었다. 그 부탁을 듣는 순간, 가능한 한 부드럽게 사양해야 겠다는 생각이 먼저 들었다. 나는 감정이 너무 풍부해서 추도문을 읽는 일은 못 할 것 같았다.

하지만 몇 시간 동안 무진 애를 써서 불안감을 가라앉히고 나자, 나는 조지의 부탁을 거절할 수는 없다고 생각했다. 나는 캐럴을 사랑했다. 그녀의 장례식 때 추도 연설을 할 수 있다는 것은 감사해야 할 일이었다. 내게 필요한 것은 '못 하겠어' 라는 마음을 '어떻게 하면 잘할 수 있을까?'로 바꾸는 과정이었다. 일단 마음이 안정되고 나니 내가 그 일을 얼마나 절실히 원하는지 깨달았다. 나는 눈물 때문에 흐릿한 눈으로 연설문을 써 나갔다.

"친구는 선택할 수 있지만 가족은 선택할 수 없다는 말이 있습니다. 하지만 내게 캐럴은 둘도 없는 친구이자 가족이었습니다. 그런 사람이 내 곁에 있었다는 사실만으로도 저는 행운아입니다."

연설문을 다 쓰고 나자, '해냈다'는 생각에 기쁨이 왈칵 밀려왔다. 만약 거절했다면 두고두고 후회했을 일이었다. 사랑하는 사촌을 위해 내가 할 수 있는 일을 했다는 사실이 자랑스러웠다.

세상은 정글이다

내가 '어려운 상황에서 자부심과 기쁨을 찾았던' 사례를 하나 더 들겠다. 전 세계 안 가본 곳이 없는 아들, 글렌이 1996년에 우간다에 새 직장을 구할 예정이니 한번 놀러오라고 내게 말했다. 나는 기절초풍할 지경이었다.

"맙소사, 너 그게 엄마한테 할 소리니? 러시아나 우크라이나도 아니고, 이디 아민(Idi Amin: 우간다의 악명 높은 독재자—옮긴이)이 설치던 나라에 놀러오라니!"

우간다까지의 여정은 멀고, 힘들고, 위험하기 짝이 없는 일이었고, 게다가 남편이 직장을 옮긴 지 얼마 안 되어 여행을 간다면 나 혼자 가야 했다. 하지만 나는 결국 글렌이 어느 나라에 정착하든 가보겠다는 약속을 했다. 나는 그 약속을 지킨 것을 자랑스럽게 생각한다. 어려운 상황에서 기쁨을 찾는다는 내 좌우명을 실천한 셈이니까.

우간다로 가는 비행기를 타면서 심장이 쿵쿵거리기는 했지만, 그래도 실제로 이 여행을 하고 있다고 생각하니 기쁨이 더 컸다. 내가, 용기와는 전혀 거리가 먼 내가 얼마 전까지만 해도 평생 발 디딜 것 같지 않던 나라를 향해 혼자 비행기를 타고 가다니! 하지만 이것은 내가 알고 있는 세계가 얼마나 빨리 넓어지는지, 또 그런 인식의 확장이 얼마나 흥미진진한 일인지를 발견하게 되는 서곡일 뿐이었다.

우간다의 수도 캄팔라에서 비교적 편안하게 며칠을 보낸 후, 아들과 나는 브윈디Bwindi 천연림 속에 사는 마운틴고릴라를 보러 여행을 떠났다. 마운틴고릴라는 멸종 직전이어서 사람의 보호를 받으며 열대우림 속에서 살고 있다. 모험심이 강한 몇몇 사람들만이 당국의 허락 하에 안내인을 대동하고 산을 넘고 빽빽한 숲을 헤치고 들어가 이 '온화한 거인'들을 만나볼 수 있었다.

우리 앞에 펼쳐진 산은 몇 킬로미터나 계속되었다. 도로 사정은 열악했고, 산길은 굴곡이 심했으며, 밤이 되자 사방은 칠흑같이 어두웠다. 나는 무장을 한 군인들이 우리가 탄 차를 가로막자 그대로 굳어 버렸다. 심장이 터질 듯이 두근거렸고, 내 머릿속에는 '롱아일

랜드 출신 미국인 모자, 동아프리카 산림에서 총격으로 사망’이란 기사 제목이 떠올랐다. 나는 대체 내가 온전한 정신으로 이 여행을 결심했는지 의심스러웠다. ‘대체 이게 무슨 짓이야? 실수도 이런 끔찍한 실수가 있나! 집에 가고 싶어 죽을 것 같아!’

“여행 잘 하십시오.” 군인들이 미소를 지으며 말했다.

“어머니, 저 사람들은 좋은 군인들이에요.” 글렌이 내 얼굴 표정을 알아차리고 말했다.

“천만다행이야!” 나는 차가 다시 출발하자 겨우 이렇게 말할 수 있었다.

하지만 차가 불안하기 짝이 없는 산길을 다시 오르자, 내 머릿속에 아까와 약간 달라진 기사 제목이 다시 떠올랐다. ‘롱아일랜드 출신 미국인 모자, 동아프리카 어느 산길에서 추락사.’

나는 마음속으로 다짐했다. ‘그래, 지금도 겁이 나는 건 사실이야. 하지만 생각해 보라고. 이런 여행은 이야기만 들어도 겁이 날거야. 그보다는 차라리 실제로 여행을 하면서 겁이 나는 게 더 낫지 않아?’

우리는 그날 밤 늦게 야영지에 도착했다. 다음날 우리는 이른 아침부터 걸어서 산을 오르기 시작했다. 안내인의 말을 빌리자면 ‘똥을 따라서’ 한참을 걸은 끝에 마운틴고릴라 가족이 사는 곳에 도착했다. 우리는 2미터 내로 접근해서는 안 되었고, 아무 소리도 내지 않고 가만히 앉아서 관찰해야 했다(카메라는 물론 허용되었다). 아비 고릴라는 거의 300킬로그램이나 나가는 덩치였는데, 쉬다가 자다가 하느라 바빠서 우리에게는 거의 신경도 쓰지 않았다. 하느님 감사합니다! 하지만 다섯이나 되는 새끼 고릴라들은 우리를 자기들과 같은 족속으로 생각했는지 호기심을 보였다. 그리고 어미 고릴라는 새끼들이 우리 쪽으로 다가올 때마다 무시무시한 눈빛으로 노려보았다. 나는 심리학자로서, 이 고릴라 가족이 '순기능 가정(functional family: 부여된 소임을 다하고 있는 건강한 가정-옮긴이)의 원형일까 하는 생각이 들었다.

이틀 후, 글렌이 말했다. "어머니도 야영꾼이 다 되셨군요. 저 고릴라들, 이 고생을 하면서까지 볼 가치가 충분하죠?"

정말 그랬다. 그 여행이 힘들고 어려웠다는 것은 말할 나위도 없다. 하지만 여행에서 얻은 기쁨은 그 어려움을 보상하고도 남았다.

어려운 상황에서도 기쁨을 느끼는 방법

이 책을 읽는 당신은 아마도 어려운 일을 하면서도 기쁨을 찾아내는 유형은 아닐 것이다. 오히려 그 반대일 가능성이 높다. 어려운 일은 될 수 있는 대로 피하면서 '난 능력이 안돼' 또는 '이런 일을 하면 마음이 편치 않아서 말야' 같은 핑계를 댈지도 모른다. 하지만 다시 생각해 보라. 당신도 두려움에 떨면서도 어렵고 힘들기만 한 일을 해내고 자긍심을 느낀 적이 있을 것이다. 다음 예를 보면서 기억을 더듬어 보자.

• 어려운 일에 과감히 도전한 적이 있다.

여든 셋의 앨리스는 자신이 도저히 컴퓨터 사용법을 배울 수 없을 것이라 생각했다. 요즘 그녀는 손자, 손녀, 증손자, 증손녀들과 정기적으로 이메일을 주고받고 있다.

• 중요한 일이기 때문에 어렵더라도 꼭 해내기로 결심한 일이
  있다.

휠체어 없이는 움직이지 못하는 존은 7천 킬로미터라는 거리를
무릅쓰고 형의 결혼식에 참석했다.

• 어려운 일이지만 재미있을 것 같기에 하기로 한 일이 있다.

댄은 느긋하게 만사가 태평한 성격이지만 마라톤 경주에 참가
하기로 결심하고 열심히 연습한 끝에 우수한 성적으로 완주했다.

• 자신이 할 수 있는지 시험해 보기 위해 도전한 적이 있다.

게일은 자신의 의견이 가치가 있다고 생각해 보지 않았지만 지
역 신문에 편지를 보내는 모험을 했다. 물론 그녀의 편지는 신문
에 실렸다.

• 위험한 일은 무조건 도피하는 자신이 싫어서 어려운 일을 해
  본 적이 있다.

앨릭스는 에이즈 검사를 받기 꺼려했지만 결국 병원에 가기로
결심했다. "더 이상 도망 다니고 싶지 않아. 나 자신을 바보로 만드
는 일은 그만두겠어."

• 언제나 어려운 일을 하고 있지만 기쁨은 느끼지 못했는가?

준은 어려운 일이나 책임을 피한 적이 없지만 보람이나 기쁨을
느끼지는 않았다. 그녀는 자신이 한 일을 자랑스러워하는 것은 죄

악이며, 겸손하지 못한 사람은 수치스럽다는 교육을 받으며 자랐
던 것이다.

결국 시간이 약이 되기도 한다

사람들은 시간이 흐름에 따라 자신의 능력이 향상되어 어려웠
던 일도 쉽게 할 수 있다는 사실을 깨닫지 못하는 경우가 많다. 지
금하고 있는 일에서 두려움을 느끼기 때문에 그런 두려움이 앞
으로도 똑같은 강도로 계속되리라고 지레짐작해 버리는 것이다.

초등학교 때 처음 집을 떠나 야영을 갔던 적이 있는지? 낯선 곳
에서 부모와 떨어져 하룻밤을 자야 하는 일이 무서웠을 것이다. 하
지만 그 후에도 다른 도시의 대학에 진학한다든가 하는 일로 사랑
하는 가족들과 떨어져야 할 일이 여러 번 생겼고, 업무 때문에 출
장을 가야만 한다.

가족과 잠시나마 헤어지는 일이 언제나 쉽지는 않을 것이다. 지
금도 집을 떠나면 불안감을 느끼는가? 그런 사람도 있으리라. 하지
만 그 불안감은 초등학생 시절 야영을 갈 때 느꼈던 만큼은 아닐 것
이다. 지금은 어렵고 불안하기만 한 일이라도 대개는 시간이 흐를
수록 쉬워진다는 사실을 명심하라. 좀 더 인내심과 여유를 가지고
대처하다 보면 어느새 그 상황을 극복하고, 게다가 비슷한 상황이
또 닥치면 써먹을 수 있는 '도구'를 갖추게 될 것이다.

동화 〈미운 오리 새끼〉에서처럼, 지금은 시련으로만 느껴지는
일이 시간이 흐르면 당신에게 이득이 되는 경우가 허다하다. 지
금 당장 힘들다고 해서 포기한다면 아름다움과 재능과 능력을 계

발할 수 없다.

다음에 소개하는 두 가지 사례에서 그 사실을 확인할 수 있다.

현장에서 직접 배워라

의대생인 드류는 시간과 에너지와 체력을 무한정 쏟아 부어야 하는 의학 공부에 짓눌려 있다. "훌륭한 의사가 되려면 알아야 할 게 너무 많아요." 그는 알아야 할 의학 지식의 어마어마한 양에 괴로워하고 있다. "내 손에 사람들의 생명이 달려 있으니까요. 내가 의사가 될 자격이 있는지 모르겠어요. 의사가 될 수 없을 것 같다는 생각도 들어요."

드류는 왜 이렇게 자신감을 잃었는지 이해하기 쉽다. 의대공부란 스트레스를 많이 받기로 악명이 높으니 말이다. 하지만 드류는 언젠가는 자신이 필요한 지식을 다 알 수 있을 것이라는 믿음을 가져야 한다. 의대 과정이 그렇게 긴 것도 이유가 있으니까 그런 것 아니겠는가. 졸업을 하더라도 또 인턴과 레지던트 과정을 거쳐야 한다. 그러면서 얻는 지식과 기술과 자신감은 결코 짧은 시간에 습득할 수 있는 것이 아니다. 드류에게는 지금은 불가능해 보이더라도 언젠가는 익숙하고 일상적인 일이 되리라는 믿음이 필요하다.

물론 이 세상에서 의사가 되는 사람은 그리 많지 않다. 하지만 의대 공부만큼이나 힘들면서도 수많은 사람들이 하는 일이 있으니, 바로 '부모 되기' 다. 아이를 키우려면 도대체 얼마나 많은 지식을 알아야 하는지, 초보 부모들은 상상하기도 어려울 것이다. 그렇다고 아이가 자라나면서 거치는 모든 단계와 부모로서 필요한 수많은 기술을 다 배우지 못할까 걱정한다면 금방 두려움과 공포에 질려 버린다.

산드라는 기쁨과 불안이 섞인 어조로 내게 털어놓았다. "초음파 검사를 해 보니 쌍둥이를 임신했더라고요. 잭과 저는 기뻐서 어쩔 줄을 몰랐지만, 솔직히 말하면 전 무서워 죽겠어요. 어떻게 해야 좋을지 모르겠거든요. 아이 하나만 키우는 것도 상상하기 힘든데 두 명을 어떻게 한꺼번에 키우죠?"

이런 걱정은 처음으로 부모가 되는 사람들이 으레 겪는 감정이다. 산드라가 불안감을 누그러뜨리려면, 초음파 검사를 한 다음날부터 부모로서의 모든 지식을 다 알고 있어야 할 필요는 없다는 사실을 명심해야 한다. 아이를 키우는 능력은 실제로 겪어 봐야 느끼는 법이다. 산드라도 시간이 지나면서 필요한 지식과 기술을 익히게 될 것이다. 경험, 다른 사람들의 조언, 책에서 얻는 지식, 강좌에서 배우는 기술을 통해 그녀는 아이를 어떻게 키울지 알게 될 것이다. 초조해하지 말고 인내하는 마음가짐이 필요하다.

침소봉대에 속지 마라

사람들은 시간이 지남에 따라 테러 경계단계니, 화물검사니, 이혼이니 하는 새로운 현실에 익숙해진다. 또한 시간이 흐르면 사물을 보는 시각도 달려져서, 한때는 중요하게 생각했던 사건도 사소한 일로 볼 수 있게 된다. 도린은 이른바 '5년 원칙'을 통해 자신의 시각을 변화시킨다. "자신에게 물어 보는 거예요. '이 일이 5년 후에도 중요할까? 만일 그렇지 않다면 이렇게 걱정할 이유가 없잖아?' 이렇게 해서 얼마나 많은 고민거리를 털어버릴 수 있었는지 몰라요."

정말로 중요하고 심각한 일이라도 시간이 흐르면 달라지기 마련이다. 지나는 항암치료의 두려움도 털어 버릴 수 있었다. 처음 치료를 받기 전에는 자신에게 어떤 일이 생길지 몰라 공포에 질렸지만, 다섯 번째 치료를 받으면서부터는 공포심이 거의 가라앉았다. 아니, 이미 그녀에게 항암치료는 공포의 대상이 아니라 좀 귀찮고 성가신 일 정도였다. 이제는 치료 도중에, 그리고 치료 후에 어떤 일이 생기는지 짐작하고도 남기 때문이다.

사람들은 세월이 흐르면서 태도가 원만하게 바뀌는데, 여기에는 나이, 경험, 신념과 같은 요소가 작용한다. 시간이 지남에 따라, 그토록 중요하게만 생각되던 많은 것들이 그렇게 하늘이 무너지고 땅이 꺼질 만한 일은 아니게 되어 버리며, 또한 절대 일어날 것 같지 않던 일들도 실현된다.

- 알렉스는 '수줍음 형' 사람이었지만 지금은 많은 사람들 앞에서 자기의 의견을 밝힐 정도가 되었다.
- 제리는 '마초 형' 이었던 성격을 부드럽게 다듬었다. 자녀들에게는 거칠고 완고한 아버지였지만, 손자손녀들에게는 어찌나 자상하고 부드러운 할아버지인지 자녀들이 질투를 할 정도다.
- '순응 형' 이었던 줄리아는 이전보다 자신감이 넘치고, 매사에 능숙하며, 적극적이고, 자신의 생각을 솔직하게 표현하는 사람이 되었다.
- '통제 형' 이었던 필립은 그런 성향 때문에 남에게 따돌림을 당

하고 또한 지나친 책임감 때문에 자신의 힘을 소모한다는 사실을 깨달은 후, 남을 좌지우지하지 않으면 못 견디고 만사가 자기 생각대로만 되어야 하는 성격을 많이 고쳤다.

- '과다경계 형' 이었던 바바라는 위험이 도처에 숨어 있다는 과도한 두려움을 떨쳐버릴 수 있었다. 그리고 다른 사람들(특히 자기 아이들)도 머리를 장식으로 달고 다니는 것이 아니어서, 위험한 일은 알아서 피할 수 있다는 생각을 하게 되었다.

당신은 어떤가? 전에는 어렵기만 했던 일이 시간이 흐름에 따라 쉬워진 경험이 있는지? 오늘부터 밤에 침대에 누웠을 때 잠이 오지 않으면 그 경험을 떠올려 보자. 그리고 두려운 마음이 드는 나머지 온몸이 땅으로 꺼져 들어갈 것 같은 기분을 느끼면, 그 경험을 떠올려 보라. 시간이 흐르면 모든 일이 해결되고 무겁던 부담도 가벼워지기 마련이라는 사실을 기억해 두라.

넘어졌으면 그냥 일어나라

당신은 자신이 억세고, 강인하며, 오뚝이처럼 금방 좌절을 딛고 일어서는 유형과는 거리가 멀다고 생각할 것이다. 언제나 겁을 집어먹고, 변화를 두려워하며, 자극을 받으면 움츠러들고, 소심하며, 심약하고, 의지가 약하며, 융통성이 없고, 늘 긴장해 있으며, 잘 적응하지 못하고, 앞으로 어떤 일이 생길지 몰라 전전긍긍하며, 모든 일이 제대로 되어야 한다고 고집을 피우는 사람이라고 생각할 것이다. 하지만 태어날 때부터의 성격을 살아가면서 그대로 지니고 있으라는 법칙은 없다. 사람들은 얼마든지 변할 수 있으며, 시간이 흐름에 따라 오뚝이처럼 어떤 시련에도 굴하지 않고 일어서는 성격을 지닐 수 있다.

어릴 때는 병약하기 짝이 없었으나 불굴의 의지로 장애를 딛고 성장한 사람들은 얼마든지 있다(루즈벨트 대통령이 좋은 예다). 이런 사람들은 할 수 없는 일이 아니라 할 수 있는 일에 집중한다. 그러니 당신도 자신의 약점만 탓하지 말고 지금 갖고 있는 장점을 활용하는 것이 어떤가? 지금까지 인생의 단맛 쓴맛을 다 보았고, 그럼으로써 이전보다는 좌절을 딛고 일어서기가 쉬워지지 않았는가? 물론 지금도 변화에 쉽게 적응하지는 못하지만, 어려운 시기를 그럭저럭 이겨낼 수 있다는 자신감은 생기지 않았는가? 뒤돌아 보면 이전보다는 나아졌다는 사실을 실감할 것이다. 그러니 자신을 더 이상 멍청하거나 약해빠진 사람이라고 생각하지 말라. 당신도 강인하고 결단력 있게 어려움을 헤쳐나간 순간이 분명히 있었다. 그렇다. 당신도 해낸 적이 있다! 사실을 인정하라!

대부분 사람들은 자신이 생각하는 것보다 훨씬 강하다. 당신은 어려움을 헤쳐 나갈 수 있으며, 헤쳐 나갈 것이다. 그뿐만 아니라 그런 경험을 통해 더 강해지고 현명해질 것이다.

그림이면서 배경이 된다

앤은 시간이 지남에 따라 심약하고 무기력한 여성이 강인한 정신력을 갖출 수 있다는 사실을 보여 주는 좋은 사례다.

"나는 늘 내가 무엇을 못하는가만 생각했지 내가 무엇을 할 수 있는지는 미처 깨닫지 못했어요. 우리 부모님은 유대인 대학살의 생존자이셨기 때문에, 나는 어릴 때부터 남들과는 전혀 다른 사람이라고 생각했어요. 부모님은 나치 수용소에서 어떤 일을 겪었는지 절대 말씀하시지 않았지만, 나는 그런 경험이 얼마나 끔찍했을까 하는 짐작은 할 수 있었죠. 부모님의 가족들은 모두 수용소에서 돌아가셨어요. 나는 만약 내가 그 때 태어났다면 절대 살아남지 못했을 거라고 생각했어요."

미국으로 이민을 온 후, 앤의 아버지는 열심히 노력한 끝에 성공한 사업가가 되었다. "하지만 우리 집에는 늘 어두운 분위기가 감돌았어요. 부모님은 맨주먹으로 시작해서 부자가 되셨지만, 그 때문에 행복하다던가 하는 느낌은 전혀 없었어요." 부모님의 정신적 충격은 앤에게 복잡한 형태로 영향을 미쳤다.

"나는 내가 허약한 아이라고 생각하면서 자랐어요. 그리고 내가 약한 아이라는 사실이 부끄러웠어요. 부모님은 대학살에서 살아남으실 정도로 강인한 분들이었으니까요. 그런 분들에게 어떻게 내 고민을 털어놓을 수 있었겠어요? 그분들이 겪은 일에 비하면 작은 여자애의 고민은 너무나 보잘것없는 일이니까요. 나는 어떻게 대처하면 좋을지 모르는 상황에 부딪힐 때마다 내가 무능하기 짝이 없다고 생각했어요. 그렇게 하찮은 일조차 제대로 처리하지 못하니 말예요. 다정한 말은커녕 미소 한번 짓지 않으시는 어머니한테, 친구가 나랑 놀아 주지 않는다는 고민을 털어놓을 수 있겠어요? 늘 고통 속에 사시는 아버지한테, 오늘 학교에서 짜증나는 일이 있었다고 투정을 부릴 수 있겠어요? 그분들은 대학살에서 육체적으로는 살아남으셨지만 영혼은 죽어 버린 거나 다름없었어요."

앤은 유대인 대학살 생존자의 자녀를 위한 지지 그룹(support group: 여러 가지 문제에 관해 정기적으로 모임을 갖고 서로 지원하는 그룹-옮긴이)에 참가한 후, 그런 정신적 문제를 겪는 사람은 자신만이 아니라는 사실을 깨달았다. 앤은 무남독녀였기 때문에 자신과 같은 배경에 자라난 사람과 대화를 나눌 기회가 없었다. 그녀는 그 그룹에서 자신이 세상과 자신을 보는 시각에 가족의 영향이 얼마나 크게 작용하는지 알게 되었다. 그녀가 특히 절실하게 깨달았던 사실은 자신이 세상을 이분법으로 나누고 있다는 것이었다. 그녀는 집 안에서는 자신이 허약하고 무기력하며 무능한 존재라고 여겼지만, 반대로 집 밖에서는 자신이 강하고 활력이 넘치며 유능하다고 생각했다.

대학에 진학한 앤은 심리학 기초 강좌를 수강했고, 어느 날 강의 시간에 도안과 배경에 관한 지각知覺 실험 이야기가 나오자 귀가 번쩍 뜨였다. 그녀가 특히 흥미를 느낀 것은, 같은 그림이라도 어떻게 보느냐에 따라 두 가지 다른 모습, 즉 주름살을 가득한 노파로도 말쑥하게 차린 젊은 여자로도 인식할 수 있다는 실험이었다. 그 그림을 처음 보는 사람은 노파나 젊은 여자 가운데 하나의 모습만 보지만, 양쪽 모두로도 보일 수 있다는 사실을 깨달은 후에는 그림을 보면서 노파의 모습과 젊은 여자의 모습 양쪽을 자유자재로 볼 수 있다.

앤에게 그 그림에 관한 실험은 "유레카(Eureka: 그리스어로 '알았다'는 뜻으로, 아르키메데스가 시라큐스 왕의 왕관에서 황금의 순도를 측정할 방법을 발견했을 때 환성을 질렀다는 이야기에서 유래-옮긴이)!"라고 외칠 만한 경험이었다. 그녀는 자신도 유약하고 무기력한 소녀와 강인하고 오뚝이 정신을 지닌 여성으로 자유롭게 변신할 수 있다는 사실을 깨달은 것이다.

앤의 인격 속에는 여전히 유약하고 무기력한 소녀라는 '도안'이 들어 있지만, 강인하고 오뚝이 정신을 지닌 여성이라는 '배경' 역시 언제라도 튀어나올 준비를 갖추고 있다. 앤은 강인한 자아를 키우기 위해 '이건 도저히 못 하겠어'와 같은 부정적인 생각을 떨치고 '그래, 난 할 수 있어'와 같은 자신감 넘치는 생각을 하려고 애쓴다. 그리고 설령 어떤 일을 망치더라도 그 때문에 세상이 끝장나는 것은 아니며, 한 가지 일에서 실수를 했다고 만사를 모두 망치는 것은 아니라고 자신을 안심시킨다.

밖에서 내면을 들여다 보자

알아야 할 것이 하나 더 있다. 당신이 자신을 강인함과는 거리가 멀고 오뚝이 정신이 없는 사람이라고 여긴다면, 그것은 자신을 남들과 비교해 보고 또 남들을 평가할 때 내면이 아니라 외면에 보이는 모습만을 보기 때문일 수도 있다는 것이다. 아무리 자신감 넘치고 유능한 사람이라도 그 내면에서는 어떤 갈등이 벌어지고 있는지 겉으로 보기에는 알 수 없다. 당신은 어떤 문제에서 어려움을 겪고 있는 사람은 이 세상에서 자신뿐이라고 생각하겠지만, 그것은 사실이 아니다.

겉으로 보이는 모습만을 평가하면, 나 아닌 다른 사람들은 살아가면서 아무런 어려움도 느끼지 않는다고 생각하기 쉽다. 다른 사람들은 선택의 기로에서 망설이지도 않고, 모든 일이 잘되어 가기 때문에 행복하고, 인생에서 어떤 스트레스나 어려움도 겪지 않는다고 말이다. 마치 완벽한 결혼식처럼, 그들의 인생은 아름답고 흠이라고는 없는 듯하다. 글쎄, 이 세상에 그렇게 인생을 수월하게 사는 사람도 아마 몇 명쯤은 있을지 모르겠다. 하지만 절대다수의 사람들은 수월한 인생과 어려운 인생의 중간쯤 되는 삶을 산다.

기본적으로는 살 만한 인생이지만 도전과 어려움과 일상적인 문제가 간간이 끼어 있는 식이다. 그리고 보기에는 얼음 위를 미끄러지듯 순탄한 인생을 사는 사람들이라도 당신이 상상할 수 있는 것 이상의 갈등을 겪는 경우도 많다. 그림처럼 완벽하고 아름다운 결혼식이라도, 그 결혼식이 열리기 바로 전 주에 어떤 일이 있었는지 모르지 않는가? 드레스가 맞지 않는다고 신부가 울음을 터뜨렸을지도 모르고, 신부의 부모가 결혼식 준비 문제를 놓고 고함을 지르며 싸웠을지도 모를 일이다.

나는 전기轉記를 즐겨 읽는다. 사람들이 개인적인 장애물을 어떻게 극복하는지 배울 수 있기 때문이다. 주인공이 몇 세기도 전의 인물이거나 나와는 처지가 전혀 다를 때가 많지만, 세상에 이름을 떨친 사람들이라도 위대한 일을 성취하기 위해서 의심과 두려움을 뛰어넘어야 했다는 사실을 알게 된다. 당신도 어려운 시기를 극복하고 앞으로 나아갈 수 있다. 당신도 실수나 비극을 딛고 일어설 수 있다. 당신도 과거에 당신을 속박했던 후회와 원한과 슬픔과 완고함을 떨치고 자신감을 지닐 수 있다. 자신을 믿어 보라. 자

신이 얼마나 강인하고 오뚝이처럼 시련에 맞서 일어설 수 있는지
깨닫고 깜짝 놀랄 것이다.

당신의 감각에
집중하라

어떤 사람들은 이 세상에서 자신의 마음 외에는 아무 것도 중요
하지 않은 것처럼 살아간다. 하지만 마음이란 길바닥에 튀어나온
조그만 돌멩이 하나도 엄청난 재난처럼 부풀릴 수 있는 능력이 있
다. 아니, 심지어 아무런 위험이 없어도 위험이 도사리고 있다고
상상하는 능력이 있다.

이런 사고방식을 바꾸는 방법으로, 나는 자신의 오감에 집중할
것을 추천한다. 먼저 기지개를 쭉 편 다음 심호흡을 몇 번 하고, 해
야 할 일이나 해결해야 할 문제 같은 것은 잠시 머릿속에서 몰아
낸다. 준비가 되었으면 다음 문제를 풀어 보자.

오감에 집중하는 훈련

1. 냉장고에서 사과 하나를 꺼낸다(다른 과일이나 야채도 상관없다).

2. 사과를 탁자 위에 놓는다.

3. 탁자 앞에 앉아 마음을 편안히 가라앉힌다.

4. 마치 태어나서 사과를 처음 본 것처럼, 눈앞에 놓인 사과를 찬
찬히 들여다 본다. 지금까지 사과를 수천 번도 넘게 보았다는 생각
은 버리고, 낯설고 이국적인 물건, 다른 대륙이나 세계에서 온 물

건을 본다는 기분으로 관찰한다.

5. 관찰한 것을 세세하게 글로 적는다.

6. 사과를 손으로 만져서 감촉을 느껴 본다. 부드러운 거칠거칠한지, 느껴지는 촉감에 집중한다.

7. 지금 느낀 것을 글로 묘사한다.

8. 이제 눈을 감고, 사과를 한입 깨물어 본다.

9. 입 안에 느껴지는 맛과 코로 느껴지는 향에 집중한다.

10. 사과를 깨물었을 때 나는 소리를 글로 묘사한다.

이 연습문제가 아무 짝에도 쓸모없는 웃기는 일이라고 생각하는가? 하지만 직접 해 보고 나면(분명히 말하지만 그냥 읽고 넘기지 말고 직접 해보아야 한다), 마음으로 느끼는 것을 버리고 오감으로 느끼는 것을 택했을 때의 기분이 어떤지 체험하게 된다. 때로는 성가시게까지 느껴지는 마음의 소리를 버리고, 또 다른 방법으로 세상을 경험할 수도 있음을 깨닫게 해 줄 것이다.

아주 어린 아이나 개는 사람들이 자신을 좋아하는지 싫어하는지를 금방 느낄 수 있다고 한다. 실제로 이들은 훈련받은 성인보다 직관력이 더 뛰어난데, 어떻게 다른 사람들의 감정을 그렇게 쉽게 알아차릴 수 있을까? 그것은 지적인 능력과는 아무런 상관이 없다. 어린아이나 개는 감각이 느끼는 것에 집중하기 때문이다. 어린아이의 때 묻지 않은 마음은 이런저런 짐작, 선입견, 분석으로 가득한 어른의 마음보다 더 많은 것을 볼 수 있는 것이다.

제3자의 위치에서
자신의 내면 들여다보기

– 메를린 보스 새번트

자산에게서 한 걸음 물러나 자신의 두려움을 관찰하는 기술을 익힌다면, 두려움을 극복하는 데 커다란 발전이 있을 것이다.

켈리는 두려움을 극복하는 데 커다란 진전을 보았다.

"나는 '제3자의 위치에서 나 자신을 들여다 보면서 공포를 조절할 수 있게 되었어요. 전에는 두려움이 나를 자기 멋대로 휘두르고 지배했지만, 지금은 아니에요. 설명하긴 어렵지만, 이제 나는 두려움을 관찰하고, 분류하고, 묘사하고, 평가해요. 내가 내 두려움을 목격하는 증인이 되는 거죠. 그러면 두려움이 내게 어떤 영향을 미치는지 볼 수가 있어요. 나는 지금도 항상 행복하기만 한 건 아니지만, 적어도 공포의 희생자는 아니에요. 그렇게 생각하니 기분이 아주 좋아요."

그녀는 또 이렇게 말했다.

"나는 이른바 '구매자의 후회' 라는 두려움이 있어요. 옷을 한 벌 사든 차를 한 대 사든, 어떤 물건을 사고 나면 바로 패닉 상태에 빠지는 거예요. 그 물건이 좋아서 샀는데도 돈을 지불하자마자 마치 세상에서 제일 끔찍한 실수를 저지른 것 같은 느낌이 들어요. 이것 때문에 그동안 얼마나 고생했는지 몰라요. 하지만 지금은 아주 익숙해져서, 그 두려움이 느껴지면 혼자서 키득키득 웃죠. 그러고는 '아하, 또 시작이군' 이라고 중얼거려요. 하지만 '구매자의 후회' 는 며칠 동안 계속돼요. 남편한테는 비밀이지만, 꼭 갱년기 증상 같기도 해요. 너무 강렬한 느낌이어서 사실 조절하기는 어려워요. 하지만 요즘은 그 며칠 동안에도 마음이 그리 불안하지는 않아요. 내 마음속에서 어떤 느낌이 얼마 동안 지속될 것인지 잘 알고 있기 때문이죠."

공포심이 얼마나 크든, 그 때문에 머릿속이 텅 비어 버리든, 안절부절못하고 조바심이 들든, 초조하고 신경이 날카로워지든, 주눅이 들든, 겁에 질리든 간에 이렇게 스스로에게 '제3자의 위치'가 되면 두려움을 다스리는 데 도움이 된다.

당신도 이런 경험을 한두 번쯤은 해 보았을 것이다. 예를 들어, 당신이 어떤 어리석은 짓을 저지르면 당신 머릿속에서 제3자의 목소리가 들려오지 않는가? "젠장, 오늘 왜 이러지?" 자신을 비판하는 것도 아니고 그런 행동이 멈춰지는 것도 아니며, 그저 자신이 어떤 행동을 하고 있는지 깨달을 뿐이다. 지금 벌어지고 있는 일에 신경이 쓰이지만, 최악의 상황은 아니라고 판단한다. (만약 상황이 걷잡을 수 없이 커지면, 이 '제3자' 마음이 농담을 하면서 당신이 두려움에 사로잡히지 않도록 도와 줄 것이다. "아이고, 이젠 어리석은 정도가 아니라 완전 바보가 됐구먼!")

비행에 대한 공포심

알렉산드라는 '순응 형' 인 동시에 '과다경계 형' 이며, 특히 비행기를 타는 것을 두려워한다. 하지만 출장을 자주 다녀야 하는 직업이기 때문에 공포증을 참고 비행기를 탈 수밖에 없다. 어느 날 그녀가 로스앤젤레스에서 뉴욕으로 향하는 야간 비행기를 타고 있는데 기장의 목소리가 기내에 울려 퍼졌다.

"방금 지상 관제소에서 몇 시간 후 난기류가 발생할 확률이 높다고 알려 왔습니다. 그러니 안전 벨트를 꼭 매고 주무시기 바랍니다. 저희 승무원들은 승객 여러분이 주무시는데 몰래 벨트를 매드릴 수는 없거든요."

알렉산드라는 위장이 뒤틀리는 느낌이었다. 하지만 그녀는 기장의 말에 자신이 어떤 반응을 보이는지 제3자가 되어 관찰해 보았다. '저런. 아무 일도 일어나지 않아야 할 텐데. 이 비행기가 추락하는 일은 없었으면 해. 우리 애들이 엄마 없이 자라게 할 순 없어……' 알렉산드라의 생각은 차츰 통제를 벗어나기 시작했고, 그녀는 심호흡을 크게 했다. '자, 자, 진정하자고. 이런 상황에서 겁을 먹는 것도 무리는 아니야. 하지만 기장의 목소리에는 불안감이 전혀 없었어. 난기류 따위에는 전혀 신경 쓰지 않는 말투였잖아? 이 비행을 책임지는 사람인데도 말야.'

알렉산드라는 어떤 상황의 책임자나 대표자가 자신 있는 태도를 보이면 마음이 안정되는 느낌을 받는 유형이었다. 그런 사람들이 어려움에 침착하게 대응하는 모습을 보면서 무기력하고 당황스럽던 마음이 많이 가라앉는 것이었다. 또한 그녀는 어릴 때 겁이 나면 언제나 아빠에게 달려가던 자신을 떠올렸다. 그러면 아빠는 "무서워할 것 없어. 이 아빠가 있잖니. 우리 딸한테 나쁜 일이 일어나지 않도록 해 줄게"라고 달래 주었다. 그 목소리를 떠올리자 알렉산드라는 기분이 나아졌다.

　그녀는 또 이렇게도 생각했다. '기장이나 승무원들은 난기류나 생길지 안 생길지 모르는 거야. 그런 건 지상 관제소에서 알려 주는 게 당연해.' 지상 관제소가 난기류 발생을 예측하고 있다는 사실을 생각하니 마음이 편안해졌다. 알렉산드라는 이렇게 마음을 조금씩 가라앉혀 나갔다. '나는 난기류라는 게 갑작스럽게 일어나는 현상인 줄 알았어. 그래서 미처 대비할 겨를도 없이 비행기가 마구 요동치고, 그러면 기장이 당황해서 기체를 제 궤도에 올려놓느라 애쓸거라고 생각했지. 하지만 기장이 저렇게 몇 시간 후의 상황을 예측하고 있다면 별 문제 없을 거 아니겠어? 자동차를 운전하고 가다가 ' 비포장도로가 나오니 주의하시오 ' 같은 표지판을 보는 거나 비슷한 상황이야. 그러니 겁먹을 필요 없어.'

　알렉산드라는 난기류 때문에 요동치는 비행기를 유아용 롤러코스터에 비유해 보기로 했다. 바로 일주일 전에 다섯 살짜리 아들과 놀이공원에서 가서 유아용 롤러코스터를 탔기 때문이었다. 그녀는 롤러코스터 타는 것을 죽도록 무서워하는 사람이었지만, 유아용 롤러코스터는 재미있게 탈 수 있었다. 그래서 실제로 비행기가 난기류에 빠졌을 때, 알렉산드라는 눈을 감고 심호흡을 한 다음 자신이 유아용 롤러코스터에 타고 있다고 상상했다. 그러자 마음이 놀랍도록 편안해졌다. 위장이 뒤틀릴 정도로 두려움을 느끼던 경험이 재미있고 신나는 모험으로 바뀐 것이다. 알렉산드라 자신도 누군가가 경험담이라고 들려주었다면 믿지 않았을 변화였다.

말을 세련되게 하라

"몽둥이와 돌은 내 뼈를 부수겠지만, 말은 내게 해를 입히지 못한다."

이 속담은 틀렸다! 틀려도 한참 틀렸다!

당신이 자신을 표현하기 위해 사용하는 말은 당신에게 엄청난 영향을 미친다. 긍정적으로든 부정적으로든. 다른 사람들이 당신을 두고 하는 말도 마찬가지다. 어릴 때 "넌 좋은 아이야", "네가 자랑스럽구나", "넌 잘할 수 있을 거야"와 같은 표현을 듣고 자란 사람이 경험하는 세계는 "너 같은 게 뭘 하겠어", "넌 구제불능이야",

"뭐 하나 제대로 할 줄 아는 게 없구나" 같은 표현을 듣고 자란 사람의 그것과 판이하게 다르다. 그리고 "하는 데까지 해 보겠어"라든가 "저 직장을 꼭 잡고 말겠어"처럼 자신을 격려하는 말을 자주 쓰는 사람의 인생은 "난 해내지 못할 거야" 또는 "누가 나 같은 걸 고용하려고 하겠어" 같은 표현을 중얼거리는 사람의 인생과 사뭇 다를 것이다. 말은 당신의 뼈를 부수지는 않겠지만 대신 심적 부담을 지우고 영혼을 파괴할 수 있다.

당신의 말이 당신의 상태에 영향을 미친다

스스로에게 충분하다고 자주 반복하다 보면, 그것이 진실이든 거짓이든 믿게 된다. 결국 사람의 마음에 생각을 주입하게 되어 있다.

– 로버트 콜리어

대부분의 사람들은 자신이 선택하는 말에 따라 두려움이 더욱 커지거나 더욱 줄어들 수도 있다는 사실을 깨닫지 못한 채 습관적으로 늘 쓰던 표현을 쓴다. 사실 당신의 가장 큰 적은 당신 자신일지도 모른다. 말로 마음을 가라앉힐 수 있다는 사실을 모르고, 두려움을 불러일으키는 말을 아무런 자각 없이 사용하니 말이다. 이 장에서는 표현 선택의 폭을 넓히고, 아무 짝에도 쓸모없는 과장되고 감상적인 어구를 버리고, 당신에게 자신감과 심지어 영감까지도 줄 수 있는 말을 사용하는 법을 소개한다.

말의 힘은 강력한 것이다. 그 힘을 좋은 쪽으로 사용하자!

마크의 말: 부정적 표현이 가진 힘

"더 이상 못하겠어요!" 마크가 짜증을 냈다. 그는 어느 양탄자 판매점에서 2년 동안 지배인으로 일했으며, 그 동안 늘 더 좋은 직업을 갖고 싶다고 생각했다. "난 이 일이 싫어요. 하지만 달리 하고 싶은 일도 있는지도 잘 모르겠어요. 내가 이 가게에서 일하면서 얼마나 짜증스러운지, 생각만 해도 신경질이 나요. 하지만 그만두면 대책이 없으니 또 그러지도 못하고요." 마크가 불평을 늘어놓았다.

얼마 후, 마크는 어느 컴퓨터 소프트웨어 회사에서 관리직을 모집한다는 소식을 듣고 "정말 하고 싶은 일이에요! 내가 합격하면 좋겠어요!"라며 기뻐했다.

그러나 3주 후, 그는 다시 "못하겠어요. 모르겠어요." 상태로 돌아왔다.

"어떻게 된 거예요?" 내가 물었다.

마크는 어깨를 으쓱했다.

"면접을 보러 갔는데, 최선을 다해야 한다는 생각 때문에 너무 긴장했어요. 면접관이 첫 질문을 하는 순간 혀가 굳어 버렸죠. 결국 면접을 망쳤어요. 내가 면접관이라도 나 같은 인간을 합격시키지는 않을 걸요."

불쌍한 마크. 그는 부정적인 말로 자신을 해치고 있는 셈이다. 그가 선택하는 표현들, 특히 '못 하겠어요'와 '모르겠어요' 은 그대로 사실이 되어 고스란히 자신에게 돌아오고 있다. 왜냐하면 그런 말들을 사용하면서 마크는 희망을 잃고, 짜증을 느끼고, 자신이 멍청하다고 생각하기 때문이다.

어릴 때 들었던 말에서 받은 상처는 없던 것으로 할 수 없다. 하지만 지금 당신이 자신에게나 남에게 사용하는 표현을 충분히 바꿀 수 있다. 낙천적이면서도 현실에 들어맞는 표현을 자주 사용하면 용기와 의욕이 솟아나고 두려움은 줄어들 것이다. 흔히 사람들은 본의 아니게 상대를 비판하거나 깎아내리는 말을 하거나 마땅히 격려를 해야 할 상황에서 침묵을 지키기 일쑤다. 다른 사람들이 당신에게, 또 당신에 대해서 하는 말은 물론 당신이 어떻게 할 수 있는 문제가 아니다.

하지만 당신이 자신에게 하는 말은 얼마든지 바꿀 수 있다. 당신이 어떤 일을 잘해낼 때마다 자신에게 '잘했어!' 라고 칭찬한다면 기분이 얼마나 좋아질지 생각해 보라. 잘해내지 못했더라도 '그래도 도전을 할 정도로 용기가 있었으니 됐어. 게다가 좋은 경험이 되었잖아?' 라고 위로한다면 또 기분이 얼마나 나아질지 생각해 보라. 말을 바꾸면 인생이 달라진다는 것은 결코 과장이 아니다.

당신이 자신에게 사용하는 말이 부정적이면, 그에 따라 당신의 두려움은 더욱 커진다. 겁에 질린 사람은 어투도 머뭇거리게 되거나 아예 입을 다물어 버린다. 겁에 질린 자신의 목소리를 듣고 있노라면 자신감은 더욱 줄어든다. 이런 악순환의 구체적인 예는 다음과 같다.

'방아쇠 표현'으로 두려움을 과장하다

'방아쇠 표현' 이란, 머릿속에 떠오르자마자 두려움을 왈칵 불러 일으키는 말을 뜻한다. 근육이 긴장해서 굳어지고, 심장박동이 빨라지며, 입속이 마르고, 최악의 결과를 예상하게 만드는 그런 표현들 말이다. 자신감을 떨어트리고 의구심을 키우는 그런 표현들을 몇 가지 소개한다.

- 나는 해내지 못할 거야.
- 어떻게 처리해야 좋을지 모르겠어.
- 난 너무 멍청해.
- 나 같은 바보도 또 없을 거야.
- 나 따위가 이 일을 해낼 수 있을 턱이 없지.
- 난 구제불능이야.
- 이 일은 나한테 너무 어려워.
- 나는 말년 실패자야.
- 내가 하는 일치고 잘되는 일이 없지.

이 외에 당신이 자주 떠올리는 '방아쇠 표현'을 생각해 보자.

1. ____

2. ____

3. ____

실제보다 문제를 크게 만드는 표현들

어려운 상황을 실제보다 더 크게 부풀리는 표현들은 다음과 같다.

- 내가 겪어 본 일 가운데 최악이야!
- 이런 낭패가 있나!
- 이젠 끝장이야!
- 완전 망했어!
- 맙소사! 맙소사! 맙소사!
- 도저히 어떻게 해볼 도리가 없어!
- 어쩌다가 일이 이렇게까지 된 거야?

이 외에 당신이 자주 떠올리는, 문제를 실제보다 더 크게 부풀리는 표현이 있는지 생각해 보자.

1. ___________________________________
2. ___________________________________
3. ___________________________________

처한 상황에 맞는 행동에 집중하자

어떤 상황에서 반사적으로 나오게 마련인 두려움을 더욱 강화하여 그 상황을 처리할 능력을 상실하게 만드는 표현들도 있다.

- 이젠 돌이킬 수 없어!

- 난 절대 이 상황을 극복하지 못할 거야!

- 이제부턴 누굴 믿고 일할 수 있겠어?

- 이건 완전히 충격이야!

- 겁이 나서 도저히 못하겠어!

- 무서워서 죽을 것 같아!

이 외에 당신이 자주 떠올리는, 두려움 반응을 강화하는 표현을 적어 보자.

1. ____

2. ____

3. ____

두려움 섞인 표현을 차분한 표현으로 바꿔라

지금부터는 위에서 살펴 본 것과는 반대의, 즉 생각과 말과 행동이 서로 강화작용을 하여 두려움에서 벗어나도록 도와주는 표현을 소개한다. 나는 긍정적인 말을 자주 하는 것이 변화 과정을 시작하는 가장 손쉬운 방법이라고 확신한다. 자신이 하는 말의 내용을 완전히 수긍하지는 않더라도, 그냥 '속는 셈치고' 말을 해 보는 것이다. 마치 지금까지 한 번도 시도해 보지 않은 스타일의 옷을 입어 보듯, 일단 해 보고 기분이 어떤지 확인해 보라. 손해 볼 것도 없지 않은가? 어떤 말을 사용하느냐에 따라 자신에 대한 인식과 다른 사람들이 당신에게 갖는 인식은 커다란 영향을 받는다. 부디 다음에 소개하는 연습문제를 꼭 해 보기 바란다. 내가 상담을 맡았던 사람들 다수가 효과를 본 방법이다.

사람들이 사용하는 두려움의 표현은 그 정반대의 의미가 담긴 말로 바꿀 수 있다. 마치 동전을 뒤집어 뒷면이 나오게 하듯, 조금만 바꾸어도 숨은 능력을 일깨우고 긍정적인 시각을 유지하게 도와주며 반사적으로 밀려오는 두려움의 강도를 낮추어 주는 말로 변신하는 것이다. 두려움의 표현을 평온의 포현으로 바꾸는 예는 다음과 같다.

- 두려움의 표현: "난 이 일을 못하겠어."
→ 평온의 표현: "난 이 일을 할 수 있어."

- 두려움의 표현: "이건 상상할 수 있는 최악의 상황이야."
→ 평온의 표현: "이건 상상할 수 있는 최악의 상황은 아니야."

- 두려움의 표현: "이번의 실패는 평생을 갈 거야."
→ 평온의 표현: "이번의 실패는 그리 오래가지 않을 거야."

하지만 두려움의 표현을 이렇게 평온의 표현으로 바꾸어 보는 과정에서 때로는 '쳇, 말도 안 돼' 라는 생각이 들기도 할 것이다. 그렇더라도 걱정할 필요 없다. 이런 경우에는 두려움의 표현과 정반대되는 의미보다는 원래 표현을 약간 수정하는 정도로 고쳐 본다.

• 두려움의 표현: "난 이 일을 못하겠어."
→ 평온의 표현: "내게 이 일은 좀 힘들 것 같아. 하지만 나를 도와줄 사람을 찾아 보자."

• 두려움의 표현: "이건 상상할 수 있는 최악의 상황이야."
→ 평온의 표현: "정말 안 좋은 상황이긴 하지만, 그렇다고 이대로 물러설 순 없지."

• 두려움의 표현: "이번의 실패는 평생을 갈 거야."
→ 평온의 표현: "이번의 실패는 영향이 꽤 오래가겠는걸. 하지만 언젠가는 극복할 거야."

두려움의 표현은 짧막하고 일반적인 내용인 데 반해, 평온의 표현은 길이도 길고 두 가지 관점을 담고 있다. 한 가지는 두려움의 표현을 수정한 것이며, 다른 한 가지는 자신감, 안전하다는 느낌, 또는 극복할 수 있다는 마음가짐을 향상시켜 주는 내용이다. 사람들은 왜 두려움의 표현을 사용할까? 어떤 사람들은 어릴 때 부모가 늘 그런 식으로 말했기 때문에 자신도 습관처럼 두려움의 표현을 쓴다. 또 어떤 사람들은 두려움의 표현에서 느껴지는 극적인 효과에 마음이 끌리기도 한다. '좀 힘들겠군' 보다는 '못하겠어' 가 훨씬 강렬하게 느껴지니까.

당신도 시험 삼아 자주 사용하는 두려움의 표현을 평온의 표현으로 바꾸어 보라.

• 두려움의 표현: _______________________________

→ 평온의 표현: _______________________________

자신만의
목소리를 키워라

요즘에는 '아이들이 노는 건 봐도 떠드는 건 못 본다' 는 낡은 금언을 지키는 부모들은 많지 않다. 사실 현대의 가정은 대개 아이들을 중심으로 돌아가며 어른들의 말보다 아이들의 말이 더 주목을 받는 형편이다. 하지만 제 목소리를 제대로 내보지도 못하고 성장한 사람들도 많다. 이들은 남이 시키면 시키는 대로 한다. '점프를 해 보라'고 하면, '왜요?' 가 아니라 '얼마나 높이 뛸까요?' 라고 묻는다. 이들은 '내 생각은 이런데'가 아니라 '내 생각은 이러저러해야 해'라는 식의 태도다. 이런 사람들은 자신의 내면에 대해서 거의 모르며, 자신이 무엇을 생각하는지조차 알지 못한다.

리사는 '수줍음 형' 여성으로 오랫동안 제 목소리를 내지 못하는 문제로 고민해 왔다.

"저는 오랫동안 정해진 프로젝트를 같이 하는 사람들과는 그런대로 대화를 잘할 수 있어요. 하지만 만난 지 얼마 안 되는 사람하고는 대체 무슨 말을 해야 할지 몰라 불안해요. 어릴 때 우리 가족은 거의 대화가 없었어요. 언니와 저는 부모님 말씀을 그저 듣기만 했죠. 부모님 말씀에 동의하지 않거나 우리 의견을 내놓는 일은 꿈도 못 꿨어요. 만일 그랬다간 어린 것이 벌써부터 배은망덕

하다는 설교를 듣거나, 심지어 뺨을 얻어맞았어요. 저는 가족이 아닌 다른 사람들에게 그런 문제를 말할 순 없었어요. 그건 수치스러운 일이고 부모님을 배신하는 거니까요. 또 저는 언니하고도 거의 대화를 하지 않았어요.”

리사는 이런 가족 분위기 때문에 남들과 대화를 하는 기술을 제대로 배우지 못했으며, 부모의 태도는 그런 문제를 더 악화시켰다.

“아빠가 저에게 손찌검을 하는 것도 싫었지만, 그보다 더 끔찍한 건 엄마가 저를 벌주는 방법이었어요. 엄마는 나를 싹 무시하고 며칠 동안 말도 붙이지 않는 방식으로 벌을 주었어요. 마치 나에게 눈길을 주는 시간도 아깝다는 식이었지요.”

리사는 남과는 물론이고 자신과도 대화를 나누지 않는 사람이 되었으며, 자신의 생각, 느낌, 말은 아무런 가치가 없다고 믿어 버리게 되었다.

하지만 최근 몇 년 간 리사는 중대한 변화를 이끌어 내는 데 성공했다.

“지금은 내 목소리를 내고 의견을 표현하려고 애쓰고 있어요. 그리고 내 생각이 어떤 가치가 있을 수 있다고 믿기 시작했지요. 그리고 요즘은 일기를 쓰고 있어요. 일기를 쓰는 건 ‘소리 내지 않고 말하는 일’이라고 생각해요. 내가 생각하는 건 뭐든지 마음껏 글로 옮길 수 있어요. 언젠가는 내가 쓴 일기를 큰소리로 읽으면서 내가 나 자신에 대해 말하는 목소리를 들을 수 있는 용기가 생기겠지요. 하지만 아직 그 정도까지는 가지 못했어요.”

변화란 것이 대개 그렇듯, 리사가 겪는 변화도 조금씩 서서히 이루어지고 있다. 처음 그녀는 (페미니즘이 등장하기 전에 성장기를 보낸 여성들이 흔히 그렇듯이) 권위를 지닌 사람만이 '진실'을 말할 수 있으며 또 그런 권위는 남자가 갖고 있다고 믿었다. 하지만 이제 그녀는 사고방식을 바꾸기 시작했으며 자신의 의견을 거리낌 없이 표현하는 여성들과 친분을 나누게 되었다. 특히 리사의 이웃에 사는 한 여성은 리사가 똑똑한 사람이라고 자주 말했는데, 리사는 이전에는 자신이 똑똑하다고 생각해 본 적이 한 번도 없었다.

하지만 무엇보다도 리사에게 가장 큰 변화는 남편 빌과 자녀 양육 문제로 다투면서 일어났다. 이들 부부가 낳은 여섯 살과 여덟 살 형제는 서로 자주 싸웠는데, 리사는 형제들끼리는 으레 경쟁의식이 있는 것이라며 대수롭지 않게 여겼다. 하지만 남편 빌은 아동 발달에 관해 잘 알지도 못하면서 현실과 맞지 않는 생각을 고집했다. 리사는 빌의 말을 주의 깊게 듣고 남편이 아이들에 대해 잘 모른다는 사실을 알아챘다. 그러나 빌은 자기 의견을 고집했으며 이런저런 설교를 늘어놓기 일쑤였다. 반면 리사는 자신이 책에서, 친구들과의 대화에서, 강좌를 통해 남편보다 훨씬 많은 지식을 알고 있음에도 겉으로 표현을 하지 않는다는 사실을 깨달았다. 그녀는 제 목소리를 내고 자신이 아는 지식을 믿는 것이 중요하다는 생각을 하기 시작했다.

리사와 비슷한 성장기를 보낸 사람들은 대개 자신의 의견을 표현할 엄두를 내지 못한다. 게다가 성적 학대와 같이 정신적 충격이 더 큰 경험을 한 사람들은 남에게 이의 제기할 능력도, 심지어 어떤 일이 일어났는지 설명할 능력도 갖지 못한다. 특히 나이가 어린 사람들은 자신이 당한 경험을 어떤 말로 설명해야 할지 모르며, 자신이 무기력하고 제대로 대처할 능력이 없어서, 즉 자신의 탓으로 그런 문제를 겪고 있다고 생각한다. 이렇게 자신에게 비난의 화살을 돌리면 말수는 더욱 적어질 수밖에 없다. 정상적으로 성장하기 어려운 상황에 처한 아이가 자신을 지킬 수 있는 가장 안전한 방법은 입을 다무는 것이다. 하지만 성인이 되어서까지 침묵을 지킬 필요는 없다.

지금 이 책을 읽는 당신도 이런 문제를 겪었는가? 그렇다면 당신에게 일어난 일을 말하고 도움을 받을 수 있는 길이 있을 것이다. 당신이 겪은 일을 말하는 것은 당신이 그 상황을 참고 견뎌냈음을 인정받는 길이다. 반면에 당신의 경험을 말하지 않는 것, 제 목소리를 내지 않는 것은 그 경험에서 그나마 얻을 수 있는 것마저 버리는 행위다. 당신에게 일어났던 일을 표현하지 않으면, 남들에게서 소외된다는 느낌을 받고, 더 나아가 남들이 당신을 버린다는 느낌을 받는다. 다른 사람들은 당신이 어떤 일을 겪었는지 모르기 때문이다. 더 나쁜 것은, 당신 자신도 자신이 겪은 일을 완전히 알지 못한다는 점이다.

제롬의 말을 들어 보자.

"내가 어릴 때, 삼촌 한 명이 나를 끊임없이 성추행했어요. 나는 내가 잘못해서 그런 수치스러운 일이 일어났다고 생각했기 때문에 아무에게도 이야기하지 못했습니다. 하지만 이젠 성인이 되었고 또 최근 들어 성적 학대가 사회 문제로 불거지니까 용기가 생기더군요. 그래서 형에게 사실을 털어놓았습니다. 그랬더니 형이

'나도 그 삼촌에게 당했어' 라고 하더군요. 충격이 컸습니다. 대체 얼마나 많은 사람들이 성추행을 당하고도 남에게 말도 못하고 있을지 모르겠어요.”

제롬의 사례에서, 믿을 만한 사람에게 끔찍한 경험을 털어놓는 것이 그 경험을 벗어날 수 있는 출발점이라는 사실을 알 수 있다.

사람의 경험은 각자의 지문이 다른 것만큼이나 다르다. 그리고 사람의 경험은 설사 고통스러운 기억이라도 모두 소중하다. 그 경험이 지금의 당신을 만들었기 때문이다. 자신의 목소리를 찾으라는 것은 경험을 과장하라는 것도, 자신을 영원한 희생자로 만들라는 것도 아니다. 그렇다고 경험을 과소평가하거나 그다지 심각하지 않았다고 자신을 납득시키라는 것도 아니다. 또한 마음속 깊숙이 묻어 버리거나 마치 아무 일도 없었던 듯 시치미를 떼라는 것도 아니다. 그저 그때 어떤 일이 일어났는지, 그리고 지금의 자신에게 어떤 영향을 미치는지 이야기를 하면 된다. 그 이야기의 치료 효과가 얼마나 큰지, 실제로 해 보면 아마 깜짝 놀랄 것이다.

자신만의 목소리를 찾는 방법들

그럼 어떻게 하면 자신만의 목소리를 찾을 수 있을까?

- 조용한 시간을 가지고 생각하고, 사색에 잠기고, 기도하라
- 자신의 목소리를 듣기 위해서 자신만의 공간에서 시간을 보내라

- 당신의 목소리에 귀 기울이고 용기를 줄 수 있는 사람들과 관계하라

- 스스로에게 사색적인 질문을 던지고 그에 대해 답하라. 그 답이 옳든 그르든 그에 대해 신경을 끊고 당신의 의견에만 집중하라.

- 대화에 적극적으로 참여하고 그것이 전문적이지 않더라도 자신만의 의견을 허락하라.

- 오랜 시간 동안 자신의 생각을 기록하고, 반복하여 읽고, 고찰하기 위해서 신문을 읽어라.

- 심리학자나 다른 사람들에게 당신의 이야기를 들려 주고 이해로 경청하라.

- 당신이 말한 이야기들 속에서 새로운 의미를 끄집어내라. 당신 자신에 대한 새로운 관점은 물론, 삶에 대한 새로운 교훈도 배울 기회를 가져라.

- 어떤 감정을 느끼든 느끼는 대로 내버려 둬라. 감정을 애써 이해하려고 키우려고 할 필요가 없다. 그냥 그대로 둬라.

어쩌면 당신의 이야기는 당신만의 특별한 것일 수도 있다. 하지만 그것이 고통스러웠다고 할지라도 그 고통이 당신을 만든 것도 분명하다. 본질은 당신의 언어로 당신의 이야기를 했다는 것이다. 결국 일어나지 않은 것을 가장하거나, 당신의 경험을 무릎덮개로 묻어 두지 말아야 하며, 경험을 축소하지도 말 것이며, 애써 과장하지도 말아야 한다. 당신에게 일어난 그대로, 당신에게 미친 영향 그대로 명료하게 이야기하는 것이 중요하다. 이러한 과정에서 발

생하는 힐링이 절대적인 놀라운 결과를 만들어낸다.

두려움 – 그리고 침묵하기

1960년대 초반, 나는 여러 대학원에 입학 원서를 냈지만 거절당하기 일쑤였다. 그때는 대개의 대학원이 정원의 10%만을 여학생에게 개방했기 때문이었다. 면접에서 결혼하고 아이를 낳을 것이냐는 질문이 나오면 나는 그럴 계획이라고 솔직하게 대답했고, 그러면 불합격이었다.

내가 그런 성차별적 정책에 화를 냈냐고? 전혀 아니었다. 나는 그런 문제에 화를 낼 만큼 똑똑한 사람이 아니었다. 나는 내가 대학원에 입학하면 나보다 더 학위가 필요한 남자 하나를 자리에서 밀어내는 셈이라는 대학 당국의 논리를 곧이곧대로 믿었다. 나야 여자니까 나를 먹여 살려 줄 남자를 구하면 될 것이었다. 하지만 대학원에서 거절당한 것 때문에 두려움을 느끼지 않았냐고? 물론 느꼈다. 나는 여자란 사회에서 아내와 엄마가 되는 길밖에 없는 것인지 불안감을 느꼈다. 나는 내 목표를 달성할 수 없다는 사실에 좌절하고, 내가 그런 목표에 걸맞는 능력이 없다는 초조감이 들었다. 그 당시 나는 내 권리를 찾기 위해 싸우는 투사 스타일은 아니었지만(그리고 지금도 손해를 보아도 아무 소리 못하고 물러나는 경우가 많다). 다행히도 쉽게 포기하는 체질이 아니었다. 마침내 나는 템플 대학에서 합격 통지서를 받았다. 템플 대학은 나를 받아들였을 뿐 아니라 장학금도 넉넉하게 주었다.

두려움을 증가시키는
자기표현이 있다

만일 자신의 내면과 대화를 할 기회가 왔다고 하면, 최고의 표현, 즉 기쁨. 행복, 안전하다는 느낌을 주는 말을 골라서 하지 않겠는가? 누구도 이래라저래라 간섭하지 않을 것이며 아무도 당신의 태도가 틀려먹었다고 비난하지도 않을 테니 말이다. 그러나 많은 사람들이 자신의 내면과 나누는 대화(이를 '자기표현'이라고 부른다)를 통해 자신에게 비참한 기분만을 안겨 준다. 그리고 그 비참한 기분은 흔히 두려움을 불러일으킨다.

다음은 부정적이고 두려움을 유발하는 자기표현의 예이다.

자신이 끔찍한 상황에 처했다고 푸념한다

흔히 사람들은 어떤 상황에서 다른 부분은 다 제쳐 두고 부정적인 부분만 기억한다. 하지만 이런 태도는 상황을 더욱 악화시킬 뿐이다. 마음속에는 괴로운 생각이 가득 차고 따라서 전체 상황이 (좋았던 부분까지도) 불쾌하게 느껴진다. 모처럼 떠난 휴가 여행에서 모든 것이 만족스러웠으나 다만 하루 이틀 비가 왔다거나, 아니면 돌아오는 비행기가 연착된 일이 있었다고 하자. 그 정도 일 때문에 여행 전체가 엉망이 되지는 않았을 것이다. 하지만 부정적인 자기 대화는 나쁜 쪽에 초점을 맞추어 "날씨 때문에 여행을 잡쳤어"라든가 "비행기에서 얼마나 오래 있었는지 아예 살림을 차린 것 같았다니까"라고 투덜거린다.

칼은 회사의 연말 업무 평가서에서 낮은 등급을 받고는 몹시 고민했다.

"평가서를 보자마자 곧장 두려움이 밀려들었죠. 그리고 나 자신을 무자비하게 비판했습니다. 난 하나도 잘난 구석이 없는 인간이고 내가 보기에도 한심하기 짝이 없다고요. '그리 좋은 회사도 아닌데 여기에서조차도 형편없는 사람으로 평가를 받다니! 이 모양이니 무슨 일을 하든 성공할 턱이 없지!' 이런 식으로 말이죠."

칼은 자신이 처한 상황을 점점 최악으로 인식하기 시작했다.

"나이는 마흔이 되어 가고, 친구들을 보면 다들 나보다 훨씬 잘났고, 그렇게 생각하니 불안감이 극에 달했습니다. 우울하고 비참하고 이 세상에 나만 외톨이가 된 기분이었지요." 하지만 칼이. 아내에게 업무 평가서를 보여 주자, 아내는 칼만큼 심각하게 생각하지 않았다. 그녀는 칼의 상사가 '이 부분에서 개선이 필요함' 이라고 평가하기는 했지만, 동시에 '발전의 가능성이 충분함' 이라고도 적어 놓았다고 말했다. 칼은 아내의 말을 듣고 평가서를 다시 읽었고, 그러자 처음 읽었던 때만큼 비참한 기분은 들지 않았다. 지적당한 항목은 최근의 보고서 수준이라든가 결근율이 높았다는 것 등으로 노력하면 얼마든지 고칠 수 있는 부분이었다. 칼은 마침내 상황이 끔찍할 정도는 아니라는 생각이 들기 시작했다. "나는 만사를 두렵게 생각하는 버릇이 있나 봅니다. 곰곰이 생각해 보면 그냥 좀 실망스럽거나 일시적으로 상황이 악화된 것뿐인데도 말이죠."

불길한 예감을 키우는 표현

비비안은 '과다경계 형' 인 동시에 '통제 형'으로, 그녀의 부모는 둘 다 알코올 중독자였다. 어릴 때 그녀는 앞일을 전혀 예측할 수가 없었다. 그녀의 부모는 지극히 차분하다가도 다음 순간이면 미친 듯이 날뛰기 일쑤였다. 그런 분위기 때문에 비비안은 늘 이런저런 위험이 도처에 도사리고 있을 것이라며 노심초사하는 사람이 되었다.

"저는 특히 아이들에게 걱정이 많아요. 아이들을 안전하게 보살피는 게 제일 중요한 책임이라고 생각하거든요. 사실 할 수만 있다면 아이들한테 끈을 매어서 24시간 내 눈에 보이도록 붙들어 두고 싶어요. 아이들이 어릴 때는 그나마 옆에서 지킬 수 있었는데, 이제 크니까 그것도 어렵네요. 애들이 자라면 내 품에서 벗어나야 한다는 건 나도 알지만, 애들을 안전하게 보살펴야 한다는 의무감을 떨쳐 버릴 수가 없어요."

비비안은 겁에 질린 나머지 이성을 잃을 때가 가끔 있다. 아이들이 그녀 생각에 위험하다 싶은 일을 하려 하면 그녀는 미칠 듯한 기분이 된다. 문제는 그녀가 아이들이 다른 동네로 놀러간다든가, 심지어 아주 가까운 곳에 사는 친구 집에 간다든가 하는 일도 위험하기 짝이 없다고 생각하는 것이다.

"내 마음속에는 안전지대가 설정되어 있어요. 내가 사는 동네와 그 주변의 동네 세 곳이죠. 그 이상 벗어나는 건 외국이 가는 거나 다름없이 느껴져요. 나는 잘 모르는 장소에 가면 겁이 나서 견딜 수가 없어요. 여기는 안전하지 못하고, 무슨 일이 일어날지 모른다는 생각이 들거든요."

현재 비비안을 괴롭히는 가장 큰 문제는 열일곱 살이 된 아들 이안이 입학하고 싶은 대학에 한 번 가보고 싶어 하는 것이다. 친구의 형이 그 대학에 다니고 있기 때문에 이안은 친구와 그 형과 함께 기숙사에서 주말을 보내 보려고 계획하고 있다. 그다지 위험할 것 같지 않은 일이지만, 비비안은 온갖 가능성을 생각하느라 두려움에 사로잡혀 있다.

"얼마나 많은 위험이 발생할 수 있는지, 생각하면 미칠 것만 같아. 그 친구 형이라는 사람은 대체 어떤 사람인지, 또 그 기숙사에 있는 다른 학생들은 또 어떤 사람들인지 모르잖아? 그리고 애들이 가면서 교통사고를 안 당한다는 보장도 없고. 대학생들이 우리 아들한테 술을 먹이거나 마약을 피우게 할지도 몰라. 아예 왕따를 시킬 수도 있고, 아니면 무슨 사고가 나서 행방불명이 되면 어쩌지?"

이런 식의 자기 대화 때문에 비비안은 거의 미칠 지경이 되었다. 우습게도, 그녀가 이 상황을 올바르게 판단할 수 있도록 도와 준 사람은 아들 이안이었다.

"이안은 나하고 성격이 완전히 반대에요. 느긋하고 천하태평이죠. 항상 나보고 '엄마, 긴장 좀 푸세요. 뭐가 그리 걱정이 많으세요' 라고 말해요. 그 애 성격이 나한테 좀 옮았으면 좋겠어요!"

자기비판의 늪에서 자유로워져라

자신의 내면에서 들려오는 비판의 목소리는 실제로는 자신과 거의, 또는 아무런 상관이 없는 일을 두고 자신을 비난하기 일쑤다. 예를 들어 자녀가 선생한테 무례한 대꾸를 했다고 해서 '난 형편없는 부모야' 라고 자책하는 식이다. 자기비판은 당신이 잘한 일보다 잘못한 일만 생각하도록 만든다. 그리고 정말로 당신이 책임져야 하는 일이라도 그 책임을 지나치게 개인의 문제로 몰아붙인다. 즉 '오늘 일진이 안 좋나 보군' 하고 넘어갈 정도의 문제도 '난 왜 이렇게 멍청한 실수를 하는지 몰라' 라고 자책하는 것이다.

사람들은 저마다 자기비판의 목소리를 갖고 있기 때문에 그 자체가 문제라고 할 수는 없다. 하지만 자기비판이 무자비한 적敵이 되어 당신을 두들겨 패고, 공격하고, 고문한다면 그것은 문제다. '과다경계 형'인 다이앤이 그 좋은 사례다.

"나는 어떤 일을 해서 결과가 안 좋으면, '이런, 실수 했군' 이라고 생각하지 않아요. '난 구제불능 멍청이야' 라고 자학하죠. 그러지 말아야 한다는 건 알지만, 어떻게 해 볼 도리가 없어요. 내가 나 자신을 죽이는 거나 다름없는데 말이에요."

이런 식의 자기비판은 가능한 한 줄여야 한다. 자신의 약점을 담담하게 받아들이고, 남들이 그러하듯 자신도 얼마든지 실수를 할 수 있다고 마음을 편하게 가져야 한다. 어떤 상황에서든 자신은 아직 배우는 중이며(요리를 하든, 글을 TM든, 새 직장을 찾든), 자기계발을 하고 있다고 생각한다. 자기비판의 강도를 낮추면 마음의 여유가 생길 뿐 아니라 두려움도 줄어든다. 자신을 너무 몰아붙이지 말고, 두려움과 문제를 과장하지 말라. 안 그래도 복잡하고 스트레스가 많은 인생을 더 힘들게 만들 필요가 있는가? 자신에 대해서, 또 자신에게 늘 긍정적인 말을 하는 습관을 들여라. 자기비판의 강도를 낮추는 방법 몇 가지를 소개하면 다음과 같다.

누구나 약점은 있으니 걱정하지 말라. 어떤 사람들은 약점을 일부러 떠벌리고, 어떤 사람들은 숨기려 애를 쓴다. 둘 중 어느 쪽도 괜찮다. 내가 부탁하고 싶은 것은, 자신이 약점, 결점, 고쳐야 할 점, 부족한 점을 다 갖고 있다고 인정하는 것이다. 그리고 '그게 어때서?' 라고 생각하는 것이다. 약점이 좀 있다고 해서 몹쓸 인간이나 멍청이가 되어야 한다는 법은 없다. 있는 그대로의 자신을 받아 들여라. 만약 약점 때문에 마음이 편치 않다면, 열심히 노력해서 없애든가 고치든가 하면 된다. 아무리 둔한 사람이라도 요리를 하고, 춤을 추고, 글을 쓰고, 연설을 하고, 페인트칠을 하고, 심지어 비행기를 조종할 수도 있다. 물론 전문가 수준이 되기는 하늘의 별 따기고, 중급 수준이 되는 것도 어려울지 모른다. 하지만 기술 자체를 배우는 것은 누구라도 가능하다.

결점을 다른 말로 표현한다

실수를 용납하지 못하겠다면, 그 실수를 다른 말로 표현해 본다. '또 실수했군. 왜 이렇게 멍청하지!' 라고 생각하지 말고 '숫자를 잘못 읽었네', '그 사람 의도를 내가 오해했나 봐', '이 부분을 빼먹었군', '그런 쪽으로는 미처 생각하지 못했어', '그 사람을 과소평가했나 봐', '내가 사람을 잘못 봤군' 이라고 생각하면 좀 더 받아 들이기 쉬울 것이다. 아니면 '쳇, 깜빡했어' 라든가 '윽, 빨리 바로 잡아야겠다' 라고 표현할 수도 있다. 그저 말장난일 뿐이라고 생각하는가? 하지만 나는 저지른 실수를 좀 더 정확하게, 그러면서도 부드럽게 다른 말로 표현하는 것이 도움이 된다고 믿는다.

자기비판의 영향을 최대한 줄인다

고칼로리 음식을 절제하는 다이어트를 해 본 적이 있는가? 자기비판의 영향을 줄일 때도 같은 방식을 적용할 수 있다. 즉 '자기비판은 하루에 한 번 아니면 두 번'이라는 원칙을 세우는 것이다. 세 번째부터는 너무 많이 먹은 것이다. 그리고 '횟수' 뿐 아니라 '용량'에도 신경을 쓴다. 자신을 너무 몰아붙이지 말고 여유를 준다. 매일매일 자신에게 긍정적인 말을 하는 습관을 들인다.

자기비판을 대신할 수 있는 것들

"자존심을 유지하기 위해서는 가끔 찬사가 필요하다. 그러니 아무도 찬사를 보내지 않는다면, 자신이 자신에게 찬사를 보내라."

– 마크 트웨인

- "이번엔 또 무슨 잘못을 저질렀나?" 보다는 "좀 더 발전을 해야 겠지만, 이런 상황에서 이만큼 한 건 잘한 거야" 라고 말한다.
- "이번 여행을 완전 망쳤어" 보다는 "모든 일이 다 그렇듯이, 이번 여행도 좋았던 점도 있고 나빴던 점도 있었지" 라고 말한다.
- "대체 왜 그렇게 멍청한 소리를 한 거야?" 보다는 "다음부터는 말을 좀 더 신중하게 해야지. 어쨌든 남한테 해를 주지 않았으니 다행이야"라고 말한다.
- "완전히 망했구나" 보다는 "좀 실수를 했지만 최악의 상황은

아니야. 그리고 좋은 경험을 했으니 다음부터는 더 잘할 수 있을 거야"라고 말한다.

- "다른 사람들이 나를 어떻게 보겠어?" 보다는 "모든 사람의 마음에 들 수는 없는 거야. 그러니 지금 상태로도 만족해"라고 말한다.

자신을 가장 혹독하게 비판하는 사람이 자신이어서 좋을 것이 뭐가 있는가? 비판은 원하기만 하면 다른 사람에게서 얼마든지 들을 수 있다. 그러니 자신에게는 되도록 좋은 말을 해 주어라. 적어도 친한 친구에게 하듯 사려 깊고 참을성 있게, 친절하게 대하라.

말하기에도 전략이 필요하다

두려움을 더 크게 만들지 않는 쪽으로 말할 수 있는 전략들을 소개한다.

'해야 한다' 와 '~은 의무다'를 피한다

음식 냄새만 맡아도 식욕이 솟구쳐 오르듯, 말 한 마디나 표현 한 가지만으로도 공포 반응을 유발할 수 있다. 실제로 그런지, 다음 빈 칸을 한번 채워 보자.

나는 _________________________ (해)야 한다.

예를 들어 '나는 집 청소를 좀 더 깨끗이 해야 한다' 라고 썼다고 가정하자.

이제 단어 하나를 바꿈으로써 얼마나 큰 변화가 일어나는지 보라. 문장은 그대로 놔둔 채, '해야 한다'를 '할 수 있다'로 바꾼다. '나는 집 청소를 좀 더 깨끗이 할 수 있다.' 자, 효과가 어떤가? 문장이 훨씬 부드러워지고 두려움도 덜 느껴진다. 내용을 받아들이기가 더 쉬워졌고 강요가 아니라 선택이 되었다.

'해야 한다' 는 표현에는 폭군 같은 뉘앙스가 있으며, 당신의 능력이 모자란다는 의미를 담고 있다. '너라는 인간은 대체 왜 그 모양이야? 잘 좀 해봐! 해야 할 일도 제대로 못하고 있잖아!' 라는 식이다. '해야 한다' 는 표현은 행동을 강요하고, 긴장을 불러일으키며, 죄의식을 심어 준다. '해야 한다'는 권위적인 말이기 때문이다. '해야 한다'는 당신의 부모님, 선생님, 또는 이 사회가 당신에게 갖는 권위를 상징한다. '이 일을 잘할 자신 있니? 네가 해야 할 일을 하고 있는 거야? 규칙은 지키고 있지?' 등의 말은 당신을 어린아이로 만든다.

반대로 '할 수 있다'는 표현은 덜 권위적이라서 그다지 두려움을 불러일으키지 않는다. '할 수 있다'는 어른이 사용할 만한 표현이다. A, B, C, D 등 다양한 행동 가운데 하나를 선택할 수도 있고, 순서대로 할 수도 있고, A를 가장 나중에 할 수도 있고, A를 하긴 하되 일부만 할 수도 있고, 심지어 'A'를 입으로 말은 하더라도 행동은 하지 않을 수도 있다. '해야 한다' 대신 '할 수 있다'를 사용하면 이렇게 다양한 선택을 할 수 있는 것이다.

이제 '해야 한다' 라는 폭군에게서 벗어날 준비가 되었는가? 부디 그렇기를 바란다. '해야 한다' 와 같이 강제성을 주는 표현은 두려움을 극복하는 데 방해만 될 뿐이다. 아래의 빈 칸을 활용하여 '해야 한다'를 '할 수 있다'로 바꿔 보라.

'해야 한다' 메시지

* ______________________________

* ______________________________

'할 수 있다' 메시지

* ______________________________

* ______________________________

* ______________________________

위의 문제에서 무엇을 발견했는가?

'~은 의무다'를 '~을 하고 싶다'로 바꾸어도 똑같은 상황을 보는 시각이 얼마나 달라지는지 경험해 보라. '아이들과 더 많은 시간을 보내는 것은 의무다' 라는 문장을 살펴 보자. '해야 한다'와 마찬가지로, '~은 의무다' 라는 표현 역시 당신에게 선택의 여지를 주지 않고, 부담감을 심어 주며, 창의적인 생각을 짓이겨 버린다. 하지만 '~은 의무다'를 '~을 하고 싶다'로 바꾼 '아이들과 더 많은 시간을 보내고 싶다'라는 문장은 어떤가? 행동을 강요하는 문장에서 더 나은 결정을 하도록 도와 주는 문장으로 바뀌었지 않은가?

'~은 의무다'를 '~을 하고 싶다'는 표현으로 바꾸었을 때 얻을 수 있는 또 하나의 이득은, 당신이 진짜로 무엇을 하고 싶은지를 더 확실하게 깨닫는다는 점이다. '지긋지긋한 직장에 다니는 것은 의무다'라는 문장을 '지긋지긋한 직장에 다니는 것은 의무다'라는 문장을 '지긋지긋한 직장에 다니고 싶다'로 바꾸었다고 해 보자. 그러면 당장 이런 생각이 들 것이다. "아니야! 나는 지긋지긋한 직장에 다니고 싶지 않아! 내가 진짜로 원하는 것은 더 나은 직장을 찾는 거야." 그러면 다른 질문이 떠오른다. "그럼 어떻게 하면 좋을까? 어떤 직업을 가지면 지금보다 더 만족할 수 있을까?" 이런 질문들은 당장 대답하기 어렵겠지만, 최소한 발전을 위한 첫 걸음은 된다. 이제 당신은 해야 할 일에 짓눌려 불평만 하는 사람이 아니라 해결책을 찾아 보는 사람이 되어 가고 있다.

'~은 의무다'

- _______________________________________

- _______________________________________

- _______________________________________

'~을 하고 싶다'

- _______________________________________

- _______________________________________

- _______________________________________

부정적으로 사는 것은 부정의 힘에 기여할 뿐이다

– 셜리 맥클레인

멀린은 조금이라도 짜증스러운 일은 마치 대재앙이라도 일어난 것처럼 묘사하는 버릇이 있다.

"지난번에 유람선 여행은 정말 끔찍했어요! 화물 담당자들이 우리 여행가방 하나를 잘못 가져가는 바람에 여섯 시간이나 걸려서 되찾았다니까요. 영영 못 찾는 줄만 알았어요. 게다가 툭 하면 에어컨이 꺼지는 바람에 더워서 숨도 제대로 못 쉬었어요. 날씨는 또 얼마나 안 좋았는지! 게다가 배 멀미로 죽을 뻔했고요. 항해가 끝나갈 무렵에는 어찌나 진력이 나는지 고함이라도 지르고 싶었어요!"

물론 자기 돈 내고 떠난 여행이 만족스럽지 못하여 짜증스러워하는 것은 멀린의 자유다. 하지만 자신이 겪은 항해를 타이타닉 호의 침몰에 버금가는 재난으로 묘사하는 것은 그렇지 않아도 좋지 않은 기분을 더 비참하게 만들 뿐이다.

사람들이 얼마나 자주 별 것 아닌 일을 대재앙처럼 묘사하는지, 가만히 생각해 보면 깜짝 놀랄 정도다. 물론 살다 보면 갖가지 문제로 골머리를 앓게 마련이다. 자동차가 시동이 걸리지 않고, 고양이가 양탄자를 망쳐 놓고, 아이가 넘어져 무릎이 까지고, 친구가 대수롭지 않은 말에 화를 벌컥 낸다. 하지만 이런 일들이, 또 이보다 더 심각한 일이라 해도, 우리가 흔히 사용하는 말의 내용처럼 그렇게 하늘이 무너지고 땅이 꺼질 만한 사건일까?

일생을 통틀어 엄청난 대재앙을 경험하는 사람은 그리 많지 않다. 하지만 사람들은 일상적인 사건을 묘사하면서 대재앙에나 어울릴 법한 표현을 별 생각 없이, 아니 아무 생각 없이 씀으로써 자기도 모르게 마음속에 두려움을 불러일으키고 있다. 내가 '맙소사 표현'이라고 이름 지은 이런 표현들은 상황에 대한 반응을 악화시키고 따라서 상황에 대처할 능력을 제대로 발휘하지 못하게 한다. 위에서 소개한 표현들은 극단적이고 도저히 견디기 어려운 끔찍한 상황을 묘사하지만, 사람들이 저런 표현들을 실제로 사용하는 상황은 사실 그다지 대수롭지 않은 경우가 많다. 대부분의 문제는 해결 가능하다. 대부분의 실수는 수정할 수 있다. 대부분의 병은 고칠 수 있다. 해고는 더 나은 직장을 구할 기회일 수 있다. 이혼은 새로운 삶을 위한 출발점일 수 있다.

물론 중대한 사건들을 하찮게 생각하라는 것은 아니다. 내 말은, 대수롭지 않은 상황이든 정말로 심각한 상황이든 인생에서 갖가지 어려움에 부딪혔을 때 극단적이고 부정적인 표현을 되도록 쓰지 않도록 노력하면 두려움을 많이 덜 수 있을 것이라는 이야기다. 극단적인 표현을 쓰면 두려움은 줄어들기는커녕 불에 기름을 부은 듯 번져 나간다.

정말로 엄청난 대재앙이 닥치면 말은 아무런 의미가 없고 공허할 뿐이다. 그럴 때 간절히 원하는 것은 말로 하는 위로가 아니라 다른 사람의 따뜻한 손길과 다정한 포옹이다. 정말로 심각한 사건을 접하면 사람들은 말을 잃는다. 9.11 테러가 일어난 아침, 누구보다도 먼저 사태를 깨달았던 항공 관제사들은 한순간 침묵을 지킬 뿐이었다. 그것도 바늘 떨어지는 소리가 들릴 정도의 침묵을. 그후 간신히 말문이 트이기는 했으나 "맙소사, 맙소사, 맙소사" 또는 "이럴 수가"와 같은 짧고 단순한 말만을 내뱉을 수 있을 뿐이었다. 정말로 심각한 상황에서 튀어나오는 말은 장황하거나 극적인 것과는 거리가 멀다.

일상에서 경험하는 문제가 얼마나 심각하냐에 따라서 그에 맞는 비극적인 표현을 쓰도록 하라. 정말로 큰 비극이 닥쳤다면 당신의 슬픔과 고통을 얼마든지 강도 높게 표현해도 괜찮다. 하지만 일상의 소소한 문제, 쇼핑 봉투 하나를 어느 상점에 놓고 왔다든가, 버스를 놓쳤다든가, 열쇠를 차 안에 둔 채 차 문을 잠가 버렸다든가 하는 상황에서 지나치게 비극적인 표현을 쓰면 두려움과 낭패감을 키울 뿐이다.

당신이 하는 말의 패턴부터 바꿔라

여기서는 말을 바꿈으로써 삶을 바꿀 수 있는 방법을 좀 더 다양하게 제시할 것이다.

두려움을 강화하는 말을 되도록 피하는 것이 중요한 만큼이나, 확고하면서도 명랑한 어조를 되도록 많이 사용하는 것도 용기를 북돋우고 두려움을 다스리는 데 중요하다. 당신이 하는 말에 들어 있는 자신감과 힘을 믿을 필요조차도 없다. 일단 시작하면 어느 사이엔가 자신이 하는 말을 믿게 될 것이다.

자신의 두려움을 표현할 때 쓰는 말은 자신과 상황을 보는 관점에 커다란 영향을 미친다. 다음의 세 문장을 읽어 보자.

- 난 겁이 많아.
- 난 항상 불안해하지.
- 난 평생 두려움에 사로잡혀 살 거야.

그리고 위의 세 문장을 아래의 세 문장과 비교해 보라.

- 난 최근 들어 겁이 많아졌어.
- 난 가끔 불안해져.
- 난 지금 두려워.

위의 여섯 문장은 자신을 겁이 많은 사람으로 묘사한다는 점에서는 서로 비슷하다. 하지만 첫 세 문장은 뒤의 세 문장에 비해 더 비관적이고 자기비방을 품고 있다. 그 이유를 찬찬히 살펴 보자.

말은 모든 것에 영향을 미친다

'난 겁이 많아'는 자신의 인성 자체에 '겁쟁이' 라는 딱지를 붙이고 표지판으로 만들어 목에 걸고 다니는 것이나 마찬가지인 표현이다. 우스운 사실은, 대부분 사람들은 남이 자신을 '겁쟁이'라고 부르는 것은 싫어하면서도 스스로 자신에게 그런 딱지를 붙이는 것은 마다하지 않는다는 점이다.

'난 항상 불안해하지'는 자신의 용기를 스스로 꺾어 버리는 자기 충족예언(self-fulflling prophecy: 자신이 기대하는 대로 실제로 이루어지는 현상-옮긴이)이다. 내가 아는 사람 가운데 가장 겁이 많은 사람도 24시간 내내 불안해하지는 않는다. 당신이 자신을 이런 식으로 표현하면 불안해하지 않을 때도 있다는 사실을 무시하게 되며 인생에서 기분 좋은 시간도 있다는 점을 간과하는 것이다.

'난 편생 두려움에 사로잡혀 살 거야'는 당신의 두려움을 영원히 굳혀 버리는 가장 확실한 표현으로, 앞으로 맞이할 수 있는 모든 가능성을 부인하는 꼴이다.

그럼 뒤의 세 문장이 앞의 세 문장과 어떻게 다른지를 살펴 보자. 뒤의 세 문장은 현실을 덮거나 감추지 않고 있는 그대로 묘사했다. 두렵다는 사실을 인정하는 한편 과장하지 않고, 자신을 비난하거나 부정적인 딱지를 붙이지도 않았다. 또한 앞으로는 두려움이 많이 느끼지 않을 것이라는 가정을 담고 있다.

'난 최근 들어 겁이 많아졌어'는 '왜?' 라는 질문이 따라오게 만든다. 최근의 인간관계, 직업, 육체와 정신을 돌아보며 두려움을 유발하는 문제가 있었는지 살펴 보게 된다. 그리고 그 두려움이 머릿속에 오래 머무르지 않을 것이며, 지금의 감정 상태를 바꾸기 위해 여러 가지 방법을 써 볼 것이라는 생각을 암시한다.

‘난 가끔 불안해져’는 감정이란 들이닥치기도 하고 사라지기도
한다는 사실을 인정하는 표현이다. 때로는 두려움을 느끼지만 때
로는 느끼지 않는다. 두려움이 인생을 완전히 지배하거나 대부분
을 차지하지는 않는다는 생각을 나타내는 말이다. 그런 의미에서
다른 문장들보다 훨씬 희망적이다.

‘난 지금 두려워’는 간단히 문장이지만, 지금 현재 두려움을 느
낀다는 사실을 인정하는 한편. 두려움은 자신의 특성이 아니며 따
라서 오랫동안 두려움을 느끼지는 않는다는 가정을 담고 있다. 지
금 두려움을 느끼는 것은 직장을 옮겼기 때문일 수도 있고, 사귀던
사람과 헤어졌기 때문일 수도 있고, 낯선 도시로 이사를 가야 하기
때문일 수도 있다. 이 문장에서의 두려움은 ‘난 지금 피곤해’ 라든
가 ‘난 지금 배고파’와 마찬가지로 일시적인 현상일 뿐이다. 비록
정말로 심각하거나 골치 아픈 상황이라 하더라도, 실제 이상으로
문제를 크게 부풀리지는 않는다.

누구의 목소리에
귀를 기울일 것인가

어릴 때는 주변에서 많은 사람들이 이래라저래라 하기 때문에
그 목소리들이 한데 모여 영향을 미친다. 예를 들어, 당신이 어릴

때 형은 '멍청아'라고 놀려대고, 누나는 당신을 '바보야'라고 부르며, 엄마는 늘 잔소리만 해대고, 아빠는 '남자는 감정을 드러내면 안돼'라며 '사나이답게' 행동하라고 말하기 일쑤였다고 하자. 남의 영향을 쉽게 받는 어린 시절에 이런 말을 자주 들었다면, 어린이 된 지금도 그 목소리들이 당신의 마음속에 메아리치고 있을 가능성이 크다. 물론 그 내용은 거의 잊혀져 희미하겠지만, 그 영향은 지금껏 남아 당신의 두려움을 불러일으키는 데 큰 몫을 하고 있다.

이런 부정적인 목소리에 지나치게 신경을 쓰면 그 반대편에 항상 존재하는 긍정적인 목소리에는 귀를 기울이기 힘들다. 마치 주변의 모든 사람들이 당신더러 '넌 너무 예민해' 라고 말하는 것 같지만, 잘 살펴 보면 그보다 족히 두 배는 되는 사람들은 당신이 섬세한 성품을 가졌다고 칭찬한다. 당신이 뭐 하나 제대로 할 줄 아는 것이 없다고 비난하는 사람들이 있는가 하면, 한편에는 당신이 재주가 뛰어나고 아는 것도 많다고 부러워하는 사람들도 있다.

여기에서 중요한 질문 하나. 그렇다면 누구의 목소리에 귀를 기울여야 할까?

나는 당신이 자신감을 얻을 수 있는 쪽에 귀를 기울이라고 강력히 권하고 싶다. 당신의 장점을 최대한 존중해 주고, 당당하게 어깨를 펼 수 있게 해 주고, 당신을 힘없는 어린애가 아니라 한 사람의 성인으로 대우하는 목소리를 선택하라는 것이다.

이 세상에 존재하는 금언이나 속담에는 반드시 그 반대의 뜻을 담고 있는 금언이나 속담이 짝을 이룬다. 도대체 어느 쪽이 옳을까? '오늘 일을 내일로 미루지 말라'가 옳을까, '서두르면 일을 그

르친다'가 맞을까? '극과 극은 서로 통한다'가 맞는 말일까, '유유 상종'이 옳은 소리일까? 서로 다른 내용이지만, 상황에 따라 양쪽 다 옳은 말이다. 사람들이 당신을 두고 평가하는 말에도 같은 원 리를 적용할 수 있다.

그러니 지금 이 순간, 이 상황에서 도움이 되는 목소리에 귀를 기울이는 것이 당신에게 백번 이로운 일이다. 오로지 비판만 하는 목소리, 당신을 낙담하게 하고 굴욕을 느끼게 하는 말은 언제 어느 상황에서든지 귀담아 듣지 말아야 하겠지만, 건설적인 비판을 담 은 말은 때에 따라서는 도움이 된다. 예를 들어 "사람들 앞에서 말 할 때는 조금만 더 천천히 말하는 게 좋겠어"라는 비판은 귀 기울 여 들을 만하다. 결점을 지적하면서도 동시에 기운을 복돋워 주는 비판이기 때문이다. "또 저런다. 말을 좀 천천히 하라니까. 그렇게 빨리 말하니 아무도 네 말을 못 알아듣잖아"라는 비판보다는 "잘할 수 있을 거야. 마음을 가다듬고, 시간은 얼마든지 있다고 생각하고 천천히 말해 봐"라는 비판이 훨씬 듣기 좋을 것이다.

대체 전략을 세우자

부정적인 목소리는 그저 사라져 주기를 바란다고 해서 쉽게 사라 지지는 않으며, 오히려 없어지기를 바랄수록 더 커지기 마련이다. 예를 들어 지금 당신의 방 한가운데에 흰 코끼리 한 마리가 '존재하 지 않는다'고 생각해 보라. 다시 한 번, 온 정신을 집중하여 방안에 흰 코끼리가 '없다'고 생각해 보라. 어떤 일이 일어나는가? 코끼리 에 대한 생각을 지우려 하면 할수록 코끼리의 존재감은 더욱 확실해진다. 두려움을 불러일으키는 부정적인 목소리도 이 코끼리와 같다. 뇌리에서 없애려 할수록 더욱 기승을 부릴 뿐이다.

내가 제시하는 해결책은 '대체 전략'이다. 당신이 싫어하는 목소리를 당신이 좋아하는 목소리로 대신하는 것이다. 머릿속에서 부정적인 목소리가 울려올 때마다 차분하고 용기를 북돋워 주는 목소리로 대체해 본다. 당신이 아는 사람의 목소리도 좋고, 상상, 꿈, 노래에 나오는 목소리거나 기도하는 목소리도 좋다. 누구의 목소리인지는 중요하지 않다. 중요한 것은 당신이 그 목소리를 자유자재로 사용할 수 있어야 한다는 점이다. 마음껏 활용하라.

누구의 목소리를 선택할 것인가

에이미는 어릴 때 병을 많이 앓았다. 천식에, 기관지염에, 알레르기까지 있어 에미니는 하고 싶은 일이나 놀이를 제대로 하지 못했다. 그녀는 학교 성적은 좋았지만 늘 신경이 날카롭고 불안해했다. 에이미의 어머니는 늘 그녀를 "우리 불쌍한 딸"이라고 불렀고, 친구들에게 에미니가 얼마나 '말 잘 듣는 환자'인지 모른다고 자랑했다. 모든 사람들이 에이미가 제대로 숨을 쉬고 있는지 늘 주의를 기울이고 호들갑을 떨었기 때문에, 형제들은 그녀를 희생자 취급했다. 오빠 빌은 "넌 게으름뱅이야. 아무 일도 안 하려고 하잖아?"라고 놀려댔고, 남동생 잭은 그녀를 위로한답시고 "그래도 누나는 여자니까 공부를 많이 안 해도 되잖아"라고 말했다.

에이미는 스물여덟 살이 되어서야 심리치료를 시작했고, 이제는 몸과 마음이 건강한 여성이 되었다. 그녀의 증상은 독립해서 살면서부터 놀랄 만큼 나아졌다. 그녀는 어린 시절을 돌아보면서, 자신의 천식 증상은 부모가 모두 담배를 피우고 고양이가 두 마리 있는 가정에서 자란 탓이 크다고 결론을 내렸다. 비록 신체적으로는 많이 좋아졌지만, 에이미는 여전히 자신을 부정적인 눈길로 보았다. 어린 시절 가족들이 했던 말은 여전히 그녀의 정신에 영향을 끼치고 있었다. 에이미는 자신이 게으르고 신경이 날카로우며 늘 불안해하고, 예쁜 외모를 무기로 삼지만 머리에 든 것은 그리 많지 않다고 여겼다.

에이미는 나에게 마음을 털어놓게 되면서 자신이 느끼는 여러 가지 두려움을 이야기했다. 그녀는 남의 기대에 미치지 못할까 봐, 할 일을 제대로 하지 못할까 봐, 여러 사람이 있는 자리에서 망신살 뻗치는 행동을 하게 될까 봐 두려워했지만, 자신에 대해서 좋은 감정을 가지고 다른 사람들 틈에서도 긴장을 느끼지 않는 방법을 몹시 배우고 싶어 했다.

치료를 받은 지 넉 달 후 그녀는 말했다.

"선생님이 차분하고 용기를 북돋워 주는 목소리로 저한테 말씀하셨던 순간이 지금도 생생하게 기억나요. '에이미는 지금 그대로의 모습도 좋아요'라고 하셨죠. 저한테 그 말씀이 어떤 의미를 지니는지 선생님은 상상도 못 하실 거예요. 전 나중에 차 안에서 마구 울었어요. 그때까지 아무도 저한테 그런 말을 해 주지 않았거든요."

그날 이후로 에이미는 나에게서, 또 다른 사람들에게 용기를 북돋워 주는 표현을 들을 때마다 종이에 적어 모았다. 그녀가 특히 좋아하는 표현들을 다음과 같다.

- "넌 얼굴도 예쁘고 머리도 똑똑해."

- "실수 하나 한다고 해서 세상이 끝장나는 건 아냐."

- "넌 성격이 좋고 다른 사람들을 많이 도와 줘."

이제 당신이 직접 부정적인 목소리를 대체할 메시지를 만들어 볼 차례다. 빈 종이를 꺼내 왼쪽 빈 칸에는 머릿속에서 몰아내고 싶은 부정적인 메시지를 적어 보자. 그리고 오른쪽 빈 칸에는 그 부정적인 목소리를 대신하여 떠올리고 싶은 긍정적인 메시지를 적는다.

굿바이, 부정적인 메시지

1. ________________________

2. ________________________

3. ________________________

안녕, 긍정적인 메시지

1. ________________________

2. ________________________

3. ________________________

두려움의 깊은 속을 뒤져라

사람들은 무엇인가를 빨리 그리고 간단하게 설명하기 위해 사실여부를 진지하게 고민하지 않고 이런저런 표현을 쓰기도 한다. 예를 들어, 우리는 다른 사람들에게 '히스테리가 심하다', '기분이 늘 우울하다', '신경이 날카롭다', '자주 불안해한다'는 딱지를 붙이기 일쑤다. 이런 표현은 그 사람의 인격을 세세하게 알려고 노력하지 않은 채 얼핏 드러나는 한 가지 성격에만 초점을 맞춘 것이다. 어떤 사람이나 문제에 이렇게 단순하고 단정적인 이름표를 붙여 버리는 것은, 마치 그 사람이나 문제를 이해하기 위해 살펴 보는 시간도 아깝다는 투다.

당신의 두려움에도 같은 태도를 취하지 말라. 당신이 느끼는 감정에 '두려움'이란 천편일률적인 딱지를 붙이지 말고, 자신에게 질문을 던지고 또 스스로 대답을 하면서 그 감정의 깊은 의미를 탐구해 보라.

1. 두려움이 엄습할 때 당신이 느끼는 감정은 무엇인가? 자신의 감정을 가장 잘 표현하는 단어를 골라 써 보자.

2. 당신의 두려움은 무엇과 비슷한지 기술해 보자.

3. 당신의 두려움을 찬찬히 들여다보면서 생각나는 이미지를 느껴 본다. 그 두려움에서 생각나는 어린 시절의 경험이 있는가?

4. 어떤 일이 실제로 일어날까 두려운가? 그리고 그런 일이 실제로 일어난다면 어떻게 반응하고 대처할 것이라고 예상하는가?

5. 당신의 두려움을 한 단어로 표현한다면 무엇일까? 자기검열하지 말고 적어 보자.

6. 당신의 두려움에 떨며 어쩔 줄 모를 때 누군가 도움을 줄 수

있다고 상상해 보자. 그 사람은 누구인가? 그 사람은 당신을 어떻게 도와 줄 것인가?

7. 어떤 생각들이 당신의 두려움에 방아쇠를 당기는가?

8. 두려움을 느낄 때 반응하는 신체 부위는 어디인가? 위장이 뒤틀리는가, 가슴이 먹먹해지는가, 머리가 아파지는가, 근육이 뭉치는가?

9. 두려움을 느낄 때 같이 느껴지는 감정은 무엇인가? 슬픔인가, 분노인가, 외로움인가, 역겨움인가, 질투심인가?

10. 당신의 두려움에 대한 뉘앙스를 좀 더 명확하게 상상해 보라. 이전에 몰랐던 것 중 알게 된 것이 있는가?

이 작업은 당신이 느끼는 두려움을 당신이 직접 선택한 말로 표현하도록 하기 위한 것이다. 당신의 마음속에는 여러 가지 말과 감정이 갇혀 있을지 모른다. ‘두려움’ 이라는 한 가지 표현만을 고집하면 그런 것들을 끄집어 낼 수 없다. 당신의 감정을 좀 더 세세한 부분까지 알아야 한다.

앨리사의 이야기: 두려움의 깊이를 들쳐 보라

서른두 살의 ‘수줍음 형’ 여성인 앨리사는 자신에게 질문을 하고 대답을 하는 과정을 통해 자신의 두려움에 관하여 알게 되었다.

“가장 큰 두려움은 사회생활을 제대로 못한다는 공포예요. 왜 삶이 그렇게 힘든지 모르겠지만, 아무튼 힘들어요. 남들은 단체생활을 곧잘 하는데, 저는 다른 사람들과 시간을 보내며 지쳐 버려요. 사람들과 같이 있으면 긴장을 늦출 수가 없어요. 사람들이 나를 두고 쑥덕거릴까 봐 겁이 나요. 내 친구 베스는 저더러 '남들이 뭐라 하든 신경 끄면 그만이야'라고 하지만, 저한테는 그게 너무나 힘든 일이에요. 사람들이 나를 두고 이러쿵저러쿵 말할 거라는 생각이 들면 그냥 죽고 싶은 심정이에요. 그럴 때면 어릴 때 일도 생각나고요. 우리 부모님은 제가 하는 일에 대해 사사건건 트집을 잡으셨죠. 나는 혼자 있을 때만 안심이 되었어요. 내 소원은 투명 인간이 되는 거였죠. 한 사람과 같이 있는 건 그나마 나아요. 남편하고 있으면 마음이 제일 편해져요. 남편은 웃는 모습이 부드럽고 어떤 말을 하면 내가 긴장을 풀고 안심을 하는지 잘 알거든요. 남편이 위로해 주는 게 크게 도움이 돼요."

앨리사는 자신의 두려움을 자세히 알아 가는 과정에서 어떤 감정 때문에 두려움이 촉발되는지, 그녀 자신이 두려움에 어떻게 반응하는지, 그리고 마음을 가라앉히려면 어떤 것이 도움이 되는지를 알아차렸다. 자신의 두려움을 이해했다고 해서 그 두려움이 사라지지는 않았지만, 적어도 혼란스러움과 외로움은 덜 느끼게 되었다.

문제를 리스타트하라

우리가 사용하는 언어는 선택의 폭이 넓기 때문에 같은 생각도 여러 가지로 다르게 표현할 수 있다. 두렵지 않다고 자신에게 거짓말을 하거나 두려움을 예쁜 포장지로 싸서 감추라는 뜻이 아니라, 자신을 어떻게 표현하느냐에 따라 자신의 감정과 자신감에 미치는 영향이 달라진다는 점을 생각해 보라는 것이다. 당신의 감정을 허약하고, 무기력하고, 수동적이고, 멍청하게 만드는 말이나 표현은 최대한 사용하지 않는 것이 좋다(그런 말이나 표현을 전혀 사용하지 않을 수는 없겠지만, 남용하지 않는 것만으로도 충분하다).

벨라의 이야기: 무서워서 죽을 것만 같아

벨라는 두려운 상황이 닥치면 '과다경계 형'의 전형적인 반응을 보인다.

"우리 딸아이 토니 때문에 무서워서 죽을 뻔했어요. 열세 살밖에 안 된 애가 가슴이 아프다고 그러는 거예요. 심장병이 있는 건지, 호흡기에 이상이 있는 건지 모르겠어요. 대체 어떻게 해야 할지, 누구하고 상의를 해야 할지도 모르겠고, 병원에 가면 의사가 무슨 진단을 내릴지 걱정되어 미치겠어요. 심장에 뭔가 심각한 문제가 있으면 어떡해요."

벨라가 똑같은 상황을 이야기할 때 두려움을 유발하는 표현을 덜 쓴다면 어떨까?

"우리 딸아이 토니가 요즘 가슴이 아프다고 해요. 열세 살밖에 안 됐는데, 일단 병원에 대려가서 의학적으로 무슨 문제가 있는 건지 알아봐야겠어요. 어쩌면 스트레스 때문일 수도 있고, 아니면 그저 학교 가기가 싫어서 꾀병을 부리는 건지도 몰라요. 소아과에 가야 할지, 내과에 가야 할지, 아니면 심장의학 전문 병원에 가야 할지, 아직 정하지 못했어요. 조만간 결정해야겠죠."

양쪽 모두 심각할 수도 있으나 아직 확정되지는 않은 문제에 관해 걱정하는 말이다. 전자가 의심과 불안감과 두려움을 담고 있다면 후자는 같은 문제를 이야기하면서도 해결책을 찾는 방향으로 나가고 있다. 양쪽 다 문제를 회피하지는 않지만, 전자는 벨라의 두려움을 더욱 심화시키는 반면 후자는 벨라가 문제에 어떻게 대처해야 할지 도움을 주고 있다.

'만약 그렇다면 ~ 어떡하지' 유형

'마초 형' 유형인 대부분의 사람들에게 해당되지만, 샘 역시 지금껏 무시해 왔지만 건강상의 문제가 있는 것이 아닐까하는 두려움 때문에 병원 가기를 꺼린다. '만일 심각한 문제가 발견되면 어떡하지? 내가 병에 걸렸다고 아내가 나를 좋게 보지 않으면 어떡하지? 죽을병에 걸린 거라면 어떡하지?' 이런 생각은 아무런 해결책도 내놓지 못한 채 두려움을 표현하기만 할 뿐이다.

제레미의 경우는 새 직장을 찾는 문제로 두려워하면서 끊임없이 자문한다. '적응하지 못하면 어떡하지? 직장동료들과 잘 어울리지 못하면 어떡하지? 새 회사의 업무가 어려워서 제대로 해내지 못하면 어떡하지?' 여기에서도 '어떡하지?' 질문은 어떤 해결책도 끌어내지 못하며 두려움 해소에도 도움이 되지 않는다.

이런 유형의 사람들이 두려움을 극복하기 위해 쓸 수 있는 방법은, '어떡하지?' 의문문을 서술문으로 고치는 것이다. 샘의 고민은 다음과 같이 고칠 수 있다. '병원에 갔을 때 심각한 문제가 발견될까 봐 무서워. 내가 병에 걸렸다고 아내가 나를 좋게 보지 않을까 봐 불안해. 죽을병에 걸렸을까 봐 걱정스러워.' 제레미의 경우는 다음과 같다. '새 회사에 적응하지 못할까 봐 불안해. 직장동료들과 잘 어울리지 못할까 봐 고민이야. 새 회사는 업무 강도가 높은 편인데 제대로 해내지 못할까 봐 겁이 나.'

어떤 변화가 일어났는지 살펴 보라. 같은 내용이라도 강도가 훨씬 덜하다. 물론 샘이나 제레미가 처한 상황은 심각하다고 할 수 있고, 이외에도 많은 사람들이 능력의 한계를 넘는 듯하거나 생명의 위협을 받는 상황에 직면할 수도 있다. 하지만 그럴 때에도 '어떡하지?' 의문문보다는 서술문을 사용하면 두려움에 어찌할 바를 모르고 우왕좌왕하는 시간을 많이 줄일 수 있다.

또 하나 도움이 되는 방법은 '어떡하지?' 의문문에 현실을 고려한 대답을 달아 보는 것이다. 샘이 최악의 상황을 예상한다 할지라도 다음과 같이 생각할 수 있다. '만약 암이면 어떡하지? 그렇다면 할 수 있는 데까지 치료하려고 노력해야지. 내 친구 벤저민이 유명한 암 전문의를 알고 있으니까, 일단 그쪽에 부탁을 해 보자.' 머릿속에서 끊임없이 떠오르는 질문에 하나하나 대답을 해 나가다 보면, 이전보다는 두려움이 많이 줄어들 것이다.

제레미 역시 같은 방법을 쓸 수 있다. '적응하지 못하면 어떡하지? 물론 새 직장에 가면 직책이나 연봉이 낮아지겠지만, 그 정도는 감수해야지. 투자해 둔 돈이 있으니 당분간 큰 어려움은 없을 거야(이런 일이 생길까 봐 미리 재테크를 해 두길 잘했지). 이전에도 직장을 구하지

못해 안달했던 적이 몇 번 있었지만, 그때마다 난 잘해냈어. 나는
융통성이 있고 유능한 사람이니까 좋은 직장을 찾을 수 있을 거야.'

'만약 그렇다면 ~ 어떡하지?'에 대한 긍정적 답변 찾기

어느 회사의 판매부 과장인 토머스는 오랫동안 미루었던 휴가
를 떠날지 말지 결정을 내리지 못하고 있다. '시간이 나지 않으면
어떡하지? 기껏 계획을 짰는데 또 전쟁이 나면 어떡하지?' 하지만
그는 이런 '어떡하지?' 가 자신을 회사에서 중요하고 꼭 필요한 인
물이라고 생각하고 싶어 하는 마음에서 나온다는 사실을 인정한
다. 전쟁에 대한 걱정 때문에 '해외로는 가지 말자'고 생각하는 것
은 당연하겠지만, 그렇다고 '휴가를 가지 말자'고 생각하는 것은
너무 과장된 것이다. 토머스의 '어떡하지?' 생각은 결정을 내리지
않고 꾸물거리는 핑계로 작용하고 있다.

토머스는 자신의 '어떡하지?' 질문에 스스로 대답을 해 보고는,
회사 업무가 그리 바쁘지 않을 시기에 일주일간 휴가를 떠나겠다
고 결정을 내렸다. 그와 아내는 충분한 돈을 모았고 가고 싶은 후
보지도 몇 군데 보아 두었다.

"내가 결정을 내리니까 아내도 아주 기뻐했고 나도 만족감을 느
꼈습니다. 나는 사실 휴가가 무척 가고 싶었어요. 다만 계획을 짜
는 단계에서 불안감을 느꼈던 겁니다."

이 사례에서 보듯이, 자신에게 끊임없이 질문을 해대면서 그 해
답을 구하려고 하지도 않는 것과 도움이 되는 방향으로 대답해 보
는 것은 큰 차이가 있다.

부정적인 생각에 대한 마침표를 찍어라

　부정적인 생각을 어떻게 마무리하느냐에 따라 지금 느끼는 감정과 미래에 느끼는 감정에 커다란 영향을 미칠 수 있다. '~는 못하겠어'나 '~를 모르겠어'로 생각을 끝맺지 말고 뒤에 낙천적인 꼬리를 달아 좀 더 힘을 북돋워 주고 두려움은 덜어 주는 생각으로 바꾸어 본다.

　예를 들어, 다음 빈 칸을 당신이 처한 상황을 묘사하는 말로 채워 보자.

- 나는 ＿＿＿＿＿를 못한다.
- 나는 ＿＿＿＿＿를 모르겠다.

　이제 써 놓은 문장 뒤에 '하지만 내가 할 수 있는 일은' 이나 '하지만 내가 아는 것은'을 붙여서 생각을 이어 보라.

　제이슨은 '순응 형' 사람으로 비행기 여행을 두려워한다. '올해는 부모님을 찾아뵈어야 할 텐데, 불안해서 비행기를 못 타겠어.' 이런 단정적인 생각으로는 어떤 결론에도 이르지 못한다. 하지만 제이슨이 여기에서 '하지만 내가 할 수 있는 일은……'을 붙여 생각을 이어 나간다고 해 보자.

　'올해는 부모님을 찾아뵈어야 할 테지만, 불안해서 비행기를 못 타겠어. 하지만 내가 할 수 있는 일은 부모님께 전화를 더 자주 하고 이메일도 더 자주 보내는 거야. 꼭 방문해야 한다면 기차를 이용하면 되겠지.' 제이슨의 생각은 이제 두려움과 우유부단함이 아니라 선택과 가능성으로 끝을 맺는다. 두 번째 문장을 붙임으로써 제이슨이 생각할 여유를 찾았다는 사실을 알아차렸는가? 그는 자신이 못하는 일에만 초점을 둔 생각에서 벗어나 융통성을 발휘하여 여러 가지 대안을 찾아냈다. 말하자면 함정에 빠졌다가 '탈출구'를 마련한 것이다.

'통제 형'인 마티도 이와 유사한 함정에 빠져 있다. 그녀는 '크리스마스 휴가를 맞아 준비해야 할 일이 너무 많은데, 어떻게 다 처리해야 할지를 모르겠어'나는 생각으로 두려움을 가중시킨다. '해야 한다'는 표현에다 '모르겠어'라는 표현까지 더해져 자신이 처한 상황을 통제할 능력을 잃고 있는 것이다. 그러니 마티가 늘 불안해하는 것도 당연하다. 하지만 그녀가 '해야 한다'를 '하고 싶다'로 바꾸고 뒤에 '하지만 내가 아는 것은…….' 당장 마티에게 생각할 여유가 생기며, 코너에 몰렸다는 중압감에서도 빠져나올 수 있다. 이제 모든 일에 책임감을 느끼지 않아도 되며 자신의 생각에 쓸모 있는 정보를 덧붙일 수 있게 된다. '하지만 내가 아는 것은, 먼저 가족들 도움을 받아 크리스마스트리 장식을 하는 거야. 그러고 나서 음식을 준비를 해야지. 비록 영화에 나오는 것처럼 근사하지는 않더라도 다들 기분 좋아하는 파티가 될 거야.'

부정적인 생각에 긍정적인 꼬리를 달아 주는 간단한 변화만으로도 긴장이 풀리고 기운이 생기며 두려움이 줄어들 것이다. 그리고 이전에는 도저히 넘지 못할 장벽으로 느껴지던 문제를 여유와 해학으로 대할 수도 있다.

예를 더 들어 보자.

- '나는 이 일을 어떻게 해야 시간 안에 완수할 수 있을지 모르겠어. 하지만 내가 아는 것은 남편(아내)에게 도와 달라고 부탁할 수 있다는 거야.'
- '나는 이 일을 어떻게 해야 시간 안에 완수할 수 있을지 모르겠어. 하지만 내가 아는 것은 상사에게 시간을 좀 더 달라고 부탁할 수 있다는 거야.'
- '나는 이 일을 어떻게 해야 시간 안에 완수할 수 있을지 모르겠어. 하지만 내가 아는 것은 이 프로젝트의 일부는 이번 금요일까지 끝낼 수 있다는 거야.'

'하지만'이란 단어를 잘 활용해 보자

'하지만' 이라는 표현은 잘 쓰기만 하면 두려움을 줄이는 데 큰 도움이 된다. 부정적인 생각 뒤에 '하지만'을 이용하여 긍정적인 생각을 이어 붙이면 두렵기만 하던 마음이 지금의 상황을 바꿔 보려는 낙천적인 쪽으로 선회한다.

- 내가 암 진단을 받았다는 사실을 딸에게 어떻게 말해야 할지 모르겠어. 하지만 심리치료사한테 도와 달라고 부탁해야지.
- 경제 침체로 내 퇴직 연금이 반이나 날아가다니 정말 끔찍한 일이야. 하지만 이제부터는 자산 관리를 적극적으로 하

면 될 거야.

이러한 전략은 두려움을 극복하는 데 커다란 도움이 된다.

'하지만'이란 단어의 힘은 강하다. 이 단어를 쓰면 두렵기만 하던 상황이 희망적인 모습으로 바뀐다.

'티나가 내 청혼을 받아 줄지 확신이 서지 않아.' 필은 우유부단하여 머뭇거리는 바람에 여자친구에게 청혼을 하지 못하고 석 달이나 끌었다. 여기에서 그의 생각에 '하지만'을 붙여 보자. '티나가 내 청혼을 받아 줄지 확신이 서지 않아. 하지만 그녀가 나를 사랑하는 건 확실해.' '하지만' 이란 단어를 사용함으로써 필은 자신의 두려움('티나가 내 청혼을 받아줄지 확신이 서지 않아')에 대처할 수 있게 되었을 뿐 아니라 희망을 품게 되었다('그녀가 나를 사랑하는 건 확실해').

이 엄청난 힘을 지닌 '하지만'을 이롭게 활용하려면, 이 단어를 어디에 두어야 할지를 잘 판단해야 한다. 초점을 맞추어야 할 부분은 '하지만'의 뒤에 붙는 말이므로, 이 부분을 희망적인 내용으로 만드는 것이 중요하다. '지금 일을 잘하고 있어. 하지만……'이라고 생각하면 두려움이 왈칵 밀려올 것이다. '하지만'의 뒷부분에는 부정적인 말이 올 것이 뻔하고, '난 지금 잘하고 있어'는 그 부정적인 내용을 슬쩍 완화시키는 말에 불과하다. 이 문장을 '난 지각을 자주 하는 편이야. 하지만……' 이라고 바꾸면 그렇게 무시무시하게 느껴지지 않는다. '하지만'의 뒤에는 긍정적인 내용이 올 것임을 알고 있기 때문이다. 예를 들면 '난 지각을 자주 하는 편이야. 하지만 지금 일을 잘하고 있어'가 되는 것이다.

당신만의 '하지만'을 활용하는 방법

'하지만' 뒤의 문장을 완성하는 연습을 해 보자. 아래의 빈 칸에서 '하지만'의 앞부분에는 두려운 생각을 적고, 뒷부분에는 용기를 주거나 안심이 되는 생각을 적는다.

1. __________. 하지만 __________.
2. __________. 하지만 __________.
3. __________. 하지만 __________.

비판에서
해로운 부분 걸러내기

많은 사람들, 특히 '순응 형' 사람들이 가장 두려워하는 것이 다른 사람들의 비판이다. 하지만 그런 비판에서 가혹하고 인신공격적인 부분을 걸러낸다면 두려움은 상당히 줄어들 것이다.

아마도 너무나 예민한 사람이기 때문에, 또는 어려서부터 잘나고 특별한 존재였기 때문에, 또는 그저 듣기가 싫어서 아무도 자신에게 비판을 하지 않았으면 하고 바라는 사람들도 있을 것이다. 하지만 당신이 사는 곳은 현실이지, 동화 속 세계가 아니다. 당신은 다른 사람들의 피드백이 필요하며, 때로 그 피드백이 비판을 담고 있을 수도 있다. 하지만 그런 비판을 통해서 당신은 자신의 어떤 점을 개선하고 다듬어야 하는지 알 수 있다. 만약 다른 사람들의 비판을 전혀 듣지 않으면 나중에 더 큰 문제와 부딪치게 된다.

사소한 언짢음이 해소되지 않으면 나중에 심각한 반감으로 커지는 것은 거의 자명한 사실이다.

당신이 자신에게 줄 수 있는 훌륭한 선물 가운데 하나는 다른 사람의 분노, 고통, 비판을 반감 없이 받아들이는 법을 배우는 것이다. 물론 그 다른 사람이 건설적이고 도움이 되는 비판을 한다면 받아들이기 쉽다. 하지만 모든 비판이 그렇지만은 않은 것이 현실이다. 그렇기 때문에 비판에서 부정적인 부분을 걸러내고 긍정적인 부분만을 받아들이는 방법을 배워 비판에서 이득을 얻을 수 있어야 한다.

듣는 사람의 마음을 상하게 하는 가혹한 비판은 다음과 같은 요소를 담고 있다.

- '항상', '늘', '절대로' 같은 포괄적인 표현이 들어간다. "넌 항상 뭐 하나 제대로 하는 게 없구나", "넌 나한테 늘 이런 식이야."
- 죄책감을 유발하는 비난이 들어간다. "넌 다른 사람 생각은 전혀 안 해", "네가 나한테 어떤 짓을 했는지 좀 봐."
- 성급하고 강압적이다. "네 변명 따위 듣고 싶지 않아", "네가 나를 사랑한다면 이런 짓을 할 리가 없어."

비판을 피드백, 즉 상대방이 당신의 단점을 언급하는 것으로 받아들여야 하며, 당신의 인간으로서의 가치를 나무라는 것이 아님을 알아야 한다. 다른 사람의 비판을 당신이 어리석다거나, 이기적이라거나, 죄를 지었다거나, 무슨 말을 하고 있는지 자신도 모른다는 뜻으로 받아들인다면 당신 자신을 해치는 행위나 마찬가지다.

비판이 당신의 인격에 퍼붓는 십자포화가 되지 않도록 주의하고, 자신을 비판할 때는 상태보다는 동작을 나타내는 표현을 쓰도록 한다. 예를 들어, '난 돌대가리야' 보다는 '난 이 일을 잘 해내지 못했어'라고 비판하는 것이 좋다.

- 누군가가 당신에게 "넌 뭐 하나 제대로 하는 일이 없구나"라고 한다면, (머릿속에서) 다음과 같이 바꾼다. "쟤는 내가 이 일을 제대로 해내지 못해서 (자기가 원하는 방식대로 하지 않아서) 나한테 실망했구나."
- 누군가가 당신에게 "넌 항상 나한테 이런 식이야"라고 한다면, (머릿속에서) 다음과 같이 바꾼다. "내가 가끔 이렇게 행동하는 건 사실이니까, 미안하게 생각해. 하지만 너에게 일부러 상처를 주려고 그런 건 아니었어."

가시를 제거하기

가혹한 비판에서 가시를 제거하는 격이 되는 표현 몇 가지를 소개한다. '가끔', '지금 당신은', '이번에는'과 같은 표현은 비판을 특정한 기간에 한정되도록 한다. 비판하는 사람이 비판 속에 기한을 설정하지 않았다 할지라도 당신이 마음속으로 기한을 설정하여 받아들이면 된다. 예를 들어 "너는 절대 ~하지 않는구나"라는 비판을 들었다면 다음과 같이 받아들인다.

- 나는 가끔 남의 말을 잘 듣지 않을 때가 있어.

- 지금 당장은 마음이 편치 않아서 내가 하기로 했던 일을 못 했어.
- 이번에는 내가 좀 지나쳤어.

그게 뭐 어쨌다고?

정말로 가혹하다고 생각되는 비판을 반감 없이 받아들이기 위해서는 '그게 뭐 어쨌다고'라는 표현이 유용하다. 얼핏 들으면 비판에 전혀 신경 쓰지 말라는 의미 같지만, 사실 '그게 뭐 어쨌다고?'는 비판을 진지하게 받아들이는 표현이다. '그게 뭐 어쨌다고?' 라고 자신에게 질문을 던지고 그에 대답을 하면, 끔찍하거나 불쾌하기만 하던 비판을 해결할 수 있는 문제나 감당할 수 있는 어려움으로 바꿀 수 있다.

- 비판: "댁의 아드님은 일류대학에 가기 힘들 것 같군요."
  대답: "그게 뭐 어쨌다고? 우리 아들은 자기한테 맞는 대학으로 가면 되지. 요즘은 좋은 교육을 받을 수 있는 대학들이 널렸어."

- 비판: "이번에 당신이 인적자원부에서 한 프레젠테이션은 수준 이하였어."
  대답: "그게 뭐 어쨌다고? 인적자원부에서 프레젠테이션을 한 건 이번이 처음이었잖아. 평가서를 읽어 보고 다음에는 더 잘할 수 있도록 노력하면 되지."

- 비판: "스케이트 실력이 그래가지고서는 빙판에 넘어져서 발
    목 부러지기 딱 알맞겠다."

대답: "그게 뭐 어쨌다고? 스케이트 실력이 형편없다고 꼭 발목
이 부러지란 법도 없잖아? 설령 진짜로 발목이 부러진다 해도 병
원에 가서 치료하면 되지."

비평에 슬기롭게 대처하는 방법

1. 비평 가운데 당신이 동의하는 부분은 있는가?

2. 동의하지 않는다면, 예를 들어 보라.

가령 "그녀는 내가 무례하다고 말한다. 하지만 그녀가 나를 자극
했다고 생각한다."라는 식으로.

3. 어떤 비평이 당신에게 상처를 주는지 적어 보라. 그리고 덜 상
처받을 것 같은 말로 고쳐 보라. 하지만 사실이어야 한다.

"내가 감수성이 무디지만 그렇다고 무례하거나 생각이 없지 않
아!"

4. 이제 훨씬 덜 파괴적인 단어를 사용해 보자. 가령, "때때로" "지
금 당장" "이번에는"

"때때로 내가 너무 서둘러서 몰랐네" "지금 당장은 너무 스트레
스에서 쌓여서 그랬어"

"이번에는 내가 좀 지나쳤네"

5. 비평에는 "그래서?"라는 말을 덧붙이자.

"내가 억눌렸을 때 그런 행동을 하고 말았지. 그래서 어떡하라
고? 매번 내가 사과하지만 이번만은 나도 그렇게 하지 않았어."

때로는 혹독한 비평을 이처럼 반전해야 할 필요도 있다.

침묵의 가치를 인정하기

침묵을 통해 영혼은 더욱 밝은 빛 속에서 길을 찾으며 모호하고 기만적인 것은 결국 분명히 밝혀진다.

– 마하트마 간디

말과 두려움의 관계에 대해 내가 해 줄 수 있는 마지막 조언은 바로 다음과 같다.

과장되거나 자기비하적인 표현만이 당신의 두려움을 증폭시키는 것은 아니다. 말이 너무 많은 것도 두려움을 유발하는 원인이 될 수 있다. 때로 사람들은 너무 많이 지껄이는 바람에 조용히 앉아 정말로 중요한 것이 무엇인지, 자신의 가장 깊숙한 내면에 있는 감정은 무엇인지 생각해 볼 시간이 없다.(입 밖으로 내어 하는 말이든 머릿속에서 하는 혼잣말이든) 말이 너무 많으면 쓸데없는 소음이 될 수 있다. 말의 홍수는 호젓함, 평화, 고요를 쓸어가 버린다. 쓸데없는 수다를 멈추면 자신의 내면에 귀를 기울이고, 자신의 생각을 깨닫고, 자신이 원하는 바가 무엇인지를 깨닫는 기회가 찾아올 것이다.

우리의 몸은 두려움에 어떻게 반응하는가

"사람은 달아나기 때문에 두려워하며, 두려워하기 때문에 달아나지 않는다."

– 윌리엄 제임스

케이스는 오랫동안 아버지와 만나지 않았다. 하지만 어느 날 아내가 자신에게 비난을 퍼부었을 때, 그는 신체적으로 또 정신적으로 자신을 괴롭혔던 기억이 생생하게 떠올라 몸서리를 쳤다.

케이스가 열 살 때, 그의 아버지는 동네 수영장에 설치된 2미터 높이의 다이빙대에 그를 데려가 다이빙을 하라고 강요했다. 어린

케이스는 다이빙대 끝에 서서 물을 내려다 보며 온몸의 용기를 다 짜내었다. 하지만 아무리 노력해도 도저히 뛰어내릴 수가 없었다.

"어서 뛰어내려! 하루 종일 이러고 있을 거냐!" 아버지가 소리 질렀다. 케이스는 뛰어내리지도, 돌아서서 다이빙대를 내려오지도 못하고 그 자리에 얼어붙어 버렸다. "그냥 뛰어, 케이스! 생각하지 말고 무조건 뛰어! 해 보면 아무 것도 아냐!"

하지만 케이스에게는 '아무 것도 아닌' 일이 아니었다. 물을 내려다보면서, 아버지의 고함 소리를 들으면서, 다른 아이들의 시선을 받으면서, 그는 점점 더 두려움을 느꼈다. 사지는 돌처럼 굳어 버렸고 심장은 미친 듯이 뛰었으며, 제자리에서 한 걸음도 움직일 수 없었다.

마침내 안전요원이 올라와 케이스를 다이빙대에서 데리고 내려왔다. 아버지는 화가 잔뜩 나서 설교를 늘어놓았다.

"넌 대체 왜 이 모양이냐? 열 살이나 먹은 녀석이. 그렇게 낮은 다이빙대에서 뛰어 내리는 게 뭐가 어렵다고? 무서워도 꾹 참고 해야지, 안 그랬다간 넌 커서도 뭐 하나 제대로 해내는 게 없을 거다."

그로부터 수십 년이 흐른 지금, 그때와는 전혀 다른 상황이었음에도 케이스의 위장, 심장, 다리, 그리고 몸 전체가 똑같은 반응을 보였다. 케이스는 자신이 승진하면서 임명되리라 거의 확실시되던 자리를 동료에게 빼앗겼고, 엎친 데 덮친 격으로 이 사실을 들은 아내가 격분했다.

"세상에 이럴 수가! 지금처럼 어영부영했다간 승진 한 번 못해 보고 퇴직하게 될 거예요! 매사에 적극적인 데가 있어야지, 안 그랬다간 뭐 하나 제대로 해내는 게 없을 거라고요!”

아내의 말은 마치 주먹처럼 케이스를 강타했다. 그는 한순간에 열 살짜리 소년으로 돌아가 겁에 질리고 당혹하여 온몸이 굳어버렸다. 심장이 미친 듯이 뛰고, 무릎이 떨렸으며, 등줄기로 서늘한 기운이 타고 내려갔다. 케이스는 수십 년 전 아버지 앞에서 아무런 대꾸도 못했듯, 아내 앞에서도 아무런 대꾸를 할 수가 없었다.

우리의 몸은
알고 있다 -

그날 다이빙대에서의 끔찍한 기억을 간직하고 있던 것은 케이스의 두뇌만이 아니었다. 아내가 그에게 분노했을 때, 그의 신체에 저장되어 있던 기억도 되살아났다. 물론 아내의 말 자체도 격렬했지만, 케이스의 신체 반응은 그가 무능한 사람이라고 암시하는 비언어적인 신호, 즉 날카로운 어조, 사나운 표현, 삿대질하는 손가락에 영향을 크게 받았다.

사람의 신체가 공포를 느끼는 반응은 다양해서, 두통, 어깨의 통증, 위통을 비롯하여 혈압이 높아지고, 면역체계가 약해지고, 기억 장애가 생기고, 피로를 느끼기도 한다. 이런 신체 반응은 의식적으로 느낄 수 있는 것이 아니라서, 시간이 흐른 후에야 그때 겁을 먹었다는 사실을 깨닫기도 한다. 케이스는 심리치료를 받는 도중에 다음과 같이 털어놓았다.

“나는 내 몸의 반응을 알아차리고 나서야 비로소 내가 겁을 먹었다는 사실을 알았습니다. 아내가 화를 내고 있을 때는 그저 내가 아내를 실망시켜서 부끄럽다는 생각밖에 들지 않았거든요.”

보통 사람들은 자신의 마음이 컨트롤 센터라고 생각하고 내부에서 일어나는 모든 일을 알고 있다고 생각한다. 하지만 몸은 마음이 의식하지 못했던 것들마저도 알고 있다는 데 있다.

- 당신의 감각은 당신의 마음이 무시했던 정보도 얻는다.
- 당신의 몸은 당신의 의식적 마음이 잊어버린 것마저도 트라우마로 기억한다.
- 당신의 마음은 두려움을 부인할지 몰라도, 두려움은 여전히 당신의 에너지를 갉아먹고 당신의 확신을 무너뜨린다.

사실 사람의 정신보다 신체가 먼저 공포를 느끼고 반응하는 경우가 많다. 정신이 미처 깨닫지 못하고 있는 것을 신체가 먼저 깨닫고 반응하는 것이다. 사람의 신체도 자신만의 언어로 느끼는 바를 표현한다. 실제로 우리가 흔히 쓰는 표현 가운데 신체가 두려움에 반응하는 모습을 묘사한 것이 많다.

- 몸을 제대로 움직일 수가 없어.
- 머리털이 곤두섰어.
- 심장이 두근거려.
- 위장이 뒤틀리는 것 같아.
- 식은땀이 다 나네.

- 손이 차가워졌어.
- 온몸이 사시나무 떨리듯 떨려.
- 너무 무서워서 다리가 풀렸어.
- 너무 겁이 나서 그 자리에 얼어붙어 버렸지.
- 멍해져서 아무 생각도 안 나.
- 손바닥이 흥건히 젖었어.
- 너무 긴장해서 목에 뭐가 걸린 것 같은 느낌이야.

때로는 과거의 정신적 충격에 반응하여 이런 증상이 나타나기도 한다. 케이스가 어린 시절 다이빙대 위에서 겪은 굴욕이 그 후 그가 다른 사람의 비판을 두려워하게 된 원인인 것은 의심의 여지가 없다. 이와 비슷하게, 어릴 때 개의 습격을 받은 경험이 있는 사람은 어른이 되어서도 개가 짖는 소리가 들리거나 낯선 개가 다가오는 모습을 보면 긴장하기 마련이다. 범죄의 희생자가 되었던 사람들은 그 당신의 충격을 떠오르게 하는 소리를 듣거나, 냄새를 맡거나, 모습을 보면 끔찍했던 기억을 떠올리게 된다. 9.11 테러가 발생한 지 몇 개월 후에도, 많은 미국인들이 머리 위로 지나가는 비행기 엔진 소리가 들리면 위장이 뒤틀리는 듯한 공포를 느꼈다.

많은 사람들이 두려움에서 벗어나려면 생각을 통제해야 한다고 믿는다. 논리적으로 생각하면 두려움을 해소하고 따라서 신체도 두려움에서 벗어난다고 믿는 것이다. 물론 이 방법도 먹혀들 때가 있다. 예를 들어 이를 뽑는 과정에 대해 사전 설명을 충분히 듣고 나면 실제로 이를 뽑을 때 좀 더 차분하게 앉아 있을 수 있다. 하지만 아무리 논리적으로 생각해도 두려움을 떨쳐 버릴 수 없을 때도 많다. 비행기 공포증이 있는 사람은 아무리 비행기가 자동차보다 안전하다는 사실을 뒷받침하는 통계를 줄줄 외우더라도 비행기를 타야 한다는 생각만 하면 두려움을 느낀다.

따라서 두려움을 덜 느끼려면 먼저 정신, 목소리, 행동, 그리고 신체에서 나타나는 공포 반응에 대하여 알아야 한다. 이 네 가지는 상호작용하여 서로 영향을 미치기 때문에, 두려움을 극복하려면 네 가지 가운데 가장 먼저 변화를 주고 싶은 쪽을 마음대로 고르면 된다. 이제 신체를 두려움에서 해방하여 정신을 두려움에서 해방할 수 있는 방법을 주로 다룰 것이다.

두려움의 생리적 반응

두려움이 인간의 신체에 어떤 생리적 반응을 일으키는지 간단히 살펴 보자.

1. 뇌 속에 있는 아몬드 모양의 회색 물질인 편도는 우리 몸의 '두려움 통제 센터'로, 위험할 것 같은 상황을 알리는 자극에 가장 먼저 반응하는 뇌 부위다.

2. 편도가 활동하여 반사적인 공포 반응을 일으킨다. 이것은 인류가 생존을 위해 오랫동안 진화를 거쳐 발달시켜 온 반응이다.

3. 시상視床이 눈과 귀에서 돌아온 정보를 받아 분석하기 위해 필

요한 뇌 부위로 보낸다.

4. 에피네프린, 노르에피네프린, 코르티솔 같은 스트레스 호르몬이 분비되어 심장박동이 빨라지고, 허파 활동이 촉진되며, 뇌는 경계 태세에 들어간다.

5. 해마 등 뇌의 다른 부분은 현재의 상황을 과거의 경험과 비교하여 분석한다.

6. 뇌가 본격적인 활동에 들어간다. 감각 피질은 실질적인 위협과 정확하지 않은 경고를 분리한다. 등 뒤에서 들리는 소리는 누군가가 뒤쫓는 발소리인가, 아니면 그냥 바람 소리인가? 전전두엽 피질이 사령부가 되어 신체의 각 부위와 뇌에서 입수한 모든 정보를 처리하고 현재의 상황이 심각한지, 또 심각하다면 어떻게 대처해야 할지를 판단한다.

요약하자면, 위험하다고 느껴지는 자극은 뇌의 두 가지 공포 반응 시스템을 가동시킨다. 첫 번째 시스템은 무의식적이며 자동적인 반응이다. 두 번째 시스템은 의식적이며 판단을 위한 반응으로, 들어온 정보를 분석하여 상황을 판단한다. 두려워할 상황이 아니라고 판단되면 편도에 명령을 내려 신체가 정상적인 상태로 돌아가도록 한다.

실제 상황에서 이런 과정이 어떻게 일어나는지 예를 들어 보자. 어떤 사람이 숲 속을 걷고 있는데, 얼핏 옆쪽에서 무언가 이상한 것을 보았다. 그러면 그 사람은 자기방어를 위해 자동적으로 펄쩍 뛰어 물러선다. 그러고는 그 물체가 무엇인지 살핀다. 감각 피질과 전전두엽 피질이 위험한지 여부를 판단한다. 그 물체가 막대기였다면 아무 문제가 없다. 두려움은 순식간에 사라진다. 하지만 그 물체가 뱀이라면 그 사람의 신체와 정신은 긴급 상황에 대처할 채비에 들어간다.

두려움에 사로잡힌 사람들의 전전두엽 피질은 편도를 제어할 능력을 상실했을 가능성이 있다. 이 경우, 두려울 것이 없는 상황에서도 공포 반응은 사라지지 않는다. 요즘 사람들은 그 이전 세대에 비해 공포 반응을 일으키는 자극을 너무나 많이, 자주 받고 있다. 테러나 전쟁은 그 자극 가운데 일부일 뿐이다.

두려움이라는 공식

내가 받은 이메일의 내용 일부를 공개한다. 제목이 무려 '여성을 위한 안전 수칙'이란다.

여성들의 99퍼센트가 폭력 범죄의 희생자가 될 위험에 처해 있습니다. 그러니 언제 어디에서라도 정신 바짝 차리고, 머리를 쓰세요!

자동차 뒤쪽 트렁크 안에 갇히게 되었다면, 꼬리등을 발길로 걷어차 부순 다음 그 구멍으로 손을 내밀어 마구 흔들면 됩니다.

항상 명심하세요. 어디를 가든지 자신의 위치를 정확히 파악하고 주변의 상황을 늘 살펴야 합니다.

부적절한 시간에 부적절한 장소에 가지 마세요. 뒷골목은 혼자 걸어가거나, 한밤중에 범죄율이 높은 지역으로 차를 몰고 가서는 안 됩니다.

차를 주차시켜 놓고 운전석에 멍하니 앉아 있지 마세요. 범죄자가 조수석 쪽 문을 열고 뛰쳐 들어와 당신 머리에 총을 들이대고 어딘가 으슥한 곳으로 가자고 말하기 딱 알맞습니다. 차 안에 있을 때면 항상 문을 잠금 상태로 하고, 운전석에 앉자마자 차를 출발시키는 습관을 들이세요.

차에 탈 때도 주의하세요. 반드시 주변을 둘러보고 또 차 안도 살펴 보세요. 만약 자신의 차 옆에 커다란 밴이 주차해 있다면, 운전석 문을 열지 말고 조수석 문을 통해 차에 타십시오. 연쇄살인범들은 대개 밴을 여성의 차 옆에 주차시켜 놓았다가 여성이 차를 타러 다가오면 밴 안으로 납치합니다.

여성들은 대개 동정심을 발휘하여 낯선 사람을 많이 도와줍니다. 위험천만한 행동입니다! 동정심 때문에 강간당하거나 살해당한 여성이 얼마나 많은지 모릅니다. 유명한 연쇄살인범 테드 번디는 고등교육을 받은 잘생긴 남자로, 남에게 의심을 품지 않고 동정심을 발휘하는 여성들을 노렸습니다. 그는 지팡이를 짚거나 다리를 절룩거리면서 여성에게 도움을 청하고, 자신의 자동차에 다가온 여성을 차 안으로 끌어들여 납치했습니다.

주변의 여성들에게 이 편지를 되도록 많이 퍼뜨려 주세요. 이 세상은 미치광이들로 가득 차 있습니다. 나중에 후회하는 것보다 미리 조심하는 게 백 배 낫습니다. 그리고 죽음을 당하는 것보다 편집증에 걸리는 것이 백만 번 낫습니다.

나는 이 편지를 읽으면서 거의 숨을 쉴 수가 없었다. 세상에! 내가 이 주의사항들을 모조리 머릿속에 넣고 다니면서 슈퍼마켓에 갈 때마다 강간당하거나 살해당할까 봐 노심초사한다면 내 삶은 어떻게 될까? 이 세상은 미치광이들로 가득 차 있다고 끊임없이 되뇐다면 내 생활은 어떻게 될까? 이 편지대로 실천했다가는 만성 공포증에 걸리기 딱 알맞다. 언제 어디서나 바짝 긴장해야 하고, 밴을 타고 다니는 남자는 죄다 납치범이고, 모든 장애인들은 연쇄살인범이다! 맙소사! 이 편지야말로 두려움에 사로잡힌 생활양식을 만드는 공식이다. 그리고 내가 이 편지를 '주변의 여성들에게 되도록 많이' 퍼뜨린다면 어떻게 될까? 히스테리 바이러스를 전 세계에 뿌리는 것이나 마찬가지 아닌가!

물론, 이 편지에서 말하는 안전수칙 가운데 몇 가지는 알아 둘만 하다. 주변의 상황을 살피는 것은 바람직한 일이다. 그러면 돌부리에 걸려 고꾸라질 가능성도 적어지고, 건널목도 안전하게 건널 수 있고, 친구가 지나가면 알아 보고 인사도 할 수 있으니까. 그리고 물론 차문은 항상 잠금 상태로 두어야 하면 한밤중에 범죄율이 높은 지역으로 차를 몰고 가서는 안 된다. 하지만 이 정도의 안전 수칙을 지키면서 이 이메일이 선동하는 수준의 두려움에 사로잡힐 필요는 없다. 사실 이 이메일에는 내가 한 번도 생각해 보지 못했던 '유용한 힌트'가 있기는 하다. 누군가 나를 납치해서 차 트렁크에 처넣었을 때의 대처 방안이 그것이다. 이제 대비책을 알았으니 그런 상황에 대한 두려움은 잊어버릴 수 있다.

하지만 두려움이 많은 여성이라면 이 '힌트들'을 어떻게 받아들일까? 부서진 꼬리등 구멍으로 내밀어 마구 흔들고 있는 손이 있지

는 않나 하고 지나가는 자동차마다 뒤꽁무니를 뚫어져라 바라보지
는 않을까? 지나치게 경계심이 많은 나머지 '바깥세상에는 위험이
드글드글하단다'는 소리를 입에 달고 다니는 부모 밑에서 자란 아
이의 심리는 어떨까? 이런 사람들의 뇌 속 편도가 생각하는 능력
을 앗아가 버려 그 주인으로 하여금 일상적인 일조차도 목숨을 위
협하는 큰일인양 반응하도록 만든다 해도 그리 놀랄 일은 아니다.

나의 신체 반응을 인지하라

두려움에 대한 생각과 말에도 여러 가지 유형이 있듯이, 신체
의 반응도 몇 가지 유형으로 나눌 수 있다. 두려움이 많은 사람들
의 신체 반응은 크게 과민 형, 과잉반응 형, 마비 형으로 구분한다.

과민 형

신체적으로 또 정서적으로 지나치게 예민한 사람을 일컫는다.
신체의 아주 작은 변화도 재빨리 알아차리며 사회생활을 하면서
다른 사람들이나 각종 상황과 상호 작용하는 것에서 스트레스를
많이 받는다. 과민 형인 사람들은 마치 삶 자체에 알레르기가 있
는 것 같다. 여느 사람들이라면 쉽게 넘겨 버릴 일상적인 스트레
스와 긴장이 이들에게는 심각한 영향을 미친다. 이런 사람들은 '완
충 장치'가 애초부터 내장되어 있지 않아 일상에서 받는 작은 충격
도 견디지 못하는 듯하다.

에드윈은 아주 어릴 때부터 주위 사람들에게서 너무 예민하다는 말을 귀가 따갑도록 들었다. 에드윈의 부모는 그가 자라면 좀 나아지겠거니 했지만 그런 일은 일어나지 않았다. 현재 서른여덟 살인 에드윈은 다른 사람들의 말에 지나치게 민감한 나머지 스스럼없는 말 한 마디에도 깊이 상처를 받고 의기소침해진다. 그의 형은 에드윈의 과민반응에 짜증이 나서 그에게 '유리 왕자'라는 별명을 붙이고는 "제발 꿈 깨! 네가 원하는 세상은 동화 속에나 있는 거라고!"라고 놀렸다.

에드윈이 안전하다고 느끼는 공간은 극히 제한되어 있으며, 그 공간을 벗어나기만 하면 그는 공포에 질려 사람들을 피하고 자신의 내면 속으로 파고들어가 버린다. 설상가상으로 그는 혼자 있을 때조차도 경계심을 풀지 않는다. 그는 마치 엄마가 어딘가로 가버린 것을 깨달은 어린아이처럼 막막한 외로움을 느끼고 겁에 질려 있다. 에드윈의 신체는 별다른 일이 일어나지 않을 때에도 마치 위기가 코앞에 닥친 것처럼 반응한다. 그는 자신의 신체가 어떻게 반응하는지를 너무나도 잘 알고 있기 때문에 다가오는 위험을 감각으로 예측해 낼 정도다.

에드윈은 자신을 긴장하게 만드는 자극보다 자신을 편안하게 만드는 자극에 주의를 집중하려고 노력하고 있다. 그는 자신의 과민반응을 끔찍이도 싫어한다. 그토록 많은 시간과 힘을 낭비하게 하면서도 아무런 이득도 남겨 주지 않기 때문이다.

과잉반응 형

두려움에 지나칠 정도로 크게 반응하는 사람을 말한다. 신체에 느껴지는 긴장감을 참지 못하고 기분이 나아지기 위해서 앞뒤 생각없이 충동적으로 행동한다. 상황을 제대로 판단할 여유도 없이 대뜸 해결부터 하려는 것이다. 말하자면 무작정 행동에 옮기면서 좋은 결과가 나오기만을 바라는 유형이다.

서른일곱 살인 태미는 전형적인 과잉반응 형이다. 불안감을 조금도 참지 못하기 때문에 미처 생각해 보기도 전에 행동하고, 때문에 엄청난 피해를 보기도 한다. 그녀가 최근에 겪은 일이 좋은 예다. 그녀는 낯선 도시에 이사를 와서 고독감을 느끼고 있었다. 그래서 남자친구이자 직장 상사인 래리가 자기 아파트로 이사 와서 같이 살지 않겠느냐고 하자 대뜸 그 제안을 받아들였다. 두 달 후, 두 사람의 관계가 끝장나자 그제야 태미는 자신의 충동적인 행동이 어떤 결과를 낳았는지 깨달았다. 그녀는 집도 잃고 직장도 잃었다.

그녀는 불안감을 느낄 때 대응은 하되 반응은 줄이는 법을 배워야 한다. '반응'은 불안감을 없앨 수 있는 방법이라면 앞뒤 가리지 않고 무조건 행동에 옮기는 것이다(태미는 불안감을 느낄 때마다 가진 돈이 바닥날 때까지 쇼핑을 하기 때문에 땡전 한 푼 저축한 적이 없다). 이와 반대로 '대응'은 내면과 관계가 있다. 자아를 강하게 만들어 두려운 상황이 닥치더라도 무작정 행동하기에 앞서 어떤 행동을 하는 것이 좋을까 판단하는 능력을 기르는 것이다. '대응responding'과 '책임감responsibility'의 어원이 같은 것은 우연이 아니다.

마비 형

두려움을 느끼면 온몸이 굳어 버리는 유형이다. 당장 위험이 있는 것이 아닌데도 신체가 굳어지고 뻣뻣해져 마치 갓 내무반에 들어온 신병처럼 움직임이 어색해지는 사람들이다. 이들의 신체는 감정에 무감각하다. 대부분의 사람들은 스트레스 자극이 가해지면 '맞서 싸우거나' '도망가거나' 하는 두 가지 반응 가운데 하나를 보인다(이런 반응을 '공격-도피 반응fight or flight'이라고 한다). 그런데 이와는 다른 반응을 보이는 사람들이 바로 마비 형 사람들이다. 그야말로 온몸이 마비되어 버린다. 마치 고양이 앞의 쥐처럼 꼼짝도 하지 않고, 대응도 하지 않으며, 침묵에 빠져들고, 숨으려고만 들며, 죽은 척하는 것이다. 나는 이런 유형을 '마비 형'이라고 부른다.

샐은 전형적인 마비 형 사람이다. 두려움을 느끼면 온몸이 굳어지고 아무런 감정도 느끼지 못한다. 그는 자신의 신체를 자아와는 완전히 분리된 기계처럼 여긴다. 샐은 평소에도 감정을 드러내는 일이 극히 드물다. 그의 여자친구인 알리사는 그를 '허수아비'라고 부르며, 그에게 이야기를 할 때는 마치 '벽돌담에 대고 말하는' 듯한 느낌이 든다고 한다. 샐은 감정이라고는 없는 사람으로 보이며 마치 로봇처럼 행동하지만, 알리사는 그에게도 분명 감정이 있을 것이라고 믿는다. 언젠가 그녀가 샐에게 태도를 좀 바꿔 보라고 말하자, 샐은 이전보다 더욱 뻣뻣하게 굳어져 버렸다. "나는 내 태도를 바꿀 수 있는 능력이 없어." 그의 딱딱한 얼굴 표정만 보아도 자명한 사실이었다.

당신의 두려움에 대한 신체 반응 유형은?

세 가지 신체 반응 유형에 대한 다음 질문을 잘 읽고, 당신에게 해당하는 질문이라고 생각되면 체크 표시를 한다.

과민 형

• 자신의 몸이 예민하다고 생각하는가?	
• 몸에서 일어나는 아주 작은 변화도 금방 알아차리는가?	
• 일상적인 스트레스와 긴장감 때문에 녹초가 되는가?	
• 불안감을 느끼면 보통 사람들보다 그 감정을 극복하는 데 시간이 더 오래 걸리는가?	
• 외부의 소음 때문에 집중력이 흐트러지거나 마음의 평정을 잃는가?	
• 너무 덥거나 너무 춥거나 하는 온도 변화에 민감한가?	
• 다른 사람들의 말에 민감한가?	
• 자신의 몸에 '완충 장치' 같은 것이 있어 일상에서 받는 충격을 완화시켜 주었으면 하는 생각이 드는가?	
• 사지가 떨리거나 움직이기 불편하다는 느낌을 자주 받는가?	
체크 표시 합계	

과잉반응 형

• 불안감이 들면 아무 일도 하지 않고 가만히 있기가 힘든가?	
• 두려운 상황이 닥치면 어떤 선택을 할 수 있을지 따져 보기도 전에 충동적으로 행동하는가?	
• 자신이 충동적인 사람이라고 생각하는가?	
• 앞뒤 가리지 않고 즉흥적으로 행동하는 편인가?	
• 무작정 행동에 옮기고 난 다음 뼈저리게 후회한 적이 있는가?	
• 일정 기간 동안 아무 말도 하지 않고 가만히 있어야 한다면 마음이 불안해지는가?	
• 몸을 잠시도 가만 두지 못하고 늘 움직이는 편인가?	
• 행동에 옮기기 전에 계획을 작성하는 데 지금보다 더 많은 시간을 투자할 수 있는가?	
체크 표시 합계	

• 몸이 굳어지거나 뻣뻣한 증상을 자주 느끼는가?	
• 다른 사람들에 비해 감정이 부족하다고 생각하는가?	
• 스트레스를 받으면 몸이 굳어지는가?	
• 양손을 가슴에 둘러 팔짱을 끼는 행동을 자주 하는가?	
• 미처 깨닫지 못한 사이에 주먹을 꽉 쥐는 일이 있는가?	
• 편안히 쉬고 있을 때조차도 몸의 긴장을 풀기가 어려운가?	
• 통제력을 잃지 않는 일이 아주 중요하다고 생각하는가?	
• 감정을 겉으로 드러내지 않고 자제하는 것이 중요하다고 생각하는가?	
체크 표시 합계	

각 유형별로 체크 표시 개수를 비교해 보라. 개수가 많을수록 당신이 그 유형에 속한다는 의미다. 자신이 속하는 유형이 한 가지만이 아닌 것 같은 경우도 물론 있다. 세 가지 유형은 서로 완전히 구분되는 것은 아니기 때문이다. 하지만 대개는 세 가지 유형 가운데 하나가 자신의 신체 반응과 가장 유사하다고 느낄 것이다.

여기에서 중요한 것은 '균형을 잡는 것'이다. 신체가 두려움에 어떻게 반응해야 하느냐는 질문에 정답은 없다. 다만 무엇이든 지나치면 문제가 된다. 두려움에 대한 신체 반응을 살펴 보는 목적은 극단적인 것을 피하고 어떤 반응이라든지 적당한 수준으로 유지하자는 것이다.

신체 반응은 워낙 오랫동안 느껴 온 것이기 때문에 정작 본인은 깨닫지 못할 수도 있다. 물론 두려움 수준이 높을 때는 그에 따라 일어나는 신체 반응을 느끼게 마련이다. 하지만 신체가 낮은 수준

의 두려움에도 민감하게 반응한다면 그 사람은 늘 불안한 상태로
지내게 된다. 무엇이든 극단적인 반응은 문제가 되기 마련이다.

- 과민 형에 속하는 사람은 신체 반응의 강도를 조금만 낮추도
  록 노력한다. 몸에서 일어나는 변화에 지나치게 신경을 쓰지
  말고, 몸이 느끼는 감각을 너무 중시하지 않도록 한다. 관심을
  집중할 수 있는 일을 찾아 본다.

- 과잉반응 형에 속하는 사람은 몸이 불안한 반응을 보일 때 조
  용히 앉아서 기다리는 습관을 기른다. 충동적으로 행동하기
  전에 생각하는 시간을 갖는다.

- 마비 형인 사람은 긴장감 때문에 뻣뻣해진 신체를 풀어 줄 필
  요가 있다. 기지개를 켜고, 허리를 굽혔다 펴고, 어깨를 두드리
  고, 발목을 터는 등의 가벼운 동작이나 체조를 한다.

균형을
찾자

체내의 균형을 유지하는 것은 생존에, 그리고 행복한 삶에 꼭 필
요하다. 이렇게 균형을 잡으려는 경향을 '항상성homeostasis'이라고
한다. 생리적 항상성은 자동적으로 일어나는 과정이기 때문에, 우
리는 체온을 유지하는 문제나 몸속에 들어온 박테리아를 퇴치하

는 문제를 걱정하지 않아도 된다. 신체가 알아서 처리하기 때문이다. 신체가 보내는 신호에 맞추어 자고, 먹고, 마시고, 배설하면 생리적 균형이 유지된다.

하지만 후천적으로 학습한 행동 때문에 이런 항상성이 깨지는 경우가 있다. 우울증에 걸린 사람은 잠을 너무 많이 잔다. 거식증에 걸린 사람은 충분히 먹지 않는다. 알코올 중독자는 몸에 해가 될 정도로 술을 많이 마신다. 그리고 항문기(정신 발달의 한 단계로 1~3세에 해당하며, 괄약근을 통제하여 배변을 조절할 수 있는 시기다. 부모의 배변 훈련의 강도에 따라 여러 가지 성격이 나타날 수 있다-옮긴이)를 제대로 넘기지 못한 사람은 변비 때문에 몸에서 내보내야 할 것을 내보내지 못한다.

삶의 균형을 잡는 것은 비단 생리적 과정뿐 아니라 삶 전체에 적용할 수 있는 개념이다. 안전을 원하는 욕구가 너무 강한 나머지 중간지대를 용납할 수 없을 정도라면 두려움에 사로잡혀 살아가는 것도 어쩌면 당연한 결과다. 이런 양상을 바꾸려면 경계를 하되 지나치게 경계하지 않는, 조심하되 지나치게 조심하지 않는, 예민하되 지나치게 예민하지 않는 '균형'을 찾아야 한다. 일을 하든 개인적인 목표를 추구하든, 완벽이 아니라 성취를, 이상이 아니라 현실을 따져야 한다. 실현 가능한 목표를 설정하면 훨씬 줄어들 것이며, 반면 실현 불가능한 목표를 설정하면 두려움은 배가될 것이다.

당신의 몸이 하는 이야기를 들어라(그러나 너무 많이는 말고).

당신의 몸이 들려 주는 이야기를 배우자

- 몸이 느끼는 대로 느껴 보라.
- 몸이 전해오는 감각의 인상을 인지하라
- 세밀하게 살펴 보지도 않고 미뤄 짐작하지 마라.
- 감정을 바꾸려고만 하지 마라. 몸이 기억하는 것, 몸이 갈망하는 것, 몸이 필요로 하는 것 을 존중하라.
- 약자인 마음을 괴롭히려는 몸을 제어하라. 예들 들어, ~해야만 하는데 하는 압박감 등을.
- 당신이 준비한 것들을 몸이 발견할 수 있도록 귀 기울여라.
- 너무 혹사하지 말고, 천천히 용기를 풀어 넣어라. 하지만 몸의 한계를 넘을 정도로 밀어붙이지 마라.
- 몸이 휴식을 필요할 때를 알아라.
- 항상 숨을 깊게 들이마셔라.

제프의 이야기: 지나치게 노력하지 마라

제프는 미시건 주에서 남부럽지 않게 살고 있는 가구 디자이너로, 얼마 전 뉴욕에서 열리는 무역 전시회에서 연설을 하게 되었다. 그런데 이전에도 이런 성격의 연설을 많이 해 보았고 또 좋은 평판을 들었으나, 이번에는 제프의 몸이 두렵다는 신호를 끊임없이 보내고 있었다. "이번은 느낌이 달라요." 제프는 내게 치료를 받으러 와서 털어놓았다. 그는 너무 신경이 쓰이는 나머지 연설을 취소할 생각도 했지만 그럴듯한 핑계를 찾아내지 못했다.

나는 그에게 이전에도 연설을 많이 했었는데 왜 이번에는 그렇게 두려운 반응을 보이는지 물었다.

"이번에는 뉴욕에서 하는 연설이잖아요. 말하자면 마이너리그에서 메이저리그로 올라온 격이에요. 비웃음거리가 될까봐 두렵습니다. 그렇게 최첨단 전시회에 참석하는 사람들의 수준을 만족시켜 줄 수 있을지 자신이 없어요."

나는 문제를 심각하게 만드는 이유를 알아차렸다. 약간의 용기와 격려만 있으면 쉽게 넘을 수 있는 고비였건만, 제프는 '모두들 나를 멍청이라고 생각' 했기 때문에 기가 꺾였던 고등학교 시절로 돌아가 있었다. 고등학교를 졸업한 지 20년이 넘었지만, 그의 몸에서 남은 기억은 지금도 그의 자신감을 꺾기에 충분한 힘을 지녔다.

제프가 연설에 대해 생각하면 할수록 몸은 더욱 굳어지기만 했다. 그는 전형적인 접근-회피 갈등(어떤 목표 또는 자극이 긍정적인 속성과 부정적인 속성을 모두 지니고 있을 때 야기되는 내적 갈등-옮긴이)을 겪고 있었다. "나는 연설을 하고 싶지만 또 하고 싶지 않아요. 그런 기회가 왔다는 데 흥분이 되면서도 한편으로는 무서워서 죽을 지경입니다." 제프가 불평했다. 그의 자신감은 갈수록 줄어들고 있었다.

그는 불안감을 해소하기 위해 마지막 지푸라기라도 잡는 심정으로 나를 찾아왔고, 나는 그에게 다음과 같은 방법을 썼다.

우선 나는 제프에게 심호흡을 세 번 하도록 시켰다. 그리고 마지막 세 번째 호흡을 내뱉을 때 무언가 자신감을 찾을 수 있는 말을 머릿속으로 떠올려 보라고 했다. 내가 무슨 말을 떠올렸냐고 묻자, 그는 이렇게 대답했다. "난 괜찮아. 잘할 수 있을 거야."

나는 과거에 성공적으로 마쳤던 연설을 떠올려 보라고 제프에게
권했다. 그는 풍부하게 전달했을 뿐 아니라 재치 있는 농담도 섞
어 대성공을 거두었던 연설을 떠올렸다. 청중들은 그에게 호감을
느꼈고 그가 준비한 슬라이드에도 관심을 보였다. 나는 그 연설에
서 그의 몸이 어떤 느낌을 받았는지 물었다. "긴장이 풀리고 차분
했어요." 그가 대답했다.

나는 내 사무실에 연단을 꾸미고는, 제프에게 그 연단에 올라서
이곳이 뉴욕의 그 전시회장이고, 그의 앞에는 지금 이백 명의 사
람들이 앉아 있는 것처럼 생각하면서 연설을 해 보라고 했다. 나는
일종의 노출 요법(환자에게 단계적으로 견딜 수 있는 어려운 공포상황을 제시
하고 이를 극복하도록 격려함으로써 공포에서 벗어나도록 하는 치료법-옮긴이)을
시도한 것이다. 나는 제프에게 가상의 청중 속에서 우호적인 사람
을 한 명 설정하고는, 그 사람에게 미소를 짓고 친근함의 표시로
고개를 끄덕이도록 했다. 그리고 자신이 왜 이 회의에 연설을 하
도록 초청되었는지를 마음에 새기도록 했다. 그의 전문 분야는 무
엇인가? 왜 사람들은 그의 연설을 들으려고 하는가? 이런 질문들
에 답하면서 그가 자신의 힘과 집중력을 자신의 몸이 아니라 바깥
으로 향하도록 유도했다.

다음으로, 나는 제프에게 연설을 어떤 말로 시작할 것인지 물었
다. 그가 내놓은 대답은 꽤 괜찮았다. 그는 연설을 계속했고, 나는
그가 차츰 껄끄러움을 극복하고 있음을 알았다. 그의 목소리에 좀
더 자신감이 실렸고 어색함은 줄어들기 시작했다. 그의 몸은 편안
해졌고 얼굴 근육의 움직임도 부드러워졌다. 제프는 적어도 내 사

무실 안에서는 두려움을 극복한 것이다. 나는 그에게 행운을 빌면서 치료를 마쳤다. 2주일 후, 제프에게서 감사의 말이 담긴 이메일이 왔고, 나는 그가 실제 뉴욕 연설에서도 두려움을 극복했다는 사실을 알았다.

제프가 배운 것은 역설적이게도 너무 지나치게 노력하지 않는 것이 신체의 긴장을 푸는 데 도움이 된다는 사실이었다. 긴장과 두려움을 느낄 때 몸을 억지로 움직이면 상황이 더 악화되기 일쑤다. 몸을 편안히 하면 긴장도 낮아지고 두려움도 줄어든다.

두려움을 이겨내게 해 주는 요법

명상은 마음속의 요동치는 물결을 잔잔하게 해준다

— 파탄잘리

의외로 많은 사람들이 두려움을 이겨내는 데 명상, 이완, 좌선, 낮잠이 좋은 효능이 된다는 것을 잘 모른다. 두렵고 바쁘고 빡빡한 일상생활을 사는 현대인들이 이러한 비활동적인 요법을 행동으로 옮기기에는 불가능해 보일 지도 모른다. 하지만 수동적 행동으로 보일지도 모르는 이러한 요법이 의외로 진짜 치료 요법이 되기도 한다. 긴장과 스트레스, 그리고 두려움에 대처하는 데 효과적인 요법을 소개하겠다.

• 먼저 요가다. 이미 요가는 전 세계의 많은 사람들에게 잘 알

려져 있다. 특히 요가는 호흡과 스트레칭을 통해서 굳은 몸과 마음을 이완해주는 효과를 가지고 있다. 요가의 이러한 효과는 차분하고 평화로운 일상생활을 할 수 있도록 도움을 준다.

• 두 번째는 명상이다. 명상은 차분한 호흡을 하면서 몸속의 생각을 썰물처럼 빠져나가가 하는 데에 중요성을 갖고 있다. 명상은 산만한 마음을 집중하고 이완하여 하나의 생각으로 모으는 데 효과가 있다.

• 세 번째는 태극권이다. 태극권은 중국의 전통 무예로 원만하고 차분한 움직임을 통해서 마음과 정신을 하나로 모으는 데 효과가 있다. 결국 한 순간에 집중하게 하면서 몸과 마음의 긴장감을 줄어준다.

• 네 번째는 태권도다 태권도는 공격적인 무술로 자기 확신, 자신감, 내면의 고요함을 모두 갖출 수 있도록 도움을 준다. 소심한 마음이나 스트레스를 풀어 줄뿐만 아니라, 외향적인 면에서는 강력한 힘과 적과의 대적을 이겨낼 수 있는 능력을 배양하기도 한다.

• 다섯 번째는 기공체조다. 중국의 전통 무예로 스트레스, 화, 육체적인 경직성을 이완해 주고 풀어 주는 효과를 지니고 있다. 특히 마음을 고요하게 만드는 기공 체조는 차분한 움직

임, 호흡, 기술적 명상을 통해서 왕성한 에너지를 축적하는
효과를 준다.

과부하를 줄여라

텔레비전을 켜 보자. 최근에 벌어진 테러 습격 사건, 최근에 일
어난 끔찍한 교통사고, 최근에 문제가 된 건강을 해치는 음식, 그
리고 바로 이웃 동네에서 최근에 벌어진 살인 사건⋯⋯. 앵커가 무
시무시한 뉴스를 줄줄이 읽어 나가는 목소리를 듣고 있자니 온몸
이 긴장된다. 이런 뉴스는 들을 만큼 들었다. 텔레비전을 끈다. 하
지만 위장은 여전히 뒤틀린 채 나아지지 않는다. 그리고 지끈지끈
하는 두통도 사라지지 않는다.

왜 그럴까? 우리 몸은 기계가 아니기 때문이다. 그래서 자동차
키를 돌려 시동을 끄듯이 몸의 반응을 단숨에 꺼 버릴 수는 없다.
몸에서 느끼는 감정은 오랫동안 지속되며, 원래의 자극이 사라진
지 한참이 지나도 그대로 남는다. 그러므로 불안감과 긴장을 떨쳐
버리기란 쉽지 않다. 우리의 몸은 빨리 가동되지만 식을 때는 천천
히 식는다. 그래서 '절대로' 안정을 찾지 못하고, 언제나 낮은 수준
의 만성적인 공포를 느끼는 사람도 있는 것이다. 시간이 흐르면 익
숙해져 그것이 정상이라고 착각할 정도지만, 물론 정상이 아니다.

내 사무실로 걸어 들어오는 켈리의 얼굴에는 스트레스가 가득
했다.

"더 이상 얼마나 견딜 수 있을지 모르겠어요. 이번 주는 정말 최
악이에요! 테러 경보는 발령되었지, 주식 시장은 폭락했지, 아들
녀석은 학교에서 '주의력이 부족하다'는 선생님 편지를 받아오지
않나, 딸애는 또 기침을 하고, 남편은 어느 고객한테 고소를 당했
어요. 걱정해야 할 일이 너무 많아요! 불안해서 죽겠어요. 마음을
가라앉히고 싶어도 머릿속에 걱정이 가득 차 있어서 불가능해요.
어떡해야 좋을지 모르겠어요."

나는 켈리에게 먼저 긴장을 풀어야 한다고 말했다. 그녀가 말한
일 가운데 지금 당장 처리해야 할 일은 없었다. 집에 불이 난 것도
아니고, 폭탄이 떨어진 것도 아니었다. 딸은 당장 병원으로 달려가
야 할 정도는 아니며, 남편은 고소에 대응하기 위해 변호사를 고용
했다. 켈리는 켈리 자신의 문제에 집중하면 되었다.

긴장 이완을 위한 운동을 하기 전, 나는 켈리에게 두 가지 지침
을 제시했다.

우선, 나는 켈리가 어디까지를 두려움을 유발하는 자극으로 가
이드라인을 긋도록 했다. 전 세계에서 일어나는 갖가지 시선들은
그녀가 통제할 수 있는 문제가 아니었다. 일상의 삶에서 받는 스
트레스만으로도 충분히 신경이 날카로운데, 거기에 더해서 전 세
계에서 벌어지는 재난까지 신경을 쓸 이유가 없지 않은가? 내 말
은 그런 재난들을 무시하라는 것이 아니라, 스트레스를 받는 원인

하나를 줄이라는 것이었다. 나는 켈리에게 텔레비전 뉴스와 신문의 1면을 되도록 보지 말라고 권했다. 그녀는 뉴스를 보거나 읽지 않아도 된다는 허락을 받은 것 같다며 고마워했다.

두 번째로, 나는 켈리에게 불안감을 조성하는 대화를 피하도록 조언했다. 켈리의 친구 가운데 두 명은 암울한 화젯거리를 좋아했다. "사실 우리 셋은 돌아가면서 그런 이야기를 끄집어내요. 우리들 중 한 명이 '그 얘기 들었어?' 라고 시작하면, 최근에 일어난 교통사고나 살인사건 같은 이야기가 번갈아 가며 줄줄이 쏟아져 나와요."

나는 켈리에게 그런 백해무익한 대화로 시간을 보내지 말고, 좀 더 활기차고 건강한 화제를 찾아 보라고 말했다. 만약 그녀의 친구들이 협조해 주지 않는다면, 그들과 이야기하는 시간을 줄일 필요가 있었다. 켈리도 공포심은 전염된다는 사실을 잘 알고 있었고, 또 공포를 더욱 가중시키거나 공포의 희생자가 되고 싶지 않았기에 흔쾌히 동의했다.

이제 남은 일은 켈리가 자신의 신체를 이완시키는 법을 배우는 것이었다.

켈리는 친구 낸시에게서 요가에 대해 들은 적이 있었다. 그녀는 요가가 어떤 것인지 잘 몰랐지만, 긴장을 풀고 마음의 평화를 찾는데 좋다는 말에 반색을 했다. "내가 찾는 게 바로 그거야. 하지만 요가를 할 시간이 날지 모르겠어. 괜히 할 일이 하나 더 늘어나 부담만 되기 십상이야." 낸시는 켈리의 입장을 이해하면서도 요가 수련소에서 나와 보라고 계속 권했다. 그러던 어느 날, 켈리가 마지못한 듯 말했다. "알았어. 한 번 해 볼게. 하지만 계속 나갈 거라고 장담은 못해." 낸시가 대답했다. "상관없어."

켈리는 요가를 처음 배우는 순간부터 이 운동이 자낙스(Xanax: 유명한 항불안제의 상표명-옮긴이)를 한 알 입에 털어 넣는 것보다 긴장감을 풀어 주는 데 훨씬 효과적이라는 생각이 들었다. 또한 그녀는 요가 선생 젠의 넓은 포용력에 깜짝 놀랐다. 켈리는 늘 무슨 일이든 열심히, 신속하게, 완벽하게 해야 한다는 소리를 들으며 자랐기 때문에, 젠이 부드러운 목소리로 "처음에는 동작을 잘 따라하지 못해도 괜찮아요. 할 수 있는 데까지만 하세요. 부드럽고 천천히 움직이세요"라고 말하자 눈에 눈물이 고일 지경이었다.

요가가 신체와 정신에 얼마나 큰 도움이 되는지를 알게 되자, 켈리는 수련에 빠지지 않고 참가했다. 그리고 자신과 현재의 상황을 있는 그대로 받아들이는 방법을 배우게 되었다.

전력 차단기가 좋은 도구다

이 장을 마무리하기 전에 한 가지 소개하고 싶은 개념이 있다. 내가 참을성을 발휘하는 데 더없이 도움이 되는 개념인데, 전력이 과부하 상태에 이르렀을 때 작동하는 전력 차단기를 비유로 들면 이해가 빠를 것이다. 당신이 재택근무를 한다고 가정하고, 방 안에 에어컨, 컴퓨터, 팩시밀리, 프린터, 스캐너, 텔레비전, 라디오, 시계 조명등을 모두 갖춰 놓고 이들을 모두 하나의 전선에 연결했다고 하자. 컴퓨터를 설치하러 왔던 사람이 컴퓨터와 에어컨은 전선을 따로 연결하는 것이 좋다고 조언했지만, 당신은 그러겠다고 해놓고서는 잊어버렸다. 지금까지는 아무런 문제가 없었기 때문이다. 방안의 모든 기계를 한꺼번에 켜놓는 일은 없었기 때문에 지금까지는 과부하가 한 번도 일어나지 않았다.

하지만 오늘 밤, 마감이 임박한 이 순간에 전력이 차단되었다. 젠장! 아무 것도 작동하지 않는다. 방 안은 캄캄하기만 하고, 온몸은 긴장되고, 믿을 것은 손전등 하나뿐이다. 한참을 더듬거린 끝에 간신히 손전등을 찾았다. 야호! 다행히 불이 들어온다. 두꺼비집을 찾아서 뚜껑을 열고는 차단기 스위치를 찾는다. 내려간 스위치를 올리자 전기가 다시 들어온다. 저장되지 않고 날아간 데이터가 얼마나 될까 걱정하며 돌아와 자리에 앉는데, 다시 전력이 차단되었다. 젠장! 쓰지 않는 장치는 코드를 뽑아 두어야 하는 것을 잊어버렸다. 대체 전력 차단기 따위는 왜 설치하는 거야? 귀찮기만 한데!

하지만 다음 순간, 전력 차단기는 과부하 상태가 계속되다가 화재로 이어지지 않도록 하기 위해 설치하는 안전장치라는 사실이 떠오른다.

전력 차단기의 원리를 당신의 삶에도 적용해 보라. 당신의 삶에서 과부하가 계속된다면 조만간 휴즈가 터져 버릴 것이다. 신경 써야 할 일을 줄인다면 지금처럼 허둥지둥하며 받는 스트레스가 줄어들 것이다. 스트레스가 줄어들면 앞으로 벌어질 상황을 예상하며 불안에 떠는 일이 줄어들 것이다. 불안에 떠는 일이 줄어들면 배우자가 이해심이 부족하다고 짜증이 나는 횟수가 줄어들 것이다. 배우자에게 짜증이 나는 횟수가 줄어들면 편두통도 사라질 것이다. 상상이 되는가?

　우리 몸에 전력 차단기가 없는 것이 참으로 유감이다! 아니, 있을 지도 모른다. 신경쇠약이야말로 우리의 몸이 우리에게 "더 이상 이런 식으로 살면 안 돼!"라고 외치는 신호 아니겠는가? 만성 스트레스, 만성적 두려움, 만성적인 짜증이야말로 지금의 삶에 변화를 주어야 한다는 신호 아니겠는가?

두려움에서 자유롭기 위해서

우리는 호흡을 너무나 뻔하고 단순한 나머지 대수롭지 않게 여긴다. 하지만 호흡은 우리의 몸과 마음, 그리고 정신에 지대한 영향을 미친다. 그래서 호흡은 우리를 흥분하게 하고 긴장하게 만들기도 하지만, 반대로 차분하게 혹은 이완하게 만들기도 한다.

— 해리엇 러셀

나는 신체가 두려움에 반응하는 강도를 낮추기 위해서는 긴장을 풀어 주는 것이 가장 중요하다고 믿는다. '긴장을 푼다'고 하면 늘어지게 자거나, 약을 먹거나, 술을 마시거나, 마리화나를 피거나,

233

오르가슴을 느끼거나, 만사를 잊어버리시거나, 아니면 소파에 늘
어져 텔레비전을 보는 일을 생각할지도 모르겠다. 이런 방법들도
나름대로 효과는 있겠지만 근육이나 신경계의 긴장을 풀어 주지
는 못하며, 나중에 심각한 부작용을 낳을 수도 있다.

이 장章에서는 긴장 때문에 흐름이 느려지거나 아예 막혀 버린
신체의 에너지를 풀어 주는 방법을 몇 가지 제시한다. (서로 다르거나
심지어 상반되는 방법도 있겠지만, 하나같이 유용한 것들이다.)

호흡하기와 근육 이완하기

다음은 긴장된 몸과 마음의 상태 에너지를 이완해주고 차분하
게 만들어 주는 요법이다.

느리게, 그리고 깊게 숨을 마시기

느리게, 그리고 깊게 숨을 쉬어 근육을 이완시키는 방법이야말
로 몸이 느끼는 두려움을 줄이는 데 가장 효과적이면서 가장 쉬운
길이다. 많은 사람들이 알고는 있지만 호흡 조절을 어떻게 해야 할
지 모르거나 시시해서 지겹다고 생각하기도 한다. 그래서 나는 재
미있고 신나고 약간은 우스꽝스럽게 연습할 수 있는 방법을 개발
했다(우스꽝스럽다고 생각하면 두려움은 벌써 많이 줄어들기 때문이다).

어떤 사람들은 너무나 바쁘게 사는 나머지 문자 그대로 숨을 멈출 때가 많다. 그들은 자신이 숨을 너무 얕게, 또 고르지 않게, 심지어 잠시 멈추기도 한다는 사실을 모른다. 이 책을 읽는 당신은 지금이 순간 어떻게 호흡하고 있는가? 호흡이 빠른가, 느린가? 흉식 호흡을 하고 있는가, 복식 호흡을 하고 있는가? 당신이 어떻게 호흡을 하고 있는지를 아는 것이 긴장을 푸는 첫 걸음이다.

다음에 나오는 문장대로 따라해 보자. 눈을 감고 심호흡을 세 번 천천히 한다. 코를 통해 천천히 숨을 몰아쉰 다음, 입을 통해 천천히 숨을 내쉰다. 숨을 빨리 내쉬는 경향이 있다면, 뜨거운 국을 한 숟가락 퍼 올려 '후' 불어서 식힌다고 상상한다. 숨을 천천히 내쉬면서 (머릿속으로) 마음이 편안해지는 말, 예를 들면 "나는 잘할 수 있어"라든가 "괜찮아질 거야"라고 읊조린다. 다시 숨을 들이쉬었다가 내쉬며 같은 말을 반복한다.

너무 쉽다고? 물론이다. 이것은 당신이 긴장을 풀 수 있는 가장 쉽고 효율적인 방법이다. 내가 환자들에게 이 방법을 해 보라고 하면, 어떤 사람들은 긴장이 너무나 빨리 그리고 확실하게 풀린 나머지 하품을 하고는, 화들짝 놀라 내게 사과를 한다. 그러면 나는 이렇게 말한다.

"사과하지 마세요! 여러분이 하품을 하는 것이 내게는 칭찬입니다. 여러분이 나와 상담을 하실 때는 불안하고, 걱정이 가득하고, 어쩔 줄 몰라 허둥지둥했습니다. 그런데 지금은 하품을 할 정도로 마음이 편안해졌으니 내 방법이 그만큼 효과가 있다는 거 아니겠어요?”

내게는 하품이 실례가 되거나 따분하다는 신호로 보이지 않는다. 내 환자들이 하품을 한다는 것은 긴장을 풀고 부드럽고도 규칙적으로 호흡을 한다는 의미다. 그러니 내게 하품은 성공의 신호다. 느리고 깊은 호흡을 하면 심장 박동이 느려지고 마음이 이완된다. 어떤 사람들에게는 깊게 들이쉬는 것이 깊게 내쉬는 것보다 더 쉽게 느껴진다.

인스피레, 수플레: 들이 마시고 내쉬고

느리고 깊게 호흡하는 법을 가르칠 때 종종 내가 써먹는 프랑스어다. 이 단어에 에어프랑스 여객기를 탔을 때 배웠다. 비행기에서 틀어주는 비디오에서 의자에 오랫동안 앉아 있어야 하는 승객들을 위해 호흡법, 스트레칭, 긴장을 풀어 주는 체조법이 나올 때 여러 번 들을 수 있었다. 우리는 외국(특히 프랑스)에서 들어온 것이라면 무조건 이국적인 매력이 있다고 생각한다. 이 단어도 예외가 아니었다. 그냥 ‘들이쉬고, 내쉬세요’ 하면 왠지 의사가 지시하는 것 같지만 ‘인스피레! 수플레! 라고 하면 좀 더 재미있게 느껴진다.

결과가 어떤지 궁금한가? 나를 찾아오는 사람들은 그냥 숨을 쉬는 것이 아니다. 그들은 매번 숨을 들이쉴 할 때마다 영감, 삶, 영혼으로 자신의 내면이 가득 차는 모습을 눈앞에 그린다(inspirez와 ‘영감’을 의미하는 inspiration이라는 단어가 서로 비슷하다―옮긴이). 그리고 매번 숨을 내쉴 때마다 여분의 공기를 내보내고 잘 구운 수플레(souffle: 달걀의 흰자위를 거품이 일게 하여 구운 것. soufflez와 발음이 비슷하다―옮긴이)를 떠올린다. 숨을 들이쉬면 건강한 생활을 유지시키는 영양소가 온몸의 세포 하나하나에 전달되고, 숨을 내쉬면 필요 없는 공기와 함께 독소가 몸을 빠져나간다. 그러니 '들이쉬고, 내쉬세요'보다 '인스피레!, 수플레!'가 더 좋을지도 모르겠다.

긴장에서 이완으로

주변 사람들이 "긴장하지 마", "편하게 해", "긴장 좀 풀어"라고 말하는 것을 몇 번이나 들어보았는지? 이렇게 말하기야 쉽지만 대체 어떻게 하면 긴장을 풀 수 있단 말인가? 그냥 무작정 긴장을 풀 수 있는 것은 아니다. 하지만 역설적으로 긴장을 하면 긴장을 푸는데 도움이 된다. 근육을 과도하게 긴장시키면 그만큼 이완이 쉽게 되기 때문이다.

내가 환자들에게 자주 사용하는 두 가지 방법을 소개한다.

먼저, 팔을 긴장시키기

1. 한 손의 주먹을 꽉 쥐고, 그 팔을 높이 올린다.

2. 주먹 쥔 팔을 앞으로 내려 수평으로 든다.

3. 그 자세대로 주먹을 쥔 채 가만히 있는다.

4. 팔을 조금 내리다가 뚝 멈춘다.

5. 팔을 어정쩡하게 내린 그 자세로 1에서 20까지 센다. 팔 근육이 긴장되다 못해 아파 오는 것이 느껴지는가?

6. 자세를 계속 유지하다가 더 이상 견디지 못하면 팔을 내린다.

당신이 지금 느낀 그 긴장을 어떤 사람들은 겁에 질릴 때마다 온몸으로 느낀다. 근육이 수축하고, 혈액순환이 나빠지며, 긴장감 때문에 실제로 통증을 느낀다. 이제 그런 긴장을 확연하게 느꼈으니, 이완시키는 것도 그만큼 더 쉬워질 것이다.

긴장 완화 방법

긴장을 이완하고 평정을 찾는 것 역시 차근차근 단계를 밟아 나가야 한다(아래에 소개하는 단계를 머릿속에 기억할 수 있을 때까지는 테이프에 녹음을 하여 틀어 놓거나, 다른 사람에게 읽어 달라고 부탁하도록 한다).

1. 편안하게 누울 수 있는 평평한 바닥을 고른다. 침대도 괜찮지만, 더 좋은 곳은 마룻바닥이다. 카펫, 담요, 운동이나 요가용 매트를 깔아도 좋다.

2. 등을 대고 똑바로 눕는다. 느리게 깊게 숨을 쉬면서 몇 분 동안 가만히 누워 마음을 안정시킨다.

3. 오른쪽 다리를 바닥에서 조금 들어 올린다.

4. 다리 근육 전체에 힘을 주어 잔뜩 긴장시킨다.

5. 긴장을 풀고 다리를 내려 편안하게 쉰다. 처음의 긴장감이 가시고 나면 발, 종아리, 허벅지 근육이 이전보다 이완되었음을 느낄 수 있다.

6. 이제 왼쪽 다리를 바닥에서 조금 들어 올리고, 다리 근육 전체에 힘을 주어 잔뜩 긴장시킨다.

7. 잠시 후에 긴장을 풀고 다리를 내려 편안하게 쉰다. 몸 전체가 이완이 되도록 한다.

8. 이제 오른팔을 바닥에서 10센티미터쯤 들어올린다. 주먹을 꽉 쥐고 팔 전체에 힘을 바짝 준다.

9. 잠시 그대로 있다가 팔의 힘을 풀고 바닥에 내려 편안하게 쉰다.

10. 왼팔을 들어 오른팔과 똑같은 과정을 거친다. 힘을 바짝 주어 긴장시켰다가, 잠시 그대로 유지하다가, 힘을 풀고 팔을 내린다.

11. 이제 엉덩이 근육에 바짝 힘을 준다. 그러면 아랫배가 약간 올라갈 것이다. 잠시 그대로 있으면서 긴장을 높인다.

12. 힘을 푼다. 편안히 누워 근육이 이완되는 느낌을 즐긴다.

13. 배 근육에 바짝 힘을 준다. 잠시 그대로 있으면서 긴장을 높였다가, 힘을 푼다.

14. 편안히 누워 쉰다.

15. 팔꿈치를 옆구리에 바짝 붙인 채 팔을 굽힌다. 양팔의 이두근으로 가슴 근육을 할 수 있는 한 바짝 조인다. 잠시 그대로 있다가 힘을 푼다.

16. 편안히 누워 쉰다.

17. 양쪽 어깨를 바닥에서 살짝 들어 올리고 등 쪽으로 둥글게 만다는 기분으로 한껏 젖힌다. 근육을 바짝 긴장시켰다가 잠시 후에 힘을 풀고 편안히 누워 쉰다.

18. 이제 얼굴 근육 차례다. 입술을 잔뜩 오므리고, 눈꺼풀에 힘을 잔뜩 주어 내리감고, 뺨 근육을 긴장시킨다. 힘을 줄 수 있는 데까지 준다.

19. 긴장을 풀기 전에 먼저 입을 크게 벌리고 혀를 있는 대로 내

밀어 아래위로 움직인다. 그리고 눈을 크게 뜰 수 있는 데까지 크게 뜬다(남들이 보면 어쩌나 하는 생각은 집어치운다).

20. 얼굴의 힘을 풀고, 편안히 누워 쉰다.

20번까지 과정을 마치고 나면 전신의 거의 모든 근육을 번갈아가며 긴장시켰다가 풀어준 셈이 된다. 이 과정을 한 번 했다고 해서 긴장감이 싹 사라지는 것은 아니며, 꾸준히, 가능하다면 매일 하는 것이 좋다. 몸에서 느끼는 스트레스와 긴장이 어느 사이인가 사라질 것이다.

두려움을 차근차근 줄여 나가기

두려움은 인생에서 완전히 제거할 수는 없으며, 때로는 좋은 쪽으로 작용하기도 한다. 두려움이 전혀 없는 삶을 상상하면 기분이 좋을지 몰라도, 실현될 가능성은 거의 없다. 긴장감도 마찬가지로, 삶에서 완전히 제거하기란 불가능하다. 그러니 좀 더 현실적인 목표를 세우는 것이 좋다. 두려움과 긴장을 '어느 수준까지만' 낮추는 것이다. 1에서 10까지 눈금을 정하고, 현재 느끼는 두려움과 긴장을 10으로 가정했을 때 앞으로 7까지 낮추는 것을, 또는 현재의 수준을 7로 가정했을 때 앞으로 4까지 낮추는 것으로 목표를 설정한다. 어떤 상황이 닥쳤을 때 전에는 겁에 질려 우왕좌왕했지만 이제는 차분히 고민을 하는 수준이 되었다면 훌륭하게 목표를 달성했다고 보는 것이다.

제인은 불과 몇 시간 후에 벤과 첫 데이트를 할 예정이었다. 제인의 남동생은 벤이 그녀와 '완벽한 한 쌍'을 이룬다고 평가했다. 하지만 약속시간이 다가오자 제인은 신경이 날카로워지다 못해 거의 패닉 상태에 빠졌다.

"내가 대체 왜 이러지? 왜 이렇게 신경이 날카로워지는 거야? 그 남자를 만나는 게 무서워서 그런 걸까? 사실은 그 남자와 데이트를 하고 싶지 않기 때문에? 아니면 그 남자가 너무나 마음에 들기 때문에 흥분을 억제할 수가 없어서 이러는 걸까?"

제인의 말에서 나온 '무서움'과 '흥분'이 제인의 감정을 판단하는 데 도움이 된다. 사실 두려움과 흥분은 종이 한 장 정도의 차이밖에 나지 않는 비슷한 감정이다. 두려움이나 흥분을 느낄 때의 생리적 반응이 놀랄 만큼 유사하기 때문이다. 나는 제인에게 두렵다는 생각을 흥분된다는 생각으로 바꿔 보라고 권했다. 제인은 '오늘 드디어 내 운명의 상대를 만나는 건지도 몰라'라는 생각 때문에 자신이 흥분하고 있다는 점을 인정했다. 그러자 뱃속이 뒤틀리는 듯한 느낌이 앞으로 일어날 일에 대한 두려움 때문이라기보다는 기대감 때문에 흥분한 탓이라는 사실을 깨달았다.

이 책에서 나는 '모 아니면 도'라는 흑백논리를 언급했다. 이처럼 이분법적인 사고방식은 두려움에 대한 생각에 영향을 미친다. 두려움, 불안감, 근심걱정, 초조감이 생활의 일부가 되어 버린 사람이라면 어느 날 갑자기 잠에서 깨어났더니 느긋하고 낙천적이며 매사에 침착한 인물로 변하게 될 것이라는 식의 공상은 하지 않는 편이 낫다. 그런 일은 결코 일어나지 않는다. 하지만 조금씩 조금씩 자신을 바꾸는 것은 가능하다. 그리고 변화의 출발점은 언제나 지금의 모습이지, 이렇게 되었으면 하고 희망하는 모습에서부터 출발할 수는 없다.

그렇다면, 두려움을 줄여 나가기 위해 필요한 과정을 살펴 보자.

첫째, 두려움 수준을 1에서 10까지의 단계로 나누고 자신이 어느 단계인지 정한다. 자신의 두려움을 10으로 설정했다면, 서너 단계를 낮추는 것으로 목표를 잡는다. 절대로 욕심을 부려 비현실적인 목표를 세우면 안 된다. 당신이 변할 수 있는 속도를 인정하고 그것에 따른다. 자신에게 "괜찮아", "잘될 거야", "지금 이대로 해나가는 거야"라는 말을 자주 한다. 목표를 너무 높게 잡으면 백발백중 실패를 맛볼 뿐이다. 두려움은 차근차근 줄여 나가는 것이 가장 좋다.

둘째, 통제하겠다는 생각을 버린다. 두려움을 통제할 필요는 없다. 두려움을 경험하고, 관찰하고, 바라보고, 이야기하고, 그림으로 그리는 것은 좋다. 자신의 두려움에 말을 걸고, 두려움을 인식하고, 심지어 감사하는 것도 괜찮은 방법이다. 하지만 자신의 두려움을 통제할 필요는 없다. 당신이 두려움을 떨쳐 버릴 준비가 되면 두려움은 알아서 사라질 것이라는 확신을 가져라. 그리고 그 준비는 차근차근 진행해야 한다. 보조바퀴가 달린 자전거를 열심히 타던 아이가 어느 날 자신의 균형 감각을 믿고 보조바퀴를 떼 내는 것과 같다. 아이는 그 날이 언제 올지, 심지어 잘 해낼 수 있을지도 몰랐지만 어느 날 문득 바퀴를 떼어냈고, 놀랍게도 가뿐하게 성공하는 것이다! 당신이 두려움을 떨치는 것도 마찬가지 과정이 될 것이다.

셋째, 반발심을 존중하라. 아마 당신 내면의 일부는 이렇게 말할지도 모른다. "난 두려움에 사로잡혀 사는 건 이제 지긋지긋해. 변하고 싶어. 언제라도 바꿀 수 있어." 아주 근사하게 들리는 말이다. 동기도 확실하고 준비까지 되었다니. 하지만 당신 내면의 또 다른 일부를 걱정하고, 통제하고, 남의 비위를 맞추고, 강한 척하는 생활을 떠나 보내고 싶어 하지 않을지도 모른다. 그런 반발심이 생기는 것도 나름대로의 이유가 있다. 이유를 분석하려 하지 말고 그냥 그 반발심을 존중한다. 억지로 누르거나 감추려 하지 말라.

메리는 '수줍음 형'의 여대생으로 영문학 성적이 너무 낮다고 생각했지만 교수에게 이의를 제기할 엄두도 내지 못했다. 그녀의 아버지는 그런 그녀를 비웃었다. "뭘 그리 망설이니? 교수가 너를 잡아먹을 것도 아닌데. 눈 딱 감고 찾아가면 될 걸 왜 그렇게 미적거리냐?" 그날 메리는 교수를 찾아가지 않았다. 기분이 너무 언짢아서 그러고 싶지 않아서였다. 아버지의 독촉은 그녀가 교수를 찾아갈 수 있는 힘을 실어 주기는커녕 그녀의 분노만을 자극했을 뿐이었다.

메리는 며칠 동안 아버지를 피하면서 마음을 가라앉히고 자신감을 끌어올리기 위해 노력했고, 어느 순간 준비가 되었다는 느낌이 들었다. 메리는 며칠 전보다 차분해졌고 교수에게 어떤 말을 해야 좋을지도 미리 생각해 두었다. 그리고 무엇보다도, 약간은 긴장되었지만 너무 지나치지는 않았다. 메리는 교수와 이야기를 나누었고, 비록 성적은 수정되지 않았지만 자신이 어려운 일을 해냈다는 생각에 만족했다.

가만히 있는 법
배우기 ‐ ‐ ‐ ‐ ‐ ‐ ‐ ‐ ‐ ‐ ‐ ‐ ‐ ‐ ‐ ‐ ‐

"인간의 모든 불운이 어디에서 시작하는지 알았다. 인간은 방 안에 가만히 앉아 있지 못하기 때문에 불운한 것이다."

— 블레즈 파스칼

너무나 많은 사람들이 자신의 삶이 '미친 듯이' 돌아간다고 불평을 한다. 그러고는 자신이 얼마나 바쁘게 동에 번쩍 서에 번쩍 하면서 이 일을 손에 잡았다가 저 일을 마무리하는 등 정신없이 살아가는지 모른다고 예를 들어가며 푸념한다. 내가 가장 놀라워하는 점은, 직장여성, 전업주부, 남자, 아이들, 심지어 정년퇴직한 노인들까지, 이런 불평을 안 하는 사람이 없다는 사실이다. 모든 사람들이 자신이 얼마나 일을 많이 할 수 있는지 한번 해 보자는 듯한 기세로 일을 한다. 왜 이렇게 모두들 바쁠까? 나는 이 질문에 답을 할 수는 없지만(몇 가지 가설은 갖고 있다), 내가 말할 수 있는 것은 이렇게 전력질주를 하면 반드시 폐해가 따른다는 사실이다.

'바쁜 상태'와 '너무 바빠서 한시도 가만히 있을 수 없는 상태'는 커다란 차이가 있다. 하루 종일 분주하게 일을 했는데도 잠자리에 들기 전 아직도 충분하지 않다는 생각이 든다면, 무언가 변화를 주어야 한다. 몸이 정신없이 뛰어다니는 것만큼이나 마음도 급하고, 지금 하는 일이 끝나기도 전에 생각은 벌써 다음 일로 옮아가고 있다면, 무언가 변화를 주어야 한다. 이렇게 쉼 없이 전력을 질주하는 상태가 계속되면 정신과 육체 양쪽에 커다란 스트레스를 준다. 많은 현대인들이 극심한 피로, 긴장, 불안감을 느끼는 것도 그리 놀랄 일이 아니다.

당신의 삶도 이렇게 분주하고 돌아가고 있다면, 내 조언을 귀담아 듣기 바란다. 매일 조금씩이라도 가만히 앉아 있는 시간을 내어라. 시간이 없으면 만들어라. 혼자서 입을 다물고 가만히 앉아 아무 것도 하지 않는 시간을 갖는다. 아, 물론 쉽지는 않을 것이다. 그리고 가만히 앉아만 있는 것은 시간 낭비라는 생각도 든다. 할 일이 얼마나 많은데! 대체 멍하니 앉아 있을 시간이 어디 있어? 요즘은 휴식을 취하거나, 자신을 돌아보거나, 조금은 느긋하게 일할 시간이 없다. 해야 할 일을 정신없이 하다 보니 하고 싶은 일을 선택하는 것은 사치다. 하지만 이런 생활에서 무엇을 잃고 있는가? 아니, '누구를 잃고 있는가?' 라고 질문을 바꾸어도 되겠다.

하지만 거부감을 일단 극복하고 나면, 가만히 앉아 있는 시간은 하루 가운데 가장 소중한 때가 될 것이다. 자신이 한 순간의 중심에 있다는 느낌은 깊은 행복으로 다가온다. 그리고 가만히 앉아 있다 보면 자신을 새로운 눈으로 바라볼 수 있다. 자신이 무엇을 느끼는지, 무엇을 생각하는지, 무엇을 원하는지, 무엇을 중요하게 여기는지 확연하게 깨닫는 것은 얼마나 놀라운 경험인가! 그리고 가만히 앉아 있음으로써 전신의 긴장이 풀리고 두려움이 가라앉는 것은 또 얼마나 경이로운 일인지!

당신이 매일매일 이렇게만 할 수 있다면, 당신의 인생이 얼마나 다채로운지 알게 될 것이다.

- 편안하게 만드는 장소에 있기만 한다면,
- 당신의 느낌을 솔직하게 들을 수만 있다면,
- 좋은 공기를 들이마시기만 한다면,
- 긴장을 손에서 놓기만 한다면,
- 두 눈을 잠시 차분히 감아 보면,
- 장애물을 풀어놓는다면,
- 몸을 부드럽게 만든다면,
- 고요함을 즐기기만 한다면,
- 복잡한 머릿속을 비우기만 한다면,
- 흔들리는 마음을 즐거운 상태로 만든다면,
- 마음 깊은 속을 느껴 본다면,
- 고독을 즐겨 본다면,
- 당신 자신과 연결해 보라.
- 영혼의 영원한 친구가 되라.

서로 맞지 않는 행동과 생각을 연결하라

두려움에서 육체를 해방하는 또 다른 방법을 소개한다. 겁에 질린 사람에게 '겁내지 마!'라고 말하는 것은 어리석은 일이다. 실천할 수 없는 말이기 때문이다. 두려움을 논리적으로 분석하여 몰아내려는 것 역시 성공 가능성이 희박하다. 그보다는 서로 맞지 않는 동작과 생각을 연결하는 방법이 훨씬 성공률이 높다.

자, 팔을 있는 힘껏 쭉 뻗어 기지개를 켜 보자. 그리고 신이 난 어린아이처럼 제자리에서 펄쩍펄쩍 뛰면서 "난 무서워! 무섭단 말이야! 무서워!"라고 외쳐 보자. 무서움이 느껴지는가? 무섭기커녕 아마 웃음이 터질 것이다. 몸이 경쾌하게 움직이는데 머릿속에 우울한 생각이 떠오를 리가 없기 때문이다. 즉, 몸을 움직임으로써 두려움을 극복하고 심지어 퇴치할 수도 있다.

운동과 같은 신체 활동 역시 두려움을 극복하는 데 도움이 된다. 나는 기운차게 걷거나, 요가를 하거나, 테니스를 치거나, 헬스클럽에서 운동하는 것을 좋아한다.

다음으로는 머리와 양 어깨를 있는 대로 축 늘어뜨려 보자. 그리고 자신이 현재의 몸무게보다 약 50킬로그램쯤 더 나가며, 따라서 엄청난 무게가 어깨에 지워져 있다고 상상한다. 이제 소리쳐 본다. "난 행복해! 아주 행복해!" 위에서와 마찬가지로, 몸이 느끼지 않는 감정은 큰 소리로 고함친다고 해서 억지로 느껴지지 않는다. 다시 한 번 말하지만, 당신의 몸은 당신이 언어로 표현할 수 있는 것보다 더 크고 더 정확하게 메시지를 전달한다.

이제 당신이 두려울 때나 좌절감을 느낄 때 자주 떠올리는 표현을 생각해 보자. 그리고 그 표현과 '맞지 않는' 몸동작을 떠올리고 그 동작을 실제로 해 본다. 느낌이 어떤가?

래리는 좌절감을 느낄 때면 "이제 더 이상 못 하겠어"란 말을 자주 했다. 그러고는 술병을 꺼내 마시거나 마리화나를 감춰 둔 장소로 직행했다. 그 두 가지만이 긴장감을 해소시켜 주리라 믿었기 때문이었다. 내가 래리에게 이 연습문제를 해 보라고 하자 그는 주저했다. 하지만 내 강권에 못 이긴 그는 결국 노래를 불렀다. 아니, 고래고래 울부짖었다는 표현이 더 적절할 것이다. "나는 나야, 나는 나야! 무슨 일이 일어나든 나는 나야!" 그러면서 갑자기 박자를 맞추듯 팔을 힘차게 흔들기 시작했다.

어른들 위한 아이들 놀이를 찾아 보자

아이들은 쉽게 긴장을 풀어 버린다. 언제라도 에너지를 자유자재로 발산하고, 마음껏 놀고, 뛰고, 달리고, 깡충거리고, 춤추고, 법석을 떨고, 이리저리 돌아다닌다. 아이들은 자신의 신체를 믿는다. 그들은 천성적으로 놀기 좋아하는 존재다. 박자를 만들며 즐기고, 노래를 지어 내고, 어리석은 행동도 기꺼이 한다. 아이들은 구속과 통제에 얽매이지 않는다. 하지만 어른들은 그것이 어렵다. 어른들은 구속과 통제를 원한다.

당신 내면에 숨어 있는 아이를 (너무 자주는 말고) 자유롭게 풀어 준다면 인생이 멋지지 않을까? 언제나 모든 것이 통제되어야 한다는 고집을 버릴 수 있다면 신나지 않을까? 수동적으로 반응하지만 말고 적극적으로 모험을 찾아 나선다면 짜릿하지 않을까? 내가 하고 싶은 말은, 어른답게 살되 가끔은 당신 내면의 아이를 바깥으로 끄집어내어 햇볕을 쐬게 해 주라는 것이다.

자신에게 다음 세 가지 질문을 던져 보라.

- 어떻게 하면 놀고 싶은 기분이 들까?
- 어떻게 하면 자유롭다는 기분이 들까?
- 어떻게 하면 모험심이 생길까?

어릴 적에 가장 좋아하던 놀이가 무엇인지 기억하는가? 대부분 사람들은 술래잡기, 줄넘기, 공놀이, 원반던지기나 이런 놀이를 응용한 놀이들을 즐겼을 것이다. 한결같이 동작을 즐기고 자신이 존재한다는 사실 자체를 기쁨으로 받아들이는 놀이들이다. 지금도 이런 놀이를 할 수 있겠는가? 물론 많은 성인들이 갖가지 운동경기를 즐기고 있으며, 그것도 좋은 일이다. 하지만 운동경기는 규칙이 정해져 있고 경쟁을 유도한다. 즐겁기만 하지만 '통제' 된 동작이다. 좀 더 자유롭고 통제가 덜한 방법으로 긴장을 푸는 것은 어떤가? 집에 같이 놀아 줄 아이나 애완동물이 있다면 더할 나위 없이 좋다. 아이나 애완동물과 놀다 보면 놀랍도록 젊어졌다는 기분이 들 것이다. 하지만 이런 행운을 가지지 못한 사람은 다른 놀이를 찾아 보도록 한다. 혼자서 할 수 있는 놀이라면 줄넘기, 벽에 공 던지고 받기, 동요 부르기, 훌라후프 돌리기, 춤추기 등이 있다.

아이들은 모두 즐겁게 놀고, 긴장을 풀고, 우스꽝스러운 행동을 하는 데 있어서는 전문가들이다. 가끔은 그들을 흉내내어 보자.

음악으로
기분을 바꿔 보자

종교적이든 세속적이든 음악이 사람의 마음을 평온하게 해 주는 데 효과가 있다는 것은 여러 문화권에서 오랫동안 입증되어 왔다. 많은 사람들이 노래를 부르거나 입에서 나오는 대로 가락을 흥얼 거리면서 위안을 얻고, 또한 대중음악이나 클래식을 들으면서 안정을 찾는다. 9.11 테러 후 몇 달간 많은 미국인들이 오랫동안 관심을 두지 않았던 애국심을 담은 노래들을 자주 듣고 불렀다. '신이여 미국을 축복 하소서'는 인기곡으로 떠올랐다. 가사를 다 기억하지 못해도 상관없었다. 앞부분 석 줄만 가지고도 충분히 마음을 달랠 수 있었다.

미국 국가 '성조기'를 비롯한 애국심을 고취하는 노래들은 미국인들에게 큰 위안이 되고 두려움을 떨쳐 버릴 수 있게 도와 준다. 그 가락과 가사가 집단적 무의식에 공감을 불러일으켜 하나의 공동체 속에 함께 하는 존재라는 인식을 심어 주는 것이다. 음악, 특히 몇몇 노래들이 심리치료의 수단이 될 수 있는 것은 바로 이런 점 때문이다. 음악은 마치 다정한 부모처럼 우리를 안심시키고, 몸을 이완시키며, 영혼을 달래 준다. 음악은 우리 뇌의 지적인 판단을 내리는 부분을 우회하여 우리 존재의 핵심에 직접 호소하기 때문이다.

자, 긴장되고 두려운 순간에는 음악을 떠올려 보자. 특정한 곡을 생각할 필요 없이, 머릿속에 무심코 떠오르는 가락이 그대로 흐르도록 내버려 둔다. 기독교인들은 성가나 '고요한 밤 거룩한 밤' 이나 '기쁘다 구주 오셨네' 같은 크리스마스 캐럴에서 위안을 얻기도 한다. 한편 대부분 유대인들은 이스라엘의 국가인 '하틱바(Hatikvah: 희망이라는 뜻-옮긴이)'를 선호한다. 내 친구인 어느 흑인 여성은 개인적으로 또 인종문제에서 자신에게 중요한 의미를 지니는 '우리 승리하리라(We Shall Overcome: 반전과 반인종차별을 주도하는 사람들이 많이 불렀음-옮긴이)'를 부르면 마음이 안정된다고 한다. 내 아들 브라이언은 브루스 스프링스턴(Bruce Springsteen: 미국의 록 가수-옮긴이)에서 스트라빈스키(Stravinsky: 러시아 출신의 미국 작곡가-옮긴이)에 이르는 다양하고 폭넓은 음악에서 마음의 위안과 용기, 영감을 얻는다.

음악에서 위안을 찾을 때에는 노래 가사를 다 몰라도 상관없으며 심지어 제목을 모른다 해도 괜찮다. 당신의 심금을 울리는 것이 가사일 수도 있지만 멜로디일 수도 있기 때문이다. 때로는 어떤 노래에서 반복되는 가사가 마치 주문 같은 효과를 발휘하기도 한다. 밥 말리의 노래가 특히 그렇다. 그의 노래에는 '걱정 마', '행복을 느껴봐', '모든 게 다 잘될 거야'라는 말이 자주 반복되기 때문에 노래가 끝날 즈음에는 실제로 그런 기분에 젖어든다. 어떤 노래를 선택하든 당신의 무의식을 믿어라. 절대 '잘못되는' 법이 없는 꿈처럼, 당신의 영혼과 마음을 울리는 노래도 절대 '잘못되는' 법이 없다.

직감은 이성의 적이 아니라, 동맹군이다.

– 존 코드 레이지먼

내가 수많은 사람들을 대하며 흥미롭게 관찰한 점 가운데 하나는, (남자든 여자든) 어떤 사람들은 직감이 뛰어난 데 비해 어떤 사람들은 그런 것이 있다는 사실조차도 모른다는 것이다. 직감이란 무엇일까? 왜 그렇게 중요한 것일까? 직감은 이성적 판단 없이 얻는 지식으로, 근원을 확실히 알 수 없는 인상, 인식, 통찰을 말한다. 의식적으로 깨닫기보다는 몸으로 느낀다는 표현이 어울린다. 이른바 '그냥 이게 아닌 듯해서' 라든가 '왠지 그럴 것 같아서' 라고 말하는 느낌이 바로 직감일 것이다. 직감이 뛰어난 사람은 언제 불안감을 느껴도 괜찮고 언제는 괜찮지 않은지를 알 수 있는 중요한 정보의 원천을 갖고 있는 셈이다. 때로는 이 때문에 생명을 건질 수도 있고, 때로는 사소한 일을 고민할 수고를 덜어 줄 것이다.

직감을 믿지 않거나 심지어 그런 것이 존재한다는 사실도 인정하려 들지 않는 사람은 결정을 내릴 때 참고할 만한 정보의 원천이 하나 부족한 셈이다. 물론 직관이 언제나 옳다는 것은 아니며, 직관이 이성적인 판단을 대신할 수 있는 것은 더더욱 아니다. 내 말은, 당신의 몸이 직감적으로 알고 있는 바를 무시하지는 말아야 한다는 것이다.

직감을 중시하는 것은 평소에는 무시하고 지내던 두려움에 관심을 갖는다는 의미도 된다. 뭐라고 설명하기 어려운 직관을 믿었기 때문에 위험을 무사히 넘긴 사람들은 셀 수 없이 많다. 반면, 두려움을 느끼면서도 직감을 믿었기 때문에 그 두려움을 '무시'한 경우도 있다.

오래 전, 비키는 10대였던 두 딸과 콜로라도 주 빅 톰슨 강 부근의 로키산맥 지역으로 캠핑을 떠났다. 그날 밤 무시무시한 폭풍우가 그 지역을 덮쳤다. 비키는 평생 동안 그렇게 억수같이 쏟아지는 비는 처음 보았으며, 시간이 흐를수록 자신과 두 딸 제니와 로라에게 어떤 위험이 닥칠까 걱정은 커져 갔다. 날씨가 더욱 험악해졌고 텐트에 비가 새기 시작하자, 비키는 캠프장을 떠나 집으로 돌아가고 싶다는 충동을 느꼈다. 하지만 뭐라고 설명할 수 없는 직감은 그 자리에 머물러 있는 것이 좋다고 말하고 있었다. 날씨 탓인지 라디오는 먹통이었지만, 다른 지역에서는 폭풍우가 여기보다 더 심하게 몰아칠지도 모르는 노릇이었다. 제니와 로라는 캠프장을 빠져나가자고 졸랐지만, 비키는 그대로 있자고 고집했다.

셋은 차 안으로 들어가 서로 부둥켜안고 끔찍한 밤을 보냈다. 하지만 다음날에도 폭풍우는 여전했다. 비키와 두 딸은 폭풍우가 시작된 지 거의 서른여섯 시간 만에 우회로를 돌고 돌아 집으로 돌아 왔다. 돌아오는 동안, 라디오에서는 빗물 때문에 빅 톰슨 강이 불어나 100명에 가까운 사람들이 사망했다는 소식이 흘러나왔다. 그 사람들 대부분은 폭풍우를 피하려고 캠프장을 빠져나오다가 물살에 휩쓸렸다. 비키의 직감이 맞은 것이었다. 어떻게 캠프장에 그대로 있자는 결정을 내릴 수 있었느냐고 묻자, 비키는 어깨를 으쓱했다. "그냥 왠지 그럴 것 같아서요."

여기에서 직감과 충동을 혼동하지 말아야 한다는 점을 분명히 밝혀야겠다. 충동은 무언가를 모면하고 싶어 무작정 행동에 옮기는 것이다. 반면에 직감은 인상이나 예감, 가타 타당한 개념을 기본으로 한다. 직감에서 얻은 정보는 '어떻게' 알게 되었는지 모른다. 그저 알게 되었을 뿐이다. 아마도 우리는 과학이 아직 발견하지 못한 감각을 갖고 있는지 모른다. 어쩌면 논리적 판단 없이도 위험을 예감하는 동물들처럼 생리적인 현상 덕분인지도 모른다(포유류들은 과학적으로 설명하기 어려운 감각을 갖고 있다. 내가 최근에 어디선가 읽은 기사에 따르면, 개가 갑자기 짖어댄 덕분에 갓난아이가 호흡 곤란을 일으키고 있다는 것을 알게 되었다고 한다. 그 개는 무언가 잘못되었다는 것을 직감적으로 느꼈던 것이다). 그러니 당신의 직감을 존중하기 바란다. 더 나은 결정을 내릴 수 있는 중요한 정보를 제공할지도 모르니까.

두려움에서 벗어날 수 있는 행동을 취하라

만일 당신이 두려움을 느끼지 않는다면 지금 당장 하고 싶은 일을 한 가지 선택해 보라.

- 사장에게 연봉을 올려 달라고 하고 싶은가?
- 오랫동안 연락이 끊겼던 친구에게 전화를 하고 싶은가?
- 늘 가 보고 싶었던 곳으로 여행을 떠나고 싶은가?

- 부모님과의 해묵은 감정을 풀고 싶은가?
- 마음이 끌리는 사람에게 데이트를 신청하고 싶은가?
- 한 번도 해 보지 못한 운동경기를 하고 싶은가?

두려움을 극복하고 바깥세상과 당당히 맞설 수 있다면, 무한한 흥분과 기쁨, 갖가지 경험이 모두 당신 것이 된다. 하지만 그러지 못하는 이유는 무엇인가?

두려움에 사로잡힌 사람들이 마지막으로 넘어야 하는 난관 가운데 하나가 '행동에 옮기기'다. 두려움을 극복하겠다고 '생각'하거나 '말'하는 단계를 넘어 실제로 두려움을 밀어내고 '행동' 하는 것이다. 내가 지금까지 이 책에서 소개한 방법 가운데 한두 가지라도 실천해 보았다면 그 덕분에 삶이 얼마나 많이 바뀌었는지 실감할 것이다. 이제는 본격적인 행동으로 두려움에서 벗어날 차례다.

나는 변화란 언제든지 가능하고, 또한 규칙적이지 않더라도 서서히 변화를 시도할 수 있으며, 그런 변화가 놀라운 효과를 낸다고 믿는다. 행동을 취한다고 해서 더 이상 아무런 두려움도 느끼지 않는 것은 아니지만, 일단 두려움을 밟고 넘어서서 행동을 취해야 한다. 힘들거나 겁에 질리더라도 행동을 할 수 있다. 두려움과 행동은 서로 반대되는 개념이 아니며 서로 훌륭한 짝이 될 수 있다. 두려움을 무릅쓰고 행동을 하다 보면 두려움을 극복하는 기술도 늘어나고, 경험의 폭도 넓어지며, 내면의 힘도 더욱 강해진다.

행동은 두려움을 극복하기 위한 변화 프로그램을 성공적으로 해내고 있다는 가장 중요한 증거다. 두려움을 무릅쓰고 행동할 수 있는 능력은 용기를 지니고 진정한 성인이 되었다는 표식인 동시에 언젠가는 두려움을 떨쳐 버릴 수 있다는 사실을 암시한다. 새로운 경험을 지금보다 더 많이, 더 폭넓게 받아들이는 삶을 상상해 보라. 두려움에 떨면서 에너지를 낭비하거나 억제하여 아무 것도 바꾸지 못하는 지금의 자신 아닌, 두려움을 떨치기 위한 행동에 에너지를 사용하는 자신을 상상해 보라. 이제 그런 목표를 달성할 수 있는 전략을 제시하고자 한다.

'자기근육' 강화하기

지식은 행동에서 나온다

– 소포클레스

신체를 움직이는 운동의 중요성은 다들 알고 있다(실제로 운동을 안 할 뿐이지!). 몸을 활발히 움직이면 남녀노소 가릴 것이 없이 장기적으로 체형, 민첩성, 스태미나, 그리고 행복한 삶에 도움이 된다는 증거들이 점점 더 많이 쏟아져 나오고 있다. 그런데도 날이면 날마다 엉덩이를 붙이고 앉아 뭉기적거리기만 하면 근육은 약해지고, 온몸은 무기력해지고, 체형은 망가질 것이다.

내가 건강심리학자인 내 남편 로널드 굿리치에게서 배운 '자기근육' 이라는 개념도 이와 비슷하다. '자기근육' 에는 자긍심, 자존심, 자기 확신, 자기 존중감이 포함된다. 좀 더 자신감을 키우고 싶은가? 어려운 일을 처리하는 자신의 능력을 좀 더 믿고 싶은가? 사회생활에서 또 직장생활에서 여러 가지 일을 좀 더 자신 있고 당당하게 처리하고 싶은가? 또는 가정에서는 자신이 좋은 부모라는 확신을 얻고 싶은가? 당신의 자신감은 기질, 가족, 개인사 등 당신이라는 사람을 형성하는 배경에 포함된 여러 가지 요소에서 영향을 받는다. 하지만 당신의 과거가 어떠하든 간에 운동을 통해 '자기근육'을 얼마든지 강화할 수 있다. 각종 운동을 통해 신체의 힘과 스태미나와 유연성을 기를 수 있듯이, 심리적 '근육'을 운동시킴으로써 정신의 힘, 스태미나, 유연성을 기를 수 있다.

그럼 자기근육 강화는 어떻게 하는 것일까?

- 항상 자신감을 갖도록 노력한다.
- 회피했던 일들을 이뤄낸다.
- 실패했던 분야의 일을 성공시켜 본다.
- 마무리 짓는 것을 무시했던 일들 완전히 끝내 본다.
- 당신의 생각을 상상력으로 확장시켜 본다.
- 도전에 대한 당신의 책임을 굳건하게 다진다.
- 용기를 갖고 세상에 맞선다.
- 당신이 좋다고 느끼고, 당신이 중요하다고 생각하고 또 느껴라.

자, 이제 어떤가? 매사에 열심히 노력하고, 좀 더 어려운 일에 적극적으로 도전하고, 자신감을 조금씩 쌓아 나가는 것이 정신의 근육을 기르는 길이다.

때로는 자신에게 놀라라

"자아는 미리 만들어져 있는 것이 아니며, 행동양식을 바꾸면 끊임없이 변한다."

— 존 듀이

건축가인 닉은 두려움 유형 가운데 '수줍음 형'에 속하는 사람으로, 연극 무대에 선다는 것은 평생 꿈도 꾸지 못했다. "나는 연기를 할 타입이 전혀 아니에요. 게다가 사람들 앞에 선다는 생각만 해도 다리가 후들거리거든요." 하지만 그의 친구 세일라는 자신이 감독하는 아마추어 극단의 연극에 참여해 달라고 닉에게 부탁했다. 하지만 남들이 보는 앞에서 무대에 서는 것이 그에게 가능하기나 한 일인가? 닉은 고개를 절레절레 절었다.

"난 못해요. 떨리고 부담스러워서 감당 못할 거예요. 대사를 잊어버리면 어쩌죠? 모두들 쳐다보는데 굳어져 버리면 어쩌죠?" 하지만 나와 상담을 하는 동안, 닉은 자신이 맡을 역이 대사가 두 줄(합치면 열두 단어) 밖에 안 되는 조연 중의 조연이라는 사실에 용기를 짜냈다. 그는 내가 보는 앞에서 자신에게 소리 내어 말했다. "이런 역을 못하겠다니? 이 정도는 누구나 할 수 있을 거야. 나라고 못하라는 법 있어?"

그 후에도 한참을 망설이고, 또 세일라에게 설득을 당한 끝에, 닉은 연극에 도전해 보기로 결심했다. 그는 세일라의 극단에 등록하고, 대사를 연습하고, 리허설에 참가하고, 다른 배우들과 호흡을 맞추며 즐기고, 마침내 무대에 서서 자신의 역을 잘 해냈다. 그래

서 유명 극단에서 스카우트 제의가 들어왔냐고? 그건 아니었다. 그
래서 닉이 실망했을까? 전혀 그렇지 않았다. 오히려 닉은 더 이상
무대에 서지 않아도 된다고 기뻐했다. 하지만 한편으로 그는 자신
이 이런 일을 해냈다는 사실에 놀라워했다. 그는 나중에 내게 이
렇게 털어놓았다.

"정말 짜릿한 경험이었어요. 내가 연극배우로서 최초로, 그리고
아마도 최후로 무대에 선 거니까요. 내가 해냈다는 사실에 기분이
좋아요. 내 평생 그런 일을 할 수 있으리라고는 생각도 못 했거든
요. 그런 일을 경험했다는 것 자체가 좋아요."

무엇보다도 닉은 연극에 참여하면서 자신에 대해서 많은 것을
배웠다. 처음에 연극을 하고 싶지 않다는 거부감은 그의 생각처럼
뿌리 깊은 두려움에서가 아니라 그저 표면적인 불안감에서 비롯
된 것이었다. 그는 연극 연습을 하면서 노련한 연극배우들조차도
무대 공포증을 느낀다는 사실과, 그런 공포증을 가라앉히는 방법
을 배웠다. 또한 자신이 한 번도 해 보지 않은 일에 도전하여 성공
할 수 있는 능력이 있다는 것도 깨달았다. 실제로 연극을 할 수 있
었을 뿐 아니라, 비록 조연이었지만 제 역할을 훌륭하게 해냈다.

물론 닉은 이 경험을 통해서 자신의 제2의 톰 크루즈가 될 수는
없다는 것을 확신하게 되었지만, 닉 중요하게 생각한 것은 그 점이
아니었다. 중요한 것은 그가 연극 무대에 서면서 자신감을 얻었다
는 점이다. 닉은 연극을 하면서 자신이 어떤 사람인지, 또 어떤 일
을 성취할 수 있는지를 새로이 깨달았다. 그는 이 경험을 통해 '자
기근육'을 강화하여 앞으로도 다른 일에 도전할 수 있게 된 것이다.

모르면 더 무서운 법이다

닉의 경우와는 다른 의미에서 '극적'이라고 할 수 있는 예를 하나 더 들어 보겠다. '순응 형'인 카미유는 직장에 다닌 적이 없는 전업주부였고, 비행기 공포증이 심했다. 그녀의 남편 피터는 사업가이자 비행기 조종 면허증을 갖고 있었다. 이 부부는 4인승 세스나기(Cessna: 경비행기의 일종-옮긴이)를 소유하고 있어 사업상 출장을 갈 때 사용했다. 지금까지는 별 문제가 없었다. 하지만 피터는 오래 전부터 만약 세스나기를 타고 있는 동안 자신이 어떤 사고로 조종을 하지 못하는 사태가 일어나면 끔찍한 결과를 빚을 수 있다고 늘 걱정하고 있었다. 그래서 그는 어느 날 아내에게 조종법을 배우라고 말했다. 면허증을 딸 것까지도 없이 그저 이륙과 착륙하는 법만 배우면 된다면서.

카미유는 겁에 질렸다. 비행기 공포증이 있는 사람이 비행기 조종을 배우다니? 그녀는 자동차 운전에서도 스트레스를 받는 사람이었다. 하지만 그녀는 또한 남편이 비행기를 조종하다가 심장발작을 일으킨다든가 하는 사태가 벌어지면 어쩌나 하는 두려움도 느끼고 있었다. 카미유는 이 문제를 놓고 고민을 거듭했다.

그녀는 결정을 내리기 위해 상황을 하나하나 따져 보았다. 사업상 출장은 남편이 늘 하는 일이었다. 피터는 앞으로도 비행기를 직접 조종할 것이며, 카미유는 비행기 타는 것은 무서워했지만 남편의 출장에 동행하는 것은 좋아했다. 지금처럼 그들 부부가 세스나기를 타고 피터가 조종간을 잡는 일이 계속된다면, 피터에게 아무런 문제도 일어나지 않을 것이라고 기대를 하든가, 아니면 혹시 있을지 모르는 사태를 대비하여 그녀가 새로운 일에 도전하든가, 양자택일을 해야 했다.

몇 주 후 카미유는 비행기 조종 강좌에 등록했다. 그리고 조종법을 배우면서 비행기 타는 일을 점점 더 즐기게 되었다. 면허증을 딴 후, 카미유는 다음과 같이 고백했다. "무섭지 않다는 건 아니에요. 여러 가지 면에서 비행기 여행은 무섭죠. 하지만 비행기에 대해서 모르면 더 무서워요. 그래서 결심했죠." 그 '결심'은 비행기를 조종하기 위해 필요한 여러 가지 기술을 익히는 것을 포함하여 갖가지 어려움을 뜻했으며, 또한 카미유가 자신의 능력을 믿고 도전을 받아들여 '자기근육'을 강화하고자 하는 의지가 있었음을 뜻했다.

어떤 가정에서 자랐든 또 어떤 일에 흥미가 있든, 사람은 누구나 모르고 있던 자신의 능력을 찾아내어 노력을 통해 계발할 수 있다. 그리고 여러 가지 방법을 익히면 익힐수록 자신감은 더욱 커져 간다. 조금씩이라도 행동에 옮기고 앞으로 나아가다 보면 새로운 분야에 도전하는 일이 점점 더 쉬워질 것이다. 그러니 어렵다고 생각되는 일에 도전하는 습관을 길러라. 물론 목숨을 걸어야 할 정도의, 예를 들어 스카이다이빙을 하거나 네팔에 가서 호랑이 서식지를 탐구하는 일을 할 필요는 없다. 안전하고 소소한 일도 '도전'이 될 수 있다. 그 일을 하면서 당신이 누구인지, 무엇을 할 수 있는지를 깨닫는 것이 중요하다. 만들어 본 적이 없는 요리를 만들거나, 낯선 사람들과 친분을 쌓거나, 새로운 기술을 배우는 것도 좋다. 당신이 원하는 것을 좀 더 직접적으로 표현해 보라. 무엇을 하든지 간에 한 발짝 내딛어 보라.

첫걸음을 떼기가 어렵다면, 다음에 소개하는 방법을 권한다.

먼저 분위기부터 조성하고 준비운동을 하자

대부분 사람들은 본격적으로 행동하기 전에 먼저 분위기를 조성한다. 힘든 일을 하려면 먼저 옷을 갈아입고 쉬운 일부터 미리 해치운다. 음악가들은 본격적인 연주에 앞서 손가락을 푼다. 연인들은 음악, 촛불, 섹시한 옷 등으로 낭만적인 분위기를 연출한다. '자기근육'을 강화하는 첫걸음도 이와 비슷하게 시작할 수 있다. 집중력을 높이고 쓸데없는 근심걱정을 머릿속에서 몰아내는 일이라면 어떤 것도 좋다. 차 한 잔을 마시거나, 음악을 틀거나, 편안한 옷을 입거나, 스트레칭을 하거나, 간단하게 물건 정리를 하는 것도 좋다. 숙제를 하기 위해 먼저 책상을 정리하고 필요한 학용품을 챙겨 놓는 아이의 기분이 되어 본다.

그리고 '자기근육'을 강화할 때도 신체의 근육을 강화하는 운동을 할 때와 마찬가지로, 먼저 준비 운동을 하도록 한다. 해야 할 일에 무작정 뛰어들지 말고 작은 단계로 나누어서 하나씩 실천하는 것도 좋다.

닉의 이야기를 다시 상기해 보자. 만약 그가 아마추어 연극배우로 계속 활동하고 싶다면, 아마추어 극단에서 작은 배역을 맡은 것은 그 첫 걸음이 될 것이다. 닉은 그 후에도 다른 작품에서 비슷한 비중의 배역을 계속 맡으면서 경력을 쌓는 한편, 연기 학원을 다니고 발성을 교정하면서 다른 극단의 오디션을 볼 수도 있다. 이렇게 도전의 범위를 조금씩 넓혀 나가면서 닉은 배우로서의 능력을 키울 뿐 아니라 '자기근육'을 강화하여 두려움을 줄여 나갈 것이다. 이렇게 준비 운동을 해나가면서 자신감은 커지고 '근육질 체형'을 갖게 된다.

또한 이 방법을 사용하면 당신의 '팔 길이'도 길어진다. 이것은 내가 직접 경험한 일이다. 나는 열렬한 테니스 광으로, 꾸준히 경기를 하면서 실력이 많이 늘었다는 사실을 자랑스러워한다. 테니스를 하면서 내가 배운 것 가운데 하나는, 공이 너무 먼 곳에 떨어져 도저히 라켓이 닿을 수 없을 것 같아도 일단 팔을 쭉 뻗어 보라는 것이다. 나는 지금도 닿지 않을 것 같은 공을 무사히 쳐내면서 놀라워하는 경우가 많다. 나는 이 경험을 두려움을 불러일으키는 일을 해야 하는 사람들에게 즐겨 인용한다. 하고는 싶은데 당신의 능력 밖이라 생각되어 못하는 일이 있는가? 막상 손을 뻗어 보면 그 일은 그리 멀리 있지 않다. 당신의 팔 길이를 과소평가하지 마라.

두려움을 유도하는 것이 무엇인지부터 파악하라

'자기근육'을 키우고는 싶으나 어느 부분을 강화해야 하는지 모를 때도 있을 것이다. 실제 운동을 하거나 웨이트트레이닝을 할 때, 가장 중요한 사항은 어떤 근육을 키워야 할지를 정확히 알고 그 근육을 집중적으로 강화하는 것이다. 이것은 두려움을 극복하기 위한 행동에서도 마찬가지다. 두려움을 불러일으키는 원인이 무엇인지 정확히 파악하면 어떤 방법으로 '자기근육'을 강화할지를 알 수 있다.

- '수줍음 형' 사람이라면 다른 사람들에게 먼저 말을 걸고 적극적으로 친분을 쌓는다.

- '통제 형' 사람은 통제하고 싶은 욕구를 참는다. 다른 사람에게 일을 맡기고, 모든 것이 완벽해야 한다는 강박관념을 버리고, 타인의 삶에 간섭하고 싶은 마음을 억누른다.
- '과다경계 형' 사람은 주변에서 발생하는 일을 좀 더 느긋한 시선으로 바라보면서 불안과 초조감을 줄인다.
- '순응 형' 사람은 남들이 자신에게 원하는 쪽이 아니라 자신이 스스로 원하는 쪽을 따른다.
- '마초 형' 사람은 화를 내거나, 고집을 부리거나, 논쟁을 벌여서 자신의 두려움을 감추고 싶은 충동을 억누른다.

가상현실을 활용하자

과거에는 낯설고 새로운 일을 익히려면 본인이 직접 해 보아야 했다. 운전을 배우려면 차에 들어가, 옆에 강사를 태우고, 운전대를 잡았다. 직접 해 보는 방식은 여러 가지로 이득이 있지만 위험하거나, 또는 위험하다고 생각되는 일인 경우에는 단점도 많다. 다행히도 지금은 낯선 일들을 더 안전한 상황에서 경험할 수 있게 되었다. 가상현실은 특히 두려움을 많이 느끼는 사람에게 유용하다. 첨단 가상현실을 활용하여 두려움을 누그러트리고 나중에 활용할 수 있는 기술을 습득한 사람들의 예를 세 가지 소개한다.

여동생의 목숨을 구하는 법을 배우다

헬렌은 심각한 심장병을 앓고 있는 여동생 말라를 늘 걱정했지만 어떻게 하면 여동생을 도울 수 있을지 몰라 애를 태웠다. 말라가 갑자기 심장 발작을 일으키면 심장허파소생술CPR이나 자동체외제세동기(심장에 전기 충격을 주어 박동을 소생시키는 기구-옮긴이)가 유용할 것이었다. 헬렌은 자신이 소생술을 완벽하게 배우지 못할까 봐 또 제세동기를 작동하는 법을 제대로 익히지 못할까 봐 고민했고, 그래서 아예 처음부터 배우기를 꺼려했다.

하지만 막상 CPR을 가르치는 강좌에 등록하자 헬렌은 마음이 놓였다. 강좌에서는 진짜 사람이 아닌 CPR 교육용 마네킹을 이용했기 때문이었다. 헬렌은 CPR에 필요한 기술을 손쉽게 터득했고, 또한 제세동기 작동법도 컴퓨터 시뮬레이션을 통해 빠른 시간 안에 배웠다. 막상 해 보니 예상했던 것만큼 힘들거나 어렵지 않았던 것이다. 헬렌은 여동생에게 심각한 문제가 생긴다 해도 자신이 도와 줄 수 있다는 생각에 자신감을 갖게 되었다.

운전대를 다시 잡다

내트는 십대 시절 대형 교통사고를 당했던 기억이 있었기 때문에 자동차를 무서워했고 운전을 배우려 들지 않았다. 이제 이십대 후반인 그는 자신의 두려움을 극복하지 않으면 사회생활이 원만하지 않을 위기에 처했다. 문제는 오랜 세월 누적된 두려움을 어떻게 극복하고 운전대 앞에 앉을 수 있느냐는 것이었다. 내트는 몇 년이나 고민한 끝에 초보자들에게 컴퓨터 시뮬레이션 장치로 운전을 가르치는 학원을 찾아냈다. 자동차에 타지 않고도 운전을 할 수 있자 내트의 두려움은 많이 가라앉았고 이 장치로 실제 자동차를 운전할 때 필요한 기술을 배울 수 있게 되었다.

가상으로 집을 지어 보다

노라는 늘 '그림 같은' 집을 짓고 싶어 했다. 그녀와 남편 프레디는 이제 그 꿈을 이룰 만한 재력을 가졌지만, 두 사람을 괴롭히는 문제는 전형적인 '통제 형' 인 노라가 완벽주의자의 기질을 유감없이 발휘한다는 것이었다. 그녀는 설계사들과 수없이 머리를 맞대고 고민했고, 설계사들은 그녀가 이랬다저랬다 하는 데에 진력을 냈다. 노라는 설계도면이 나오기도 전에 마음을 천 번도 더 바꾸었다. 자신의 생각을 '실험' 해 볼 수 없다는 사실이 그녀를 걱정하게 만들었던 것이다. 마침내 노라는 자신의 컴퓨터에 건축 디자인 프로그램을 설치하여 이리저리 다양하게 가상의 집을 지어 보는 것으로 이 문제를 해결했다. 그녀는 컴퓨터 속 가상의 집으로 걸어 들어가 이 방 저 방 돌아 볼 수 있었고, 친구들에게 자랑을 할 수도 있었다.

가상현실이라고 꼭 최첨단 기술이 들어가야 한다는 법은 없다. 기본적인 방법만으로도 가상현실은 가능하며, 때로는 최첨단 방식보다 더욱 유용하게 쓰인다.

편지를 적어 보자

마틴은 갓 부임한 고등학교 과학 선생이었다. 근무 첫 해가 끝날 무렵, 그는 교감에게서 교사평가서를 받고 깜짝 놀랐다. 그는 건설적인 비평은 귀담아 듣는 사람이었지만, 교감의 평가는 마틴이 그해에 달성한 실적은 싹 무시하고 두 사람 사이에 있었던 갈등에 초점을 맞추었던 것이다. 마틴은 나와 상담을 하는 자리에서 이 문제로 분노를 터트렸지만, 교감에게 직접적으로 이야기할 엄두는 내지 못했다.

"이건 정말 말도 안 돼요. 교사로 부임한 첫 해를 훌륭하게 장식하고 싶었는데, 이 거만한 작자는 내가 날아 보기도 전에 날개를 부러뜨려 놓은 셈이에요! 게다가 이 평가서는 내가 교사로 있는 한 평생을 따라다닐 거라고요."

나는 마틴에게 교감과 일 대 일로 이야기를 하는 등의 행동을 취해 보라고 권했다. 그러나 마틴은 '수줍음 형'에 해당하는 사람이었기에 그럴 용기가 없었다.

"농담하시는 거죠? 전 그런 일 못 해요. 교감 앞에 나가면 한 마디도 못하고 꿀 먹은 벙어리가 되든가, 아니면 마구 소리를 지르고 대들다가 해고당하든가 둘 중의 하나가 될 거예요."

"그럼 뭔가 다른 대응책을 실천할 수 있나요?"

"그러고 싶지만, 후환이 두려워서요."

우리는 계획을 짰다. 마틴은 교감과 단 둘이 만나는 상황을 절대로 피하고 싶어 했기에, 교사평가서의 평가에 반박하는 내용의 편지를 쓰기로 했다. 편지를 쓰는 것에는 많은 장점이 있었다.

첫째, 마틴은 편지를 쓰면서 종이 위에서 전개되는 자신의 생각을 살펴 보았고 따라서 신중하고 논리 정연한 대응을 할 수 있었다. 둘째, 일 대 일 대화에서 있음직한 어떤 방해도 받지 않고 교감의 비판에 반박할 수 있었다. 셋째, 마틴이 자신의 입장을 밝히는 것은 피고용인으로서 정당한 권리 행사였다. 넷째, 교감의 평가서와 마찬가지로 마틴의 편지 역시 기록에 남게 되는 것이었다.

그냥 편지를 쓰는 것이 무슨 가상현실이냐고 생각하겠지만, 편지를 쓰는 행위도 일종의 가상현실이다. 마틴은 편지를 쓰면서 어떤 식으로 대응을 할지 머릿속에서 그려 보고 실험을 할 수 있다. 그는 자신에게 쏟아지는 비난에 맞서 편지 속에서 당당하게 반박을 할 수 있다. 그리고 그 거만한 교감이 바로 앞에 있다고 상상할 수도 있으며, 앞으로도 껄끄러운 사람에게 맞설 때는 어떻게 해야 할지 지침이 되어 줄 것이다. 즉 마틴에게 있어 편지를 쓰는 행위는 종이 위에 생각을 정리하고, 다양한 시나리오를 만들어 가장 알맞은 것을 찾아내고, 자신의 입장을 상황에 맞게 전개할 수 있는 방법이다.

사실 이 상황에서 마틴은 편지라는 기초적 가상현실을 두 가지로 활용했다. 하나는 단지 '열을 식히기 위한' 편지로, 실제로 교감에게 보내지는 않았다. 마틴은 이 편지에서 하고 싶은 말을 마음대로 쓸 수 있었다. 비난을 늘어놓고, 요구사항을 밝히고, 심지어 과격한 말을 퍼붓기도 했다. 마틴은 이 편지를 쓰면서 머릿속에서 분노를 몰아냈다. 감정을 분출하는 데 효과적이면서도 누구에게도 해를 끼치지 않는 방법이었다.

다른 하나는 현재의 상황을 정리하고 자신의 입장을 공식적으로 밝히기 위한 편지로, 실제로 교감에게 보낼 것이었다. 물론 초안을 작성하는 동안에는 원한다면 분노를 마음껏 발산할 수 있다. 하지만 실제로 우편함에 집어넣을 편지는 문제에서 해결하고자 하는 사항을 장기적으로 판단하는 관점에서 쓰여야 한다.

편지 쓰는 기법은 긴장과 두려움을 줄일 수 있는 효과적인 방법이며, 여러 가지 용도로 활용할 수 있다. 편지라고 해서 반드시 누구에게 보내야 할 필요는 없다. 심지어 수취인이 이 세상 사람이 아니라도 상관없다. 지금은 죽고 없는 누군가에 대한, 또는 누군가를 향한 마음을 마음껏 표현하는 데 편지만큼 좋은 글 형식도 없다. 사망한 부모, 형제자매, 배우자, 연인, 친구에게 편지를 쓰는 것은 상당한 치료 효과가 있다. 일기를 쓰는 것도 마찬가지다. 일기는 부정적인 감정을 해소하고 자신의 직감과 마주할 수 있는 방법으로, 안전하고 손쉬우며 비용도 거의 들지 않는다.

역할극이 도움이 된다

기초적 가상현실에서 또 하나 효과적인 방법이 역할극이다. 나는 역할극을 다양하게 변화시켜 심리치료에 활용하고 있다. 환자는 믿을 수 있는 사람들과 함께 안전하고 통제된 환경에서 특정한 경험을 해 볼 수 있다.

쉰여섯 살인 제리는 '순응 형' 사람으로, 어머니의 건강 문제로 오빠인 벤과 오랫동안 갈등을 빚었다. 그들의 어머니 클레어는 여든셋으로 서서히 건강이 악화되고 있었다. 클레어는 혼자 살고 있었지만 점점 더 보살펴 줄 사람이 필요했으며, 실제로 제리가 그 일을 떠맡고 있었다. 벤은 어머니를 돌보는 일이 제리의 책임이라며, "네가 어머니 집에서 더 가까우니까", "네가 시간이 더 많으니까"라고 말했다. 제리는 오빠의 말에는 이의가 없었지만, 그가 책임을 지기 싫어서 자신에게 이 문제를 떠넘기는 것이 아닌가 의심하고 있었다. 하지만 두 사람 사이에서 이 문제가 거론되면 언제나 의미 없는 논쟁으로 번지고 말았다. 제리는 오빠의 태도에 반발하다가도 한발 물러서기 일쑤였고, 따라서 어머니를 돌보는 일은 점점 그녀만의 책임으로 굳어져 갔다.

심리치료의 하나로 시작한 역할극에서, 제리는 마음껏 분통을 터트리고, 다양한 해결 방안을 찾았으며, 오빠와의 논쟁을 어떻게 이끌어야 할지 그 방법을 배웠다. 오빠와 말하기에 앞서 자신의 생각을 밝히고 여러 가지 해결책을 검토할 시간을 가졌기 때문에, 제리는 이전보다 자신감을 가질 수 있었다. 또한 마음이 안정되었기 때문에 오빠와의 대화를 조급하고 초조한 마음으로 시작하지 않아도 되었다.

역할의 장점을 꼽는다면, 다음과 같다.
- 미래에 당신이 직면하게 될 상황을 미리 대처할 수 있다.
- 처한 상황을 어떠한 방식을 처리해야 할지에 대한 경우의 수를 가늠할 수 있다.
- 두려움과 긴장의 수위를 낮출 수 있다.
- 어려운 사람을 어떻게 다뤄야 할지에 대한 전략을 세울 수 있다.
- 당면하게 될 면담, 소통, 토론을 리허설 할 수 있다.

집단치료에서도 역할극을 활용할 수 있다. 제리는 개인치료뿐 아니라 집단치료도 받고 있었기에 두 가지 유형의 역할극을 해 볼 수 있었고, 따라서 오빠와의 관계에서 더욱 자신 있게 처신하게 되었다. 우선 제리는 집단치료 참가자들 가운데 배리를 선택하여 벤의 역할을 맡기고도, 벤의 성격을 대강 알려 주어 배리가 맡은 역을 소화해 낼 수 있도록 했다(집단치료에서 역할극을 활용할 때는 상황의 배경을 간단히 설명하여 참가자들 각자가 특정한 상황에서 다른 사람들은 어떻게 말할지를 예상해 보게 된다). 다음으로는 늘 침착한 태도를 유지하는 여성 참가자를 선택하여, 제리가 역할극을 하면서 두려움을 느끼거나 어떻게 말해야 좋을지 모를 때 도움을 주는 역할을 맡겼다. 제리는 역할극을 통해 문제를 보는 시야를 넓히고 다양한 내용의 대화를 연습하여, 마침내 두려움을 가라앉힐 수 있었다.

이제 실전 경험으로 넘어가자

가상현실은 낯선 환경에서 필요한 것을 배울 수 있는 좋은 대비책이지만, 사실 궁극적으로는 실제 세계에서의 경험이 있어야 한다. 소방관들은 동영상을 보거나 강좌를 들으면서 수없이 훈련을 할 수 있지만, 그 무엇보다도 실제 현장에서 진짜 불길과 싸우면서 가장 많은 것을 배운다. 수술을 하는 의사, 사건을 다루는 변호사, 아이를 키우는 부모, 그 외에 전문화된 작업을 해야 하는 분야에서 종사하는 사람들 모두가 마찬가지다.

물론 어떤 분야에 본격적으로 뛰어들기 전에 충분한 훈련을 받고 어떤 돌발 상황에도 대비할 능력을 기를 수도 있다. 하지만 그렇지 못한 경우도 많다. 이렇게 말하는 나도 참 유감이지만, 당신은 분명히 실수를 하고 좌절을 맛볼 것이다.

조안은 처음 교사가 되어 학급을 담당했던 때를 생생히 기억한다. 물론 그 전에 교생 실습을 거쳤지만, 대도시의 약아빠진 열두 살짜리 아이들 서른 명의 담임이 되는 것은 차원이 다른 문제였다. "제 예상보다 훨씬 힘들었어요. 매일 밤마다 저는 기가 잔뜩 꺾여서 집에 돌아왔죠. 그러면서 내일은 무슨 실수를 할까, 선생이 되는게 아니었는데, 이런 생각을 했어요. 어떤 때에는 나 같은 건 담임을 할 능력이 없다는 좌절감 때문에 울다가 지쳐 잠들었죠."

조안은 한시라도 빨리 마음을 안정시키고 어떤 행동을 취하면 좋을지 알아내어야 했다.

그녀는 두 가지 해결책을 생각했다.

1. 자신에게 여유를 준다. 올해 처음 교사가 된 애송이가 이런저런 면에서 서투른 것은 당연하잖아?

2. 학급을 이끌어 나가는 문제에 대해서 교장 선생님이나 경험이 많은 선생님들에게 조언을 청한다.

실전 경험을 대신할 수 있는 것은 없다. 조운이 아무리 오랫동안 시뮬레이션을 거친다 하더라도 담임이 된다는 실제 상황에 완벽하게 대처할 수는 없을 것이다. 조운은 직접 겪으면서 필요한 지식을 배워 나갔고 결국 일급 교사가 되었다.

유도영상법을 활용하자

유도영상법은 가상현실의 하나로 간주되지는 않지만 자신의 마음속에서 현실을 탐구한다는 점에서는 가상현실이라 할 만하다. 유도영상법은 안전한 장소에서 자신감을 키우는 방법으로, 몸의 긴장을 풀고, 마음을 안정시키며, 걱정거리를 떨쳐버리는 데 놀라운 효과를 발휘한다.

긴장을 해소하고 용기를 북돋우는 영상을 직접 만들어 낼 수도 있다. 멜리사는 다음과 같은 영상을 떠올리면서 마음의 안정을 찾는다.

"모든 게 너무 '벅차다'는 생각이 들면, 나는 내가 아늑하고 예쁘게 장식된 고치 속에 들어가 있다고 상상해요. 그 고치는 언덕에 있는 커다란 삼나무 꼭대기에 놓여 있어서 아무도 나를 방해하지 못하죠. 누군가가 나를 비난하거나 하면 나는 그 안에 들어가서 긴장을 풀고 마음을 가라앉혀요. 고치에 들어갈 때는 나 자신이 마치 보잘 것 없는 애벌레 같다는 느낌이 들어요. 하지만 고치 안에서 충분히 휴식을 취하고 나면 아름답고 우아하고 활기찬 낭비가 되는 거예요. 그래서 고치를 빠져나와 어디로든 내가 원하는 방향으로 날아가 좋아하는 장소에 내려앉을 수가 있다는 느낌이에요."

나는 환자들에게 유도영상법을 자주 사용한다. 일반적인 공포감뿐 아니라 특정한 상황이나 대상에게 느끼는 공포감을 가라앉히는데도 유용한 방법이다.

유도영상법을 제대로 활용하는 법

다음은 미래에 당신의 마음천국이 될 수 있도록 스트레스를 줄이고 안전한 장소를 창조하는 유도영상법이다.

1. 일단 편안한 위치를 찾아라. 그리고 눈을 감고, 바깥세상의 일에서 잠시 등을 돌려라. 그리고 몸이 느끼는 대로 집중하라.

2. 불편함이 느껴진다면, 편안함을 느낄 수 있는 것을 주변에서 찾아라.

3. 호흡에 집중하고, 천천히 들이마시고 천천히 내쉬어라. 그리고 바다의 잔잔한 파도처럼 각 호흡들을 상상하라. 숨을 들이마시면서 에너지를 끌어올리고, 내쉬면서 스트레스를 줄인다.

4. 이완된 상태에서 당신이 느끼는 그 지점에 있는 당신 자신의 모습을 상상해 보라. 아마도 그곳이 당신이 실제로 방문했던 곳일 지도 모른다. 아름다운 해변이거나 사랑스런 초원이거나 거대한 산일지도. 또 아니면, 당신이 그토록 가고 싶어 했던 그곳인지도 모른다.

5. 마음속으로나마 잠깐 동안 당신 주변을 둘러 보라. 무엇이 보이는가? 무슨 소리가 들리는가? 당신이 가장 편안하다고 느끼게 만드는 장소에 대한 것은 무엇이 있는가?

6. 더욱더 이완된 느낌을 가져 보라. 그동안 그토록 긴장되었던 몸의 상태에서 자신을 내놓아라. 그토록 고민했던 것들에서 마음을 내놓아라. 당신은 아무것도 가진 것이 없다. 그 어떤 관심도 두지 마라. 그냥 안전하고 풍요한 분위기에 당신 자체를 내버려 둬라.

7. 고요한 눈빛으로 당신 옆을 둘러 보라. 그동안 당신이 관심을 두지 않았던 물건들을 유심히 살펴 보라. 당신이 관찰했던 것들에서 편하게 느끼지는 것이 무엇인지 살펴 보라.

8. 당신이 들은 특별한 소리와 당신을 차분하게 만든 소리, 미소 짓게 했던 소리에 귀 기울여라.

9. 마음을 안정적이게 해 주는 공기의 향을 느껴 보라. 향기로운 바람, 꽃들의 향기, 그리고 청량한 공기까지도.

10. 다시 한 번 천천히 숨을 들이마시고 천천히 내쉬어라. 당신이 기억하고 있는 모든 이미지를 한 컷의 정신적 느낌을 가져 보라. 이제 당신을 풍요롭게 했던 놀라운 장소와 결별을 할 때이다. 당신이 원하는 시간에 다시 돌아올 것임을 상기하라. 잠깐 동안이지만 특별한 경험을 하게 된 것을 감사하게 여기자.

11. 이제 준비가 되었다면, 눈을 뜨고 다시 자신의 방으로 돌아가라.

어떤 느낌인가? 이런 경험에서 기억하고 싶은 게 있는가?

그렇게 할 수 있다고 생각하면 정말로 그렇게 된다 - - - - - - - - - - - - - -

용기는 당신이 죽음을 두려워한다는 사실을 다른 사람이 알아차리지 못하게 하는 기술이다.

- 얼 윌슨

지금부터 당신에게 중대한 인생의 비밀 한 가지를 가르쳐 주겠다. 남에게 보이는 자신감을 자신에게도 보일 필요는 없다. 사실 세계적으로 성공을 거둔 사람들도 대부분 그 업적을 이루는 동안 수줍어하고, 망설이고, 심지어 두려움을 느꼈다. 유명한 배우, 가수,

사업가, 정치가, 교사, 운동선수 등도 다 마찬가지다.

서른다섯 살의 '수줍음 형' 여성인 멜린다의 말을 들어 보자.

"나는 다른 사람들한테 일부러 알리지 않는 한, 아무도 내가 속으로는 덜덜 떨면서 잘할 수 있을지 반신반의하고 있다는 걸 모른다는 사실을 깨달았어요. '나는 겁이 많아요' 라든가 '나는 자신감이 없어요'라고 광고할 필요가 없는 거지요. 나는 내가 자신 없어 하는 걸 다른 사람들이 다 꿰뚫어 보는 줄만 알았어요. 하지만 지금은 사람들이 내가 수줍어서 가만히 앉아 있으면 자신만만하기 때문에 입을 꾹 다물고 있다고 오해하는 걸 즐기고 있어요."

말하자면 당장에라도 쓰러져 기절할 정도로 겁을 먹고 있다고 해도 겉으로는 전혀 두렵지 않은 척하는 것이 가능하며, 또한 그렇게만 할 수 있다면 실제로 두려움을 극복하는 과정을 반은 달성한 것이나 다름없다. 어렵다고? 물론 그렇다. 하지만 해 볼 가치가 있냐고? 물론 그렇다. 일단 마음을 단단히 먹고 '행동에 들어가면', 생각보다 일이 어렵지 않을뿐더러, '용기 있는 척하던' 상태가 '정말로 용기 있는' 상태로 바뀌게 된다. 즉, '그렇다고 생각하면 정말로 그렇게 되는 것' 이다.

토머스는 대학을 졸업하자마자 취직을 했는데, 직장 상사는 그가 스프레드시트 프로그램을 아주 잘 다룬다고 믿고 있었다. 사실 토머스는 그 프로그램을 한 번도 써 본 적이 없었지만 그렇다고 말할 엄두를 내지 못했다. 이 사실이 밝혀지면 직장에서 쫓겨날지도 모른다는 두려움 때문에, 토머스는 약간 거짓말을 했다. 즉, 이

프로그램은 가끔 써 본 정도에 지나지 않아 아주 잘 다루지는 못하며, 그래서 퇴근 후에 친구를 불러다가 도움을 좀 받겠다고 말했다. 토머스는 컴퓨터 프로그램을 빨리 배우는 편이었기 때문에 어렵지 않게 사용법을 익혔고, 따라서 직장에서 쫓겨날 염려를 할 필요가 없게 되었다.

'그렇다고 생각하면 정말로 그렇게 되는' 또 하나의 예를 들어 보자. 리즈는 경험 많은 간호사로 규모가 큰 병원을 운영하는 책임을 맡은 동시에 간호사들의 교육도 담당하고 있었다. 리즈는 자신의 업무를 잘 알고 있었고, 간호사로서의 열정도 있었으며, 가르치는 일을 좋아했다. 하지만 대부분 사람들이 그렇듯, 그녀 역시 남들 앞에서 말하는 것을 두려워했고 특히 열 명 이상의 사람들 앞에 나서면 무서워서 어쩔 줄 몰랐다. 그렇다면 리즈는 어떻게 그 두려움을 극복할 수 있었을까? 그녀는 내게 다음과 같이 말했다.

"몇 년 전 나는 내가 한 프레젠테이션을 녹화한 테이프를 봤어요. 그때 나는 간호학에 관련된 복잡한 이슈를 주제로 택했고, 그런 주제를 가지고 남들 앞에서 말을 해야 한다는 게 무서워서 미칠 지경이었어요. 설상가상으로 어떤 사람이 내 턱밑에다 그 비디오 카메라를 설치해 놓았으니! 하지만 프레젠테이션 다음날 그 테이프를 보는데, 그 테이프 속의 내가 얼마나 침착하고 태연한지 내가 다 놀랐다니까요! 목소리도 전혀 떨리지 않고, 손바닥이 땀으로 젖어 흥건한 것도 전혀 보이지 않더라고요. 그래서 나는 깨달았지요. 내가 마음속으로 덜덜 떨면서 긴장하고 있는 것을 아무도 눈치채지 못하게 할 수 있다는 걸요. 그 이후부터는 남들이 나를 어떻게 볼까 걱정할 필요 없이 프레젠테이션을 할 수 있게 되었어요.”

‘그렇게 할 수 있다고 생각하면 정말로 그렇게 된다’의 가치

당신이 성공을 원한다면, 이미 가지고 있는 것처럼 행동하라. “마치~처럼” 기술로 행동하라!

– 윌리엄 제임스

당신 주변의 사람들은 대부분 당신이 겁이 많다는 사실을 눈치 채지 못하고 있다. 내가 장담하지만, 다른 사람들은 당신의 심장이 마구 뛴다든가 호흡이 거칠다는 사실을 여간해서는 알아차리지 못한다. 본인은 자기 얼굴이 벌겋게 달아오르고 식은땀을 줄줄 흘리고 있다고 생각하지만, 다른 사람들은 의외로 눈치 채지 못하는 경우가 훨씬 많다. 자신이 두려워하는 모습을 남들이 다 보고 있다고 여기는 것은 자의식 탓이다. 앞에서 리즈가 말했듯, 남들이 나를 어떻게 볼까 걱정하지 마라. 대개의 사람들이 그렇듯, 자신을 가장 혹독하게 비난하는 사람은 바로 자신이다. 자신에게 좀 더 여유를 주어라. 분명한 사실은, 당신의 얼굴 표정과 목소리는 스스로 생각하는 것보다 훨씬 더 침착하고 차분하다.

‘그렇게 할 수 있다고 생각하면 정말 그렇게 된다’를 실천하면 새로운 기술을 배울 수 있다. 경험과 끈기와 시간이 결합하면 얼마나 많은 일을 성취하고, 얼마나 많은 지식을 습득하고, 자신에 대한 믿음이 얼마나 커지는지 아마 깜짝 놀랄 것이다. 두려움은 오랫동안 지속되지만, 그것은 자신감도 마찬가지다. 당신이 기술을 많이 배우면 배울수록 앞으로 새로운 기술을 익히기도 더 쉬워질 것이며 지금은 불가능해 보이는 일이 언젠가는 어린애 장난처럼 느껴질 것이다. 해 보기 전에는 아무도 모르는 일이다.

실제로 부딪혀 보면 생각했던 것보다는 두려움을 덜 느끼는 경우가 태반이다. 나는 사람들이 (어떤 경험을 하고 난 후) "생각했던 것만큼 그렇게 나쁘지는 않았어요"라고 말하는 것을 자주 듣는다. 수영 배우기, 연설하기, 낯선 사람들과 친해지기, 새 직장 구하기, 배심원으로 봉사하기, 급여를 올려 달라고 요구하기와 같은 갖가지 일에서도 마찬가지다. '그렇게 할 수 있다고 생각하면 정말 그렇게 된다' 기술을 사용해 보면 어느덧 두려움은 저만큼 물러가 있고 성공은 손 안에 들어와 있을 것이다.

마지막으로, '그렇게 할 수 있다고 생각하면 정말 그렇게 된다' 기술을 떳떳하지 못한 일에 사용하지는 말기 바란다. 이 기술은 남을 속이라는 의미가 아니다. 당신의 두려움과 우유부단함을 광고하지 말고 숨기라는 뜻이다. 다른 모든 사람들이 다 그렇듯, 당신도 계속 성장하고 발달하는 존재다. 당신이 아직 초보라는 사실을, 또는 자신이 햇병아리라는 느낌을 숨기고 싶다면 얼마든지 그렇게 하라. 그렇게 시침을 뚝 떼는 한편으로 새롭거나, 어렵거나, 껄끄럽거나, 무섭게만 느껴지는 일에 도전해 보라. 당신의 삶이 얼마나 달라지는지 금방 알게 될 것이다.

"……하는 건 꿈도 못 꿔요"라든가 "내가 ……가 되는 건 상상도 못 하겠어요"라고 말하는 사람들이 있다. 지금 이 글을 읽는 당신도 저 말줄임표 안을 채워서 말을 만들 수 있을 것이다. 그리고 그 말이 맞다. 세상에는 상상하기 힘든 일이 아주 많다. 인생은 두렵고 부담스러운 일투성이다. 하지만 사람들 대부분은 지금보다 더 훌륭한 존재가 되거나 더 많은 일을 하는 것을 목표로 삼지 않는가? 상상력과 꿈을 억제하지 마라. 노먼 빈센트 필(Norman Vincent Peale: 미국의 저명한 목사-옮긴이)은 "상상력은 실존하는 마법의 양탄자다"라고 말했다. 상상력이 마음껏 날아다니도록 해 주어라. 두렵더라도 과감하게 선 밖으로 발을 내딛어 보라.

만일 자신이 어떤 일을 하겠다고 상상해 보지 않았다면,

- 아담은 절대 시를 쓰지 못했을 것이다.
- 글렌은 절대 러시아로 여행을 떠나지 못했을 것이다.
- 대니는 절대 사랑에 빠지지 못했을 것이다.
- 론은 절대 박사 학위를 받지 못했을 것이다.
- 바바라는 절대 요가 강사가 되지 못했을 것이다.
- 그리고 나는 절대 이 책을 쓰지 못했을 것이다.

새로운 일을 할 수 있는 기회를 놓치지 마라. 자신이 무슨 일을 하고 있는지 정확히 모르겠다고? 그렇다면 축하할 일이다. 당신이 외계인이 아니라 지구인이라는 사실이 확인되었으니 말이다. 지구상의 모든 사람들이 다 그렇다. 어쨌든 시작해 보라. 최선을 다하고, 자신에게 성장할 시간을 주어라. 그리고 성큼성큼 나아가는 동안 자신이 무슨 일을 하고 있는 잘 아는 것처럼 자신감 있게 행동하라. 두렵더라도 두렵지 않은 '척하면' 어느새 진짜로 두렵지 않을 것이다.

벅차고 어려운 일을 거뜬하게 해내기

사람들은 솔직하게 그리고 용기 있게 삶과 대적한다면, 경험을 통해서 성장하게 된다. 이것이 바로 그 사람의 성격이 어떻게 형성되느냐를 결정한다.

– 엘리노어 루즈벨트

내가 지금껏 이 책에서 말했던 것들이 실천하기 어렵게 느껴질 수도 있다. 얼마 전까지만 해도 개념조차 모르던 '자기근육'을 강화하라니? 무릎이 벌벌 떨려서 서 있기도 어려운데 어떻게 '그렇다고 믿으면 정말로 그렇게 된다'면서 무섭지 않은 척할 수가 있단 말인가? 온몸의 모든 세포가 '대체 뭘 하자는 수작인지 모르겠어!' 라고 울부짖는 것 같은데 이 책에서 소개한 변화를 시도하기란 쉽지 않은 노릇이다.

하지만 여기서 좋은 소식. 당신은 처음부터 커다란 변화를 달성하지 않아도 된다. 중요한 것은 일단 시작을 했다는 사실이다. 그리고 '어려운 일 한 가지' 원칙을 지키면 된다.

'어려운 일 한 가지' 원칙

오래 전 나는 친구 세라 펙과 함께 '여성과 성취 센터' 라는 단체에서 후원하는 세미나를 개최했다. 우리는 강연이 끝나면 우리는 한 여성을 선정하여 그녀가 해낸 '어려운 일 한 가지'가 무엇인지, 또 어떻게 하여 그 일을 할 용기를 낼 수 있었는지 설명하도록 했다. '어려운 일 한 가지'는 개인마다 달라서, 어떤 여성들에게는 대학에 진학하거나 좀 더 좋은 직업을 갖는 등 경력에 관계되는 일이었고, 또 어떤 여성들에게는 지극히 사적인 문제를 극복하는 과정이었다.

그 가운데 키가 작고 몹시 내성적인 프랜이라는 여성의 이야기는 참석자 대부분의 눈에 이슬이 맺히게 만들었다. 프랜은 있는 용기, 없는 용기를 다 짜내어 권위적인 아버지에게 당당하게 말했다.

"제가 어릴 때 아버지의 태도는 옳지 않았어요. 아무리 부모라도 자식에게 그렇게 고함을 지르면 안 되는 거였어요. 나더러 '멍청하다'고 말하고 내 입으로 '나는 못 생겼어요' 라고 말하도록 시킨 건 잘못하신 거예요. 그러니 지금이라도 사과하세요."

그 여성들은 '두려움에 떨면서도' 행동을 했고, 그것이 자긍심과 한 인간으로서의 가치를 높이는 일임을 깨달았다. 그들은 강연장을 꽉 메운 사람들 앞에서 "그런 일은 하기가 좀 뭣해서……"라는 낡아빠진 변명을 하지 않았다.

'순응 형' 이었던 어느 여성은 다음과 같은 이야기를 들려 주었다. "나는 가족 내에서 늘 중재자 노릇을 했어요. 가족끼리 서로 다투는 것은 딱 질색이었거든요. 그리고 다른 사람들 비위를 거스를까 봐 두려워했어요. '누구는 찬성하고, 누구는 반대하는데, 나는 양편을 다 들 거야' 이런 농담으로 그런 두려움을 숨기려 했고요. 하지만 지금 와서 그때를 돌아 보니, 나 자신이 가엾게만 여겨져요. 나는 내 의견이란 걸 한 번도 내세우지 못했고, 조금이라도 규칙에 어긋나는 짓은 할 엄두도 못 냈고, 모험이란 것도 한 번도 해 보지 못했어요. 하지만 나는 늘 발목이 잡혀 살면서도 모험으로 가득한 삶을 꿈꾸었어요. 그리고 지금은 이만큼이라도 꿈을 이루었다는 것이 자랑스러워요."

사람마다 두려움을 느끼는 대상이 다양하듯, '어려운 일 한 가지' 도 사람마다 다양하다. 누구나 처음부터 물에 대뜸 뛰어들어 수영을 할 수 있는 것은 아니다. 발끝부터 조심조심 물에 담그고, 팔을 젓는 법부터 배워 나가는 사람들도 있다. 하지만 인생을 수영장에 비유한다면, 수영을 어떻게 하는지는 중요하지 않다. 정말로 중요한 것은 수영장에 몸을 담그고 있다는 자체다. 그리고 어깨 너머로 흘끔흘끔 돌아보며 다른 사람과 자신을 비교할 필요도 없다. 당신에게 소중한 것이 다른 사람에게는 하찮은 것일 수도 있고, 반대로 다른 사람에게는 중대한 도전일 일이 당신에게는 손바닥 뒤집기처럼 쉬운 일일 수도 있으니까.

다시 한 번 말하지만, 무슨 일이든 '어려운 일 한 가지'가 될 수 있다. 대개는 당신의 두려움 유형과 관계되는 일일 것이다. '수줍음 형' 사람이라면 잘 모르는 사람의 결혼식에 얼굴을 내미는 것도 '어려운 일 한 가지'를 해낸 것이다. '통제 형' 사람이라면 남편이나 아내가 가족 휴가 여행 계획을 짤 때 이래라저래라 참견하지 않는 것도 '어려운 일 한 가지'가 될 수 있다.

다음은 당신이 만날 수 있는 '어려운 일 한 가지'의 예상 사례들이다.

- 내가 처음 몸무게를 재던 일
- 대학을 진학하던 일
- 생전 처음 해 본 스포츠
- 생전 처음 춤을 배우던 일
- 바다 건너 여행을 떠나던 일
- 동의 없이 부모/배우자/전 배우자/형제자매를 만나는 일
- 베이비시터에게 아이를 맡겨 놓은 일
- 심리요법을 해 보기로 결심한 일
- 심리요법을 그만두기로 결심한 일
- 새로운 언어를 배우는 일
- 새로운 직업을 구하는 일
- 안정적이지만 지루한 일을 관두는 일

에밀리의 어려운 일 한 가지

에밀리의 가족 가운데는 고등교육을 받은 사람이 아무도 없었지만, 에밀리는 꼭 대학에 가고 싶어 했다. 그녀의 부모는 등록금을 대 줄 수 없다고 분명히 못 박아 말했다. 그녀가 고등학교를 다니는 동안, 그녀의 아버지는 걸핏하면 "대학은 뭐 하러 가려고? 여자가 고등학교 졸업해서 결혼하고 애 낳으면 잘 사는 거지, 왜 쓸데없이 돈을 낭비해?"라고 말했다. 에밀리는 '순응 형' 사람의 특성상 아버지의 말을 곧이곧대로 받아들여 고등학교를 졸업한 후 취직을 했고, 결혼을 했고, 아이를 셋 낳았다. 하지만 마음속으로는 줄곧 대학에 가지 않은 것을 후회하고 있었다.

이제 아이들이 모두 장성하여 가정을 떠나 버린 마흔아홉 살의 주부로서, 에밀리는 대학에 진학하고 싶은 욕망이 이전보다 더욱 커졌다. 남편 게리는 반대하지는 않았지만 그렇다고 격려해 주지도 않았다. 에밀리의 직장 상사는 그녀가 학사 학위를 따면 급여가 올라갈 것이라고 말했다. 하지만 에밀리는 주변 사람들이 갖가지 쓸데없는 충고를 하거나 "좀 무리지 않을까" 라든가 "대학 가기엔 나이가 너무 많잖아" 같은 소리를 늘어놓아 마음이 상했다. 그녀는 어떻게 해야 좋을지 몰랐지만 또다시 하고 싶은 일을 못하게 될까 봐 두려웠다. 그녀 주변에도 뒤늦게 공부를 시작한 여자들이 몇 명이었고, 그녀는 마지막일지도 모르는 이번 기회를 놓치고 싶지 않았다.

"하지만 어디에서부터 시작해야 좋을지 감이 잡히지 않아요. 만일 직장도 계속 다니면서 대학에 입학한다면 최소한 8년은 지나야 졸업할 수 있어요. 8년씩이나 버틸 수 있을지, 그리고 등록금을 다 댈 수 있을지, 자신이 없어요.”

“일단 한 강의만 들어 보는 건 어때요?” 내가 제안했다.

“한 강의만요?”

“예.”

“그렇게 할 수 있나요?”

“그럼요. 대학에 입학하지 않아도 강의를 들을 수 있는 기회가 많이 있어요. 일단 이번 학기에는 한 강의만 들어 보고 나중에 어떻게 할지 결정해 보세요.”

에밀리는 이 정보에 용기를 얻어 지역 커뮤니티 칼리지(community college: 지역사회의 필요에 따른 과정을 제공하는 2년제의 지역 대학—옮긴이)에 찾아가 강의 시간표를 얻어 왔다. 그리고 고심을 거듭한 끝에 강의 하나를 선택했다. 커뮤니티 칼리지는 그녀가 예상했던 것보다 훨씬 다양한 강의를 제공하고 있었다. 온라인 강좌도 있었고, 야간 강좌도 있었으며, 늦은 나이에 공부를 시작하는 사람들을 위한 프로그램도 많았다. 에밀리는 곧 자신의 형편에 맞는 계획표를 짤 수 있었고, 1년 후에는 경영학 학사 과정을 마쳤다.

두려움과 짜증의 차이

또 다른 예를 들어 볼까 한다. 레오는 직장 상사인 매튜에게 점점 더 짜증을 느끼게 되었다. 매튜는 성질이 불같았고 남들이 보는 앞에서 레너드에게 망신을 주기 일쑤였다. 레오는 매튜에게 정면으로 맞서 볼까 심각하게 고려해 보았지만 직장에서 쫓겨날까 봐 두려웠다. "뭔가 대처를 해야겠는데 어떻게 해야 좋을지 모르겠어요." 그는 이렇게 털어놓았다. 게다가 일이 더 꼬이려는지 레오의 형이 그가 너무 수동적이라고 비난하면서, 더 이상 매튜의 '발닦개' 취급을 당하지 말라고 퍼부었다. 레너드의 긴장감은 참을 수 없을 지경이 되었다.

나더러 말하라면 분명한 해결책이 하나 있지만, 아직은 완성 단계가 아니었다. 나는 어떤 결과가 나올지 확신하지 못했지만, 한 가지 분명한 사실을 레오가 무언가 행동을 취하지 않으면 그의 마음속 짜증은 점점 더 크게 끓어오를 것이었다. 그가 이 상황을 한 번에 해결할 수 있을까? 가능성은 크지 않아 보였다. 그리고 설사 그가 갑작스럽게 그런 결심을 한다 하더라도 바람직한 결정은 아닌듯했다. 지금 레오에게 필요한 것은 '어려운 일 한 가지'를 실천에 옮기는 일이었다.

그 일은 여러 가지가 될 수 있다. 레오는 좀 더 자신감을 갖기 위해 심리치료를 받을 수도 있다. 적극성을 기르는 강좌를 들을 수도 있다. 회사의 인적자원부에 이 문제를 건의할 수도 있다. 다른 직장을 알아볼 수도 있다. 이 해결책들은 저마다 장점과 단점이 있어 어느 것이 좋다고 말하기 어렵다. 하지만 레오가 아무 행동도 하지 않는다면 점점 더 비참한 기분에 젖어들 터였다.

나는 레오와 같은 상황에 처한 사람들을 대할 때 이들이 행동에 나서는 것을 '습관적으로' 피하는지를 유심히 살핀다. 앞에서도 말했지만, 사람들은 두렵거나 불안하기 때문에 행동에 옮기지 못할 때가 많다. 그러다 보면 행동하려 하지 않는 것이 하나의 습관이 되어 버린다. 단기적으로 볼 때는 그것도 나름대로 장점이 있다.
하지만 장기적으로 볼 때는 단점이 훨씬 많다.

두렵다, 그럼에도 불구하고

자신의 행동에 너무 애매하거나 결백적일 필요가 없다. 모든 삶은 곧 실
험이다. 실험을 많이 할수록 삶은 더 나아지기 마련이다.

– 랠프 월도 에머슨

당신은 두려움을 느끼면서도, 심지어 두려움 때문에 행동을 할
때가 있다. 즉 "나는 지금 겁을 먹고 있어. 무슨 일이 일어날까 두
렵고, 이렇게 벌벌 떠는 게 참을 수 없을 정도로 싫어"라고 인정하
면서도 "하지만 그래도 해 볼 거야"라며 행동을 할 수 있다는 것이
다. 두려움을 느끼면서도 그 두려움이 당신의 행동을 지배하거나
통제하지 못하도록 하는 것이다.

아마 당신은 아직도 반신반의하는 기분이리라. 자신은 아직 이런
식으로 행동을 결심하는 태도를 취할 준비가 되지 않았다고. 당신
생각이 옳을지도 모른다. 하지만 '어려운 일 한 가지' 원칙에 처음
부터 마음의 문을 닫지 말고, 다음 질문을 잘 곱씹어 보기 바란다.

- 내일 어떤 결과가 일어날지 몰라 두렵다면, 아예 오늘 해치워
  버리는 것이 어떤가?
- 자녀에게 소리 지르고 화를 낼까 봐 두렵다면, '좋은 부모 되
  기' 강좌에 등록하는 것이 어떤가?

- 멀리 여행을 떠나는 것이 두렵다면, 가까운 곳으로 여행을 가는 것은 어떤가?

- 낯선 사람에게 길을 묻는 것이 두렵다면, 친절하게 보이는 사람을 골라 길을 물어 보는 것이 어떤가?

- 여럿이 함께 듣는 강좌에 나가서 새로운 것을 배우는 일이 두렵다면,《초보자를 위한 ~》같은 입문서 시리즈를 사서 먼저 기본적인 사항을 익히는 것이 어떤가?

- 가족들에게 자잘한 세부사항을 전부 알아서 하도록 내버려 두는 일이 두렵다면, 한 번에 한 가지씩만 가족들에게 맡겨 보는 방식은 어떤가?

- 결혼생활의 문제를 상담 전문가에게 털어놓기가 두렵다면, 딱 한 번만 해 보고 그 결과를 지켜 보는 것은 어떤가?

- 남들에게 무례한 일이 될까 두렵다면, 눈 딱 감고 한 번 해 보고 그 파장이 정말로 심각한지 겪어 보는 것은 어떤가?

- 담배를 끊는 일이 두렵다면, 딱 하루만 금연을 실천해 보는 것은 어떤가?

- 껄끄러운 사람에게 전화를 하는 것이 두렵다면, 전화를 하기 전에 먼저 할 말을 연습해 보는 것은 어떤가?

- 죽는 것이 두렵다면, 오늘부터 하루하루를 꽉 차게 살아가는 것은 어떤가?

'어려운 일 한 가지' 원칙을 실천한다고 해서 두려움이 몽땅 사라지지는 않지만, 오랫동안 잠가 놓았던 문의 자물쇠를 푸는 계기가 된다. 그리고 일단 자물쇠를 풀면, 그 문을 빠끔히 열어 볼 수 있다. 그 다음은 문을 활짝 열어도 좋다는 마음이 든다. 그러고 나면 그 문턱을 넘어서서 문 안에 펼쳐진 크고 아름다운 세계를 마음껏 탐험할 수 있다.

어린이 동화에서 배우자

나는 중요한 사항을 강조할 때면 아이들이 즐겨 읽는 동화에 숨겨진 메시지를 자주 사용한다. 좋은 동화라면 어린이는 물론이고 어른들도 두고두고 생각해 볼 만한 주제를 한 가지씩 담고 있는 법이다. 어린이는 그 기본적인 메시지를 이해하고, 어른이라면 더 깊은 의미까지 생각해 볼 수 있다.

내가 가장 좋아하는 동화는 L. 프랭크 바움이 지은 《오즈의 마법사》다. 이제는 고전이 되어 버린 이 동화의 중심 주제는 등장인물들이 제각기 자신에게 없는 무언가를 갖고 싶어 한다는 것이다. 도로시는 집에 돌아가고 싶다는, 즉 소속감을 원한다. 허수아비는 뇌를, 겁쟁이 사자는 용기를, 양철인간은 심장을 갖고 싶어 한다. 그들은 어떻게 하면 원하는 것을 손에 넣을 수 있을지를 묻기 위해 자신들보다 현명한 존재를 찾아 나선다. 하지만 그들이 아무리 공손하고 간청을 하고 그러다가 초조해 해도, '오즈의 마법사'는 그들의 소원을 들어 주지 않는다. 대신 마법사는 그들에게 서쪽의 못된 마법사에게서 빗자루를 찾아오라는 임무를 맡겨 세상에 내보낸다.

나는 이 동화에서 많은 사람들이 그냥 넘어가기 쉬운 부분을 지적하고 싶다. 소속감을 원하는 도로시는 이 이야기에서 모든 이들을 하나로 단합시키는 사람이다. 뇌가 없는 허수아비는 여러 가지 계획을 생각해낸다. 용기가 없는 겁쟁이 사자는 어려움이 있을 때마다 용감한 행동으로 일행을 위기에서 구한다. 심장이 없는 양철인간은 다른 일행을 헌신적으로 보살피고 눈물도 곧잘 흘린다. 그리고 무엇보다도, 이들이 각자 '어려운 일 한 가지'를 해나갈 때마다, 그들은 자신이 원하는 모습에 한 걸음씩 다가서는 것이다.

하지만 그들은 그 사실을 깨닫지 못한다. 그래서 마법사에게 돌아와 임무를 완수했으니 소원을 들어 달라고 요구한다. 하지만 '오즈의 마법사'는 진짜 마법사가 아니라, 서커스단에 있다가 기구氣球의 줄이 끊어지는 바람에 마법의 나라에 오게 된 평범한 남자였다. 자신의 정체를 들킨 '마법사'는 일행에게 '상징'을 한 가지씩 준다. 도로시에게는 기구를 만들어 같이 타고 가자는 제안(행동)을 하고, 허수아비에게는 지혜가 있다는 증서를 주며, 겁쟁이 사자에게는 용기의 메달을 주고, 양철인간에게는 공단 천으로 만든 심장을 준다. 그러면서 마법사는 이 상징들이 진짜가 아니며, 각자가 노력을 통해서 성취한 것을 상기시켜 주는 물건일 뿐이라고 강조한다.

증거가 있다고 해서 똑똑해지는 것은 아니며, 공단 천의 심장이 있다고 해서 사랑할 수 있는 것은 아니고, 메달이 있다고 해서 용감해지는 것은 아니다. 그들은 자신에게 주어진 임무를 수행할 때, 즉 '행동을 취할 때', 용기, 지혜, 따뜻한 마음씩, 소속감을 얻을 수 있었다. 흔히 이 동화가 주는 메시지는 '우리는 원하는 것을 가질 가능성을 이미 내면에 갖고 있다'라고 보아야 옳다. 그리고 그 '가능성'은 우리가 행동을 취할 때 현실이 된다.

행동을 함으로써 두려움을 극복하고 역경을 이긴다는 메시지는 어린이와 청소년들이 읽는 다른 책에도 많이 등장한다. 아마 당신도 어린 시절 재미있게 읽은 동화가 몇 편 있을 것이다. 그 동화가 전달하는 메시지가 무엇이었는지 곰곰이 떠올려 보라. 어른이 된 지금도 그 메시지가 두려움을 극복하기 위한 한 방법으로 유용하지 않은가?

어떤 사람들은 동화란 그저 어릴 때 읽는 이야기라고 생각하지만, 사실은 바로 그것이 동화의 힘이다. 우리가 어릴 때 읽고 기억하는 동화는 우리의 정신 구조를 형성하는 일부가 되어 중요한 가치를 가르쳐 주고, 새로운 생각에 마음을 열게 하며, 자신을 믿도록 용기를 불어넣어 준다. 그런 의미에서 나는 어린 시절, 또는 자녀를 키우면서 감명 깊게 읽었던 동화를 다시 읽어 보라고 강력하게 권하고 싶다.

당신만의 메시지를 발견해 보자

1. 어렸을 때 가장 좋아했던 책은?

____

2. 그 책의 가장 중요한 메시지는?

____

3. 그 메시지가 지금 당신의 삶과 어떤 관계가 있는가?

___

줄리도 어린 시절 가장 감명 깊게 읽었던 이야기가 있지만, 지금은 그 제목을 기억하지 못한다. 그것은 야구를 하고 싶어 하는 한 소녀가 여자라는 이유로 거절당한다는 이야기로, 소녀의 주변 사람들은 모두 여자는 야구를 할 수 없다고 생각한다. 그래서 소녀는 길게 땋은 머리칼을 야구모자 밑에 틀어 넣어 감추고 야구장으로 간다. 소녀는 사내아이들과 어울려 누구 못지않게 좋은 성적을 내고, 마침내 중요한 시합에도 참가하게 된다. 타석에 선 소녀는 홈런을 쳐냈지만, 3루를 돌아 홈으로 들어올 때 모자가 벗겨져 땋은 머리타래가 들통 나고 만다. 하지만 사람들은 소녀의 정체를 알고도 계속해서 환호를 보낸다.

줄리는 이 이야기 자체뿐 아니라, 재능이 있지만 자신감을 갖지 못하던 소녀가 눈앞의 장애물을 뛰어넘으며 성장한다는 그 메시지도 무척 좋아했다. 줄리는 이 이야기에서 다음과 같은 격려를 받은 것이다. '다른 사람들이 '넌 할 수 없어' 라고 말한다고 해서 네 중요하게 생각하는 일을 포기하지 마라. 무언가를 원한다면, 노력해서 얻어라. 오늘은 너를 제지하던 사람들이 내일이면 너에게 환호를 보낼 것이다.'

무언가를 완벽하게 할 수 있는 유일한 길은 경험을 통해서이며, 경험은
사람들이 '실수'에 붙이는 이름이다.

– 오스카 와일드

일부러 다른 방식으로 해 본다

어떤 일을 하는 방식과 시기를 일부러 바꿈으로써 결과가 얼마나 달라지는지, 직접 실험해 보라. 가보지 않았던 길로 가 보고, 일상적인 인사에 독특하게 대답하고, 늘 '안 돼'라고 했던 일에 '그래, 좋아' 라고 말해 보라. 모든 것을 통제하는 삶은 안전하고 모든 결과를 예측할 수 있으며, 따라서 지겹다. 약간의 위험을 감수하고 통제를 조금만 늦춰 보라. 대개는 모든 일이 지금처럼 잘 돌아갈 것이다. 그리고 드물게나마 좋지 않은 일이 생기더라도 잘 대처할 수 있다는 믿음을 가져라. 게다가 그런 일을 경험함으로써 당신은 더 강하고 현명해질 것이다.

앞으로 닥칠 일이 너무나 두려워서 감히 대처할 엄두도 내지 못할 때도 있을 것이다. 하지만 겉보기에는 힘들고, 어렵고, 심지어 불가능해 보이는 일이라도 방법을 바꾸어 보면 충분히 감당할 수 있는 경우가 많다.

제이크는 케이프 코드의 트루로라는 마을에 가족과 함께 휴가를 떠났다. 그는 수영을 꽤 잘했지만 거친 파도에 위압감을 느낀 데다 북대서양의 차가운 바닷물을 싫어했기 때문에 물에 뛰어들 시간이

되자 온몸이 오싹해졌다. 열 살과 여섯 살인 아이들을 걱정하고 바닷가에 어떤 위험이 도사리고 있을지 모른다고 생각하니 그의 두려움은 더욱 커졌다. 그런 두려움 때문에 제이크는 비참한 기분이 들었고 다른 가족들은 짜증을 느꼈다.

북대서양의 바닷물이 차가운 것은 사실이며 케이프 코드의 바닷가는 물살이 험하고 역류도 곧잘 일어나는 것도 사실이다. 제이크가 자신과 아이들의 안전을 염려하는 것도 무리는 아니었다. 그렇다 하더라도 제이크의 급작스러운 두려움은 가족들이 즐거운 휴가를 보낼 수 있는 권리를 망쳐 놓은 것이다. 그러나 제이크와 아내는 여러 가지로 생각 끝에 대안을 찾아냈다. 즉 지금 있는 해변을 떠나 케이프 코드 만에 가까운 바닷가로 가기로 한 것이다. 트루로의 해변은 그다지 넓지 않아, 그곳까지는 불과 수 킬로미터에 지나지 않았다. 게다가 그곳은 바다 밑이 평평하여 파도도 잔잔했고, 물은 훨씬 따뜻했다. 이런 사실을 알게 되자 제이크의 긴장과 불안감은 누그러졌고 곧 휴가를 즐길 기분을 회복했다. 아이들 역시 부모들의 잔소리를 덜 듣게 되어 좋아했다.

대개의 상황은 이처럼 몇 가지 조건을 바꿈으로써 해결할 수 있다. 상황을 전부 받아들이든가 아니면 죄다 포기해야 할 필요가 없는 것이다. 제이크가 '모 아니면 도'라는 식의 생각이었다면 어떻게 되었을까? 그의 가족이 휴가여행을 아예 포기하고 집으로 돌아왔던가, 아니면 제이크 혼자서 두려움 때문에 안절부절못했을 것이다. 하지만 제이크와 그의 아내는 다른 바닷가로 간다는 간단한 변화를 주어 편안하고 위험이 적은 휴가여행을 즐길 수 있었다.

한편, 제이크는 만 근처의 바닷가에서 수영을 하면서 또 하나 문제를 겪었다. 그는 해양 생태계에 대해 전혀 모르는지라 투구게, 소라게, 실고기처럼 아무런 해도 끼치지 않는 해양동물조차도 위험스러운 외계 생물체처럼만 느껴졌다. 하지만 곧 그는 그것들이 '진짜' 외계 생물체이고, 자신은 미지의 행성을 탐험하러 온 우주 비행사라고 상상하기로 했다. 낯선 환경을 바라보는 관점을 그렇게 바꿈으로써, 제이크의 불안감은 경탄으로 바뀌었고 그는 마음껏 수영할 수 있었다.

앉아서 바라지 말고 일어나서 행동하라

릴라는 내가 오랫동안 신문의 칼럼을 써 왔다는 사실을 알자 감탄했다. "저도 선생님 같은 재능이 있으면 좋겠어요. 저도 늘 글을 쓰고 싶었지만 창의력이 없어서요. 게다가 나 자신을 표현하는 것도 서툴러요."

"만일 글을 쓴다면 어떤 내용으로 쓰고 싶어요?" 내가 물었다.

"내가 숨겨 왔던 비밀을 쓰고 싶어요. 제 내면에는 밖으로 터져 나오고 싶어 하는 것들이 너무 많아요. 제 생각을 종이 위에 옮겨 놓고 싶은 생각은 간절하지만, 전 너무 예민해서 탈이에요. 게다가 누군가 내 글을 보고 비판할까 봐 무서워요."

나는 릴라에게 연민을 느꼈다. 그녀 역시 다른 많은 사람들과 마찬가지로 실패할까 봐 두려워서, 그리고 비판에 너무 민감해서라는 두 가지 저주에 걸려 재능을 발휘하지 못하고 있기 때문이었다.

나는 릴라에게 어린 시절 창의력을 발휘했던 때를 떠올려 보라고 말했다. 그러자 그녀의 태도가 순식간에 바뀌었다. "맞아요! 저는 여동생이랑 여러 가지 놀이를 개발해서 즐겼지요. 어떤 때는 고고하게 앉아서 차를 마시는 숙녀 놀이를 하고, 어떤 때는 메리 포핀스에 나오는 등장인물이 되어서 놀기도 했어요."

나는 릴라를 바라보며 만약 그녀가 자신은 재능이 없다고 단정 짓지 않았더라면 지금쯤 어떤 모습을 하고 있을까 궁금해졌다. 만약 두려움 때문에 움츠러들지 않고 행동했더라면 지금쯤 그녀는 어떤 모습일까? 만약 다른 사람의 성취를 시샘하지 않고 그 에너지를 자신의 성취에 쏟았더라면 지금쯤 그녀는 어떻게 되었을까?

사람들이 행동에 옮기지 않는 바람에 이 세상에서 얼마나 많은 재능과 욕구와 흥미가 스러져갔는지는 아무도 모를 일이다. 과거를 돌아보고 당신이 하고 싶었던 일을 하지 못한 것 때문에 자신을 책망하지 말고, '이것을 해야 한다'는 태도를 '이것을 해서 기쁘다'로 바꾸어 보면 어떤가? 내가 아는 사람들 가운데 자신의 욕구를 실천에 옮겨 더욱 행복한 삶을 누리고 있는 경우를 몇 가지 소개한다.

- 샌디는 여행을 떠나고 싶어 했다.
- 마크는 합창단에서 노래하고 싶어 했다.
- 조는 이 세상을 바꾸고 싶다는 갈망이 있었다.
- 로라는 태어나자마자 입양 보내야 했던, 지금은 서른세 살이 된 딸을 찾고 싶어 했다.
- 알렉스는 죽기 전에 형과 화해하고 싶어 했다.
- 레니는 좀 더 좋은 직업을 갖고 싶어 했다.

많은 사람들은 지금껏 해 보지 않은 일을 할 때 자신의 결점과, 어려움과, 실패를 두려워한다. 이들은 일을 망치거나 비웃음거리가 될까 봐 겁을 먹는다. 그리고 한 가지 일을 할 때마다 "나는 공을 떨어뜨려 버릴 거야", "나는 이걸 절대 배우지 못할 거야", "나는 분명 실수할 거야", "나는 내 위치를 까먹어 버릴 거야", "나 때문에 팀 전체가 엉망이 될 거야", "나는 이런 부담을 이기지 못할 거야" 등 온갖 추측을 남발하여 걸음을 미처 떼 놓기도 전에 얼어붙어 버린다. 내가 당신에게 하고 싶은 말은, 마음속에서 끝없이 솟아나는 이런 변명에 귀 기울이지 말고, 새롭게 시작하는 일에 기회를 주어 보라는 것이다. 두려움을 극복하려면 먼저 다음과 같은 사실을 인정할 필요가 있다.

- 새로운 일을 시작하면서 당신이 걱정하는 문제가 무엇이든 간에, 실제로 일어나지는 않을 것이다.
- 설령 새로운 일에서 무언가 잘못된다 하더라도, 당신이 생각하던 만큼 그렇게 심각하지는 않을 것이다.
- 설령 심각한 상황이 되었다 하더라도, 당신은 이겨낼 수 있을 것이다. 그리고 그 경험에서 한수 배우고 다시 앞으로 나아가면 된다.

만약 당신이 용기가 없다면, 당신에게 다가올 놀랄 만한 일들도 얻지 못한다.

- 메리 테일러 무어

어떤 사람들은 인생이 불공평하다고 여기기 때문에 행동을 하지 않으려 한다. 물론 인생은 불공평하다. 다른 사람들이 가진 것을 당신은 갖고 있지 않을 수도 있다. 당신의 친구는 두려워하지 않는데 당신은 죽도록 두려워한다. 하지만 그게 뭐 어쨌다고? 과거 지구상에 살았던 사람들 대부분에 비하면, 그리고 현재 지구상에 사는 사람들 대부분에 비하면, 당신은 인생에서 꽤 많은 것을 누리고 있다. 당신은 자유롭게 의사를 표현하지 못하거나, 교육을 제대로 받을 수 없거나, 마음대로 여행할 수 없는 나라에서 태어날 수도 있었다. 당신은 극빈층 가정에서 태어나거나, 인종차별이나 남녀차별이 극심한 환경에서 태어날 수도 있었다. 인생이 불공평한 것은 사실이다. 하지만 호화롭게 사는 연예인이나 갖출 것을 다 갖춘 듯한 이웃사람과 비교하지만 않는다면, 당신도 꽤 많은 혜택을 누리고 있음을 알게 될 것이다.

내가 인생의 불공평함을 강조하는 것은, 그런 생각이 당신의 발목을 잡을 수 있기 때문이다. 인생이 불공평하다고 분개하는 데 시간을 낭비하는 바람에 미처 발을 떼기도 전에 행동을 중단해 버릴 위험이 있기 때문이다.

앞으로 나아가 뛰어 들어라. 지금껏 해 보지 않았던 일을 하려면 그 수밖에 없다. (대부분은 아니겠지만) 많은 경우, 당신이 출발할수 있도록 옆에서 도와주고 격려해 주는 사람들이 있을 것이다. 그리고 그 일에 대해서 잘 알고 있는 사람들의 비판은 당신이 각오하던 강도보다 훨씬 약할 것이다. 아니, 오히려 당신을 가장 혹독하게 비판하는 사람은 당신 자신이 될 공산이 크다. 그러니 심호흡을 한 번 크게 하고, 두려움을 저만치 밀어 놓은 다음, 일단 한 발을 내딛어라. 이것은 스포츠, 연설이나 프레젠테이션, 춤, 직업, 자원봉사, 여행, 그 외 거의 모든 행동에 해당되는 조언이다.

관심사를 행동으로 옮기는 방법

1. 그것이 명확하지 않더라도 당신이 지금 가지고 있는 관심사, 탤런트, 욕구를 적어 보자.

____

____

2. 당신의 관심사와 탤런트를 풍요롭게 하고, 욕구를 만족하기 위해서 당신이 해야 할 일 한 가지를 제대로 적어 보자.

____

____

3. 질문 2에 대해 당신이 실제적으로 실행으로 옮겨야 할 일을 상상해 보자. 그리고 그 일이 당신이 생각했던 것보다 어렵고 격렬하고 거칠지라도 그것을 어떻게 행동을 옮길지를 상상해 보자.

그런 과정에서 두려워하는 일들의 이미지를 그려 보자. 그런 다음
에 지금 당장 해야 할 일을 성취하고자 느끼는 부분을 적어 보자.

____

____

4. 처음 행동을 지속적으로 이어가기 위해서는 어떤 용기가 필
요할지 생각해서 적어 보자.

____

____

5. 당신이 원하는 바를 실제 얻을 때까지 이어간다면, 과연 어떤
느낌일지 상상해서 적어 보자.

____

____

6. 당신의 지속적인 행동을 방해하는 것이 무엇일지 생각해서
적어 보자.

____

____

아마도 당신이 이런 이유 때문을 일을 중단할지도 모른다.
- 시간이 없어서
- 돈이 없어서

- 에너지가 없어서
- 재주가 없어서
- 어떻게 해야 할지 몰라서

7. 당신의 행동 과정을 지연시키는 일들이 무엇인지 발견하고, 깊게 파 보라.

____

____

____

8. 두려움을 강화하는 대신에, 두려움을 능가하여 당신을 움직일 수 있는 확신이 될 만한 것을 적어 보자.

____

____

____

'한 번 해 보려고 마음먹기'와 '실천하기'를 구분한다

사람들은 무엇을 하는 것에 거부감을 느끼면 그것을 '실천하기'보다는 '한 번 해 보려고 마음먹기'에 그친다. 그런 거부감 밑에는 대개 두려움이 숨어 있다. '한 번 해 보려고 마음먹기'와 '실천하기'를 구분하지 못하면 노력을 헛되이 낭비할 수 있다.

제이슨과 게이브는 회사가 인원 감축을 실시하면서 직장을 잃었다. 제이슨을 직장을 구하려고 '마음먹고', 신문의 구인광고란을 훑어 보았지만 마음에 드는 회사를 발견하지 못했다. 게이브는 이

력서를 새로 작성하여 일주일 동안 열 군데에 이르는 회사에 발송하고, 회사 동료들과도 연락을 유지하며, 면접에 대비하여 연습하고, 효율적인 자기홍보를 다룬 책을 두 권 읽었다. 두 사람의 행동에서 차이점을 발견했는지? 제이슨은 그저 '한 번 해 보려고 마음먹었을' 뿐, 그의 노력은 보잘것없었고 헛되기까지 했다. 반면 게이브는 실업이라는 문제를 해결하기 위해 적극적이고 구체적으로 노력했다. 즉, 무엇인가를 '해 보려는' 것과 실제로 '하는' 것을 구분해야 한다는 말이다.

물론 정말로 힘들여 노력했지만 성취하지 못하는 일도 있다. 결과에 연연하지 말라는 조언을 기억하는지? 벤은 리사에게 데이트를 신청하고 싶어 했다. 그는 그녀가 승낙을 하도록 온갖 노력을 할 수 있지만 그렇다고 그녀가 승낙하도록 만들 수는 없다. 노력은 실천을 하는 데 꼭 필요한 개념이지만, 그에 따른 결과는 당신이 어찌할 수가 없다. 중요한 사실은, 제아무리 뼈빠지게 노력하더라도 그 노력이 실천이 아니라 생각에 가깝다면, 한 번 해 보려는 마음뿐이라면, 또는 자신에게 확실하게 다짐한 것이 아니라면, 아무런 결과도 낳지 못할 것이다.

시도에 그치지 않고 행동으로 옮기는 방법

1. 당신에게 도움이 되는 행동이 무엇인지 적어 보자.

____

____

____

2. 피하고 싶은 일에 주목해 보자. 그러면 노력을 안 하는 것이 아니라, 행동할 계획이 없다는 것을 알게 될 것이다. 아니면, 늦지 않았는데 이미 너무 늦었다고 핑계를 대고 있는지도 모른다. 혹은 해야지, 라는 말보다 하겠지, 라고 얼버무릴 것이다. 당신이 자신 없고 머뭇거리는 말투를 사용한다는 것에 주목해라. 그리고 행동을 저지하는 가장 친근한 패턴이 무엇인지 적어 보자.

____

____

____

3. 당신의 저항 이면에 숨겨진 두려움은 무엇인가? 행동을 회피하려고 할 때 당신은 어떤 느낌이 드는가?

____

____

____

4. 질문 1에 대한 대답을 다시 적어 보고, 보다 명확한 명료한 행동이 무엇일지 생각해 보자. 그리고 당신이 무엇을 할 것이며, 언제 할 것이며, 어떻게 할 것인지를 명확히 제시하라.

____

____

____

5. 이제 행동으로 옮겼다면, 느낌이 어떤지 솔직하게 이야기해 보자. 그리고 자기근력에 어떤 영향을 미쳤는지도 이야기해 보자.

로라는 자신이 낳자마자 입양 보내야 했던, 이제는 성인이 된 딸을 찾고 싶어 했다. 그녀는 이 연습문제를 하면서 자신의 소원을 '한 번 해 보려고 마음먹은' 상태를 벗어나 '실천'에 옮겼다. 그녀가 작성한 문장은 다음과 같다.

1. 나는 그때 그 입양기관에 연락을 하고 싶다.

2. 나는 늘 나중에 연락해야지라고 생각하지만 그 '나중'은 결코 오지 않았다.

3. 내가 두려워하는 것은 딸을 찾았을 때, 딸이 나를 미워하고 나를 만나려 하지 않으면 어쩌나 하는 것이다. 그 생각만 하면 견딜 수 없이 불안해진다. 한편으로는 연락을 미룰 때마다 나 자신이 의지력이라고는 없는 사람이라고 느껴진다.

4. 1번에 썼던 문장을 바꾼다면 이렇게 쓰고 싶다. "나는 이번 주 안으로 그 입양기관에 전화를 하겠다고 나 자신에게 약속한다."

5. 내가 이 일을 해낸다면, 나 자신이 아주 대견스러울 것이다. 나의 '자기근육'은 강해질 것이다. 두려움이라는 벽을 깨뜨릴 수 있다면, 나는 나 자신을 아주 자긍심 강한 여성으로 여기게 되리라.

행동을 취한다고 해서 모든 문제가 해결되지는 않겠지만, 불평만 하던 사람에서 문제를 해결하려는 사람으로 변하는 계기가 될 것이다. "난 직업을 구하지 못할 거야", "난 그녀에게 말도 못 붙여", "나는 차분하지가 못해"라며 불평만 하는 사람은 자신을 희생자라고 여긴다. 하지만 행동을 취하면 해결책이 보인다. "직업 상담소를 찾아가 봐야지", "적극적인 행동방식을 가르치는 강좌에 등록해야겠어", "요가를 배워서 두려움을 가라앉히도록 해야지." 행동을 취한다고 해서 반드시 원하는 대로 되지는 않겠지만, 적어도 올바른 방향으로 발걸음을 돌린 셈이 된다.

역설의 힘을 이용하라

어떤 패턴을 바꾸기 위해 지나치게 노력하면 오히려 잘 안 될 때가 있다. 오히려 노력하면 할수록 그 패턴이 더욱 굳어지거나 자주 발생하게 된다. 이럴 때는 역설의 힘을 이용하는 것이 가장 좋다.

역설이란 모순인 것 같지만 그 속에 진리가 들어 있는 말이다. 몇 가지 예를 들면 다음과 같다.

- 정말로 바쁜 하루를 보냈을 때보다 '아무 것도 하지 않고' 하루를 보냈을 때 더 피곤함을 느끼기도 한다.
- 많이 배울수록 자신이 더욱 무지하다는 생각이 든다.
- 누군가를 통제하려고 하면 할수록 그 사람이 자신의 손아귀에서 벗어나고 있다는 생각이 든다(그리고 실제로 그렇게 된다).
- 깊은 물을 두려워해 몸을 물 위로 띄우려고 하면 할수록, 몸

의 긴장을 풀고 편안히 있는 것보다 물에 빠질 확률이 더 높
아진다.

- 흐르는 물을 막아 보려 하면 할수록, 얻는 것은 기껏해야 물
  한 양동이뿐이다.
- '자연스럽게' 보이려고 무진 애를 쓴다.
- 사람들에게 잘 보이려고 하면 할수록 사람들은 당신을 피한
  다. 있는 그대로의 자신을 드러낼수록 사람들도 당신을 좋아
  할 것이다.
- 당신이 진정으로 원하지 않는 것에는 만족하지 못한다. 두려움
  을 피하기 위해 과식을 한다면 결코 배가 부르지 않을 것이다.
- 안전을 핑계로 사랑하는 사람을 구속하면 할수록, 그 사람은
  점점 더 당신 곁을 떠나고 싶어 한다.
- 어떤 일을 금지당하면 더욱 하고 싶어진다.
- 사람들이 들을까 봐 목소리를 낮출수록 주위 사람들의 귀는
  더욱 쫑긋해진다.

역설의 힘은 특히 사방이 막힌 듯 답답하고 달리 어떻게 해야
좋을지 모를 때, 그래서 두려움을 느낄 때 아주 유용하게 써먹을
수 있다.

메리는 '과다경계 형'으로, 최근 들어 세 번이나 극심한 두려움
을 겪는 바람에 고통스러워했다. 그때마다 그녀는 자신의 감정에
당혹해하고 좌절했으며, 특히 갑작스럽게 조퇴를 하고 회사를 나
설 때면 그런 느낌이 더욱 커졌다. 그녀는 다음날이 되면 위장이

아팠다는 이야기를 꾸며냈지만, 동료들이 그녀의 불안감을 알아차릴까 봐, 그리고 이해를 해주지 않을까 봐 두려워했다. 그녀는 겉을 보기에는 자신감이 넘치는 사람이기 때문이었다.

하지만 메리의 두려움은 갈수록 커졌다. 회사에서 느끼는 두려움을 극복해야 한다고 생각하면 할수록 두려움은 점점 더 심해졌다. 나는 그녀에게 이제부터는 동료들과 같이 있을 때 그녀가 두려움을 느끼는 상황을 일부러 만들어 보라고 권했다.

메리의 반응은 격했다. "뭐라고요? 그건 정신 나간 짓이에요. 발작을 일으킬까 봐 두려운 사람한테 발작을 일으키는 상황을 일부러 만들어 보라는 거예요?"

나는 대답했다. "바로 그거예요. 두려운 상황을 미리 준비해서 일으켜 보고는 어떤 일이 일어나는지 한번 보세요."

당신도 예상했겠지만, 메리는 스스로도 놀랄 만한 결과를 접했다. 두려운 상황을 피하려 하지 않고 두려움을 통제하려는 노력도 그만두자, 그녀는 이전보다 불안감을 덜 느끼게 되었다.

도저히 어떻게 해 볼 수 없을 듯한 문제로 괴로워하고 있다면, 역설적인 접근법을 써보는 것도 도움이 될지 모른다. 문제를 해결해 보려는 노력을 그만두고, 문제에 맞서는 대신 문제와 함께하면서 어떤 결과가 나올지 지켜 보라.

복잡한 문제는 간단하게

단순해지는 것이 선물이며, 자유로운 것이 선물이다

— 셰이커 교도들의 음악

두려움에 사로잡힌 사람들은 대개 걱정이 백 가지는 넘거나, 아니면 걱정을 할 만한 거리가 있나 찾아다닌다. 두려움을 느끼고 싶을 때 가장 확실한 방법은 이 세상의 온갖 문제들을 하나하나 고민하는 것이다. 이렇게 살아야 할 이유가 있을까? 두려움을 극복하려면 앞으로 부딪히게 될 부정적인 가능성의 숫자를 줄이고, 문제를 간단하게 만드는 작업이 필요하다.

나는 간단한 숫자, 특히 1, 2, 3을 좋아한다. 한 번에 네 가지 이상의 일을 처리하려고 하면 불필요한 스트레스를 낳을 뿐이라는 것은 경험으로 익히 알고 있다. 그래서 한 번에 네 가지 이상의 일을 해야 할 일이 생기지 않도록 일정을 잘 조절한다. 그리고 때로는 세 가지도 너무 많다.

다음의 두 가지 상황에서 서로 다른 점을 찾아 보라.

상황 1. "나는 늘 수십 가지 일을 하느라 바빠. 그리고 뭘 깜박 잊는다는 건 있을 수도 없어. 그렇게 하루 종일 종종걸음을 치고 녹초가 되어 있으면, 남편이 또 일거리를 만드는 거야. 왜 이렇게 해야 하는 일이 많은 건지 모르겠어. 좀 벗어나고 싶다고!"

상황 2. "오늘은 일단 세 가지 일을 하기로 계획했어. 먼저 X를 처리하고, Y를 처리한 다음, 시간이 남으면 Z를 할 수도 있을 거야. 그리고 집에 돌아가서 남편이 내게 뭘 부탁하면 내일 일정에다 넣어야지. 아니면 남편더러 직접 하라고 슬쩍 찔러 볼 수도 있을 거고."

상황 1은 해야 할 일이 끝도 없이 밀려드는 반면, 상황 2는 일정표의 모든 일이 긴급사항인 마냥 조급해 하지 않으면서 균형을 잘 잡고 있다. 할 수 있는 일을 하라. 그러면 결과는 알아서 찾아올 것이다.

정리하는 사람이 된다

'정리가 안 된', '어지러운', '이리저리 흩어진', '난장판인', '흐트러진.' 이 단어들의 공통점은 무엇일까? 이 단어들은 모두 혼동, 혼란, 당혹스러움을 암시하며, 이 세 가지는 두려움이라는 칵테일을 만드는 데 빠질 수 없는 재료들이다. 당신의 방이나 사무실이 엉망진창이어서 물건을 찾기가 어렵다면 그 결과 어떤 일이 생기겠는가? 그렇다. 긴장, 촌조, 근심걱정, 두려움이 들이닥칠 것이다. 물건을 어디다 두었는지 금방 잊어버리고, 무엇 하나 제대로 찾을 수 없어서 잠도 잘 오지 않고 일에 집중할 수도 없게 된다.

당신이 하고자 하는 행동에서 성공하고 싶다면 정리하는 습관을 길러야 한다. 물론 혼돈에서 질서를 만들고, 무법상태를 정리하고, 백일몽에서 목표를 끌어내는 것은 복잡한 과정이 필요하다. 정리하는 방법을 다룬 책을 한 권 사서 읽으면 도움이 될 것이다. 다만 내가 강조하고 싶은 점은 '정리광狂'이 되지는 말라는 것이다.

자신을 솔직하게 평가해 보라. 만일 정리를 제대로 하지 않는 것이 행동을 주저하는 이유 가운데 하나라면 당장 정리하는 방법을 배우도록 한다.

온갖 가능성에
마음을 열다

　두려움을 극복하기 위한 행동은 일회성으로 그쳐서는 안 된다. 매일의 일상에는 반드시 새로운 행동을 시작할 가능성이 숨어 있다. 두려움 때문에 행동을 하지 못하는 일이 없도록 하라. 확신을 가질 때까지 기다리겠다고 생각하면, 평생을 기다려도 행동하지 못한다. 인생의 온갖 가능성에 마음을 열라는 말은 두려움을 느끼더라도 일단 행동을 하라는 뜻이다. 아시지의 성 프란체스코St. Francis of Assisi는 다음과 같이 말했다. "꼭 필요한 일부터 시작한 다음 가능하다 싶은 일을 해 보라. 어느 사이엔가 불가능하다고 생각하던 일을 하고 있을 것이다."

불가능한 것을 성취하려면
불가능한 것도 실행해야 한다.

– 미겔 데 세르반테스

두려움 이후의

행복한 삶

두려움을 날려 버릴 수 있는 방법들

수많은 사람들이 그러했듯, 당신도 지금까지 이 책에서 소개한 아이디어와 연습을 실천하여 두려움을 길들이는 데 성공할 수 있다. 하지만 만약에 당신이 이 책을 읽고, 책 속의 개념들에 동의하고, 소개된 접근법을 실천해 보았는데도, 그것도 아주 열심히 공들여 노력했는데도 불구하고 딱히 나아진 것이 없다면 어떡해야 할까? 아니면 나아지기는 했으나 극히 미미한 수준일 뿐 전체적으로는 제자리를 빙빙 맴돌거나, 심지어는 두려움이 더 커져버렸다면 어떡해야 할까?

심리치료

많은 사람들이 심리치료를 통해 자신만의 독특한 방식으로 삶을 풍요롭게 만들 수 있는 가능성을 발견하고 있다. 심리치료는 두려움의 강도와 빈도를 낮추는 데 도움이 될 뿐 아니라 두려움을 다스리는 기술을 늘려 줄 수도 있다. 특정한 두려움을 다스리거나 몸에 배어버린 생활방식을 극복하여 두려움을 떨치는 방법을 배울 수도 있다. 스트레스를 최소한으로 줄이고, 자신감을 높이고, 생각을 명확하게 만들어 줄 수도 있다. 게다가 이것은 시작에 지나지 않는다. 장기적으로 심리치료를 받으면 인생이 완전히 바뀌기도 한다. 두려움과 불안에 떨며 지내던 삶이 즐거운 가능성으로 가득 찬 삶으로 변하는 것이다. 어떻게 하면 이런 일이 가능할까?

이 질문에는 간단하게 답할 수가 없다. 심리치료에는 수많은 유형이 있으며 치료 방향도 다양하기 때문이다. 여기에서는 두 가지 서로 다른 치료 모델의 차이점을 설명하는 것으로 답을 대신하기로 한다.

교육 모델

이 접근법은 학습 원칙에 기반을 둔다. 지나치게 두려움을 갖는 것이 학습된 것이라면 두려움을 갖지 않도록 학습될 수도 있는 것이다. 교육 모델에 속하는 치료 유형에는 다음 몇 가지가 있다.

- 행동 수정 치료는 긍정적인 강화와 탈감각으로 두려움을 줄이는 데 집중한다.
- 인지 치료는 두려운 생각과 비이성적인 믿음을 바꾸는 것에 중점을 둔다.
- 정신역동 치료는 현재의 인간관계, 아동기의 경험, 정신내적인 갈등이 미치는 영향을 강조한다.
- 가족 치료는 다른 가족 구성원을 참여시켜 가족 내의 관계에 초점을 맞춘다.

이런 접근법들은 제각기 이론상의 신념과 기법이 있으며 특정 학파의 치료가 모든 사람에게 가장 좋은 방법인 것은 절대 아니다. 따라서 치료사들은 여러 가지 접근법을 절충한다. 즉, 서로 다른 학파의 심리치료가 내세우는 전략을 활용하여 자신의 고객에게 딱 맞는 방법을 고안한다. 그러니 나와 가장 잘 맞을 것 같은 치료사를 찾아다니느라 시간과 에너지를 쓸 필요가 없다. 쉽게 만날 수 있는 치료사에게 찾아가 어떤 유형의 치료법을 쓰는지, 당신의 문제에 어떤 치료법을 쓸 수 있는지를 주저 없이 물어 보면 된다.

의학적 모델

이 방법은 정신질환 패러다임에 기반을 두고 있다. 특정 진단 기준을 바탕으로 진단을 내리고, 치료에서는 심리치료뿐 아니라 향정신성 의약품을 사용하는 경우도 많다. 두려움에 관련된 주요 진단을 간단히 소개하면 다음과 같다.

범불안장애

이 장애가 있는 사람은 불안을 과도하게 느낀다. 일상에서 걱정 거리가 수도 없이 많고, 그런 불안감을 조절할 능력이 거의 없다. 전형적인 증상으로는 불안해서 들뜨거나 신경이 곤두서 있고, 집중하기가 어렵고, 정신이 멍해지고, 얕은 잠을 자거나 불면증이 있고, 성격이 과민하고, 피로를 곧잘 느끼고, 항상 긴장해 있다.

공황장애

공황장애 진단을 받은 사람은 공황 발작이 시도 때도 없이 계속 찾아온다. 공황 발작이란 강렬한 두려움이 종종 급작스럽게? 10분 이내에? 절정에 이르는 것이다. 공황장애의 일반적인 증상에는 심장이 미친 듯이 뛰고, 땀을 흘리고, 머리가 어지럽고, 자세가 불안정하고, 현실과 동떨어졌다는 느낌이 들고, 통제력을 잃을 것이라든가, 죽을 것이라든가, 미쳐버릴 것이라는 두려움 등이 있다. 공황 발작을 경험한 사람은 또 다른 발작이 찾아올 것이라는 두려움 때문에 광장 공포증(집이나 안락한 장소를 떠나기 싫어하는 공포증)이 생기는 경우가 많다.

사회공포증

사회공포증은 사회적 상황, 특히 어떤 행동을 수행해야 하는 상황을 극도로 두려워하는 증세이다. 자의식이 과도하게 강하면 남에게 평가를 받거나, 당혹감을 느끼거나, 망신을 당하는 것을 두려워하게 된다. 사회공포증은 대체로 낯선 상황에 처하거나 잘 알지 못하는 사람들과 같이 있게 되면 더욱 커진다.

특정 공포증

비합리적이고 과도한 두려움은 사회적 상황뿐 아니라 특정한 물체나 환경에서도 발생할 수 있다. 일반적으로는 비행, 피, 주사, 특정 동물, 물, 운전, 높은 곳, 폐쇄된 장소, 어둠, 혼자 있는 것 등을 두려워하는 공포증이 잘 알려져 있다. 이전의 경험 때문에 생기는 경우가 많지만 그렇지 않은 경우도 있다.

급성 스트레스 장애

죽음 (또는 임사[臨死]), 심각한 부상, 또는 심리적 외상을 겪었거나, 목격했거나, 직면한 적이 있는 사람은 대체로 불안감을 안고 살아가게 마련이다. 그러나 그런 불안한 반응이 지나치게 강해져서 무력감, 공포, 망연자실을 느끼거나, 현실에서 분리되는 듯한 감정이 들거나, 이 세상에서 "떨어지는" 듯한 느낌이 들면 급성 스트레스 장애로 진단한다.

외상후 스트레스 장애(PTSD)

급성 스트레스 장애 증상이 10개월 넘게 계속되면 진단명이 외상후 스트레스 장애로 바뀐다. 해당 사건에 대해 꺼림칙하고 괴로운 생각이나 이미지가 자꾸 떠오르고 악몽을 계속 꾸는 것이 외상후 스트레스 장애의 증상이다. 그 외에도 해당 사건과 관련된 모든 것을 지나치게 피하고, 집중력이 떨어지고, 흥분을 잘 하고, 분노 또는 눈물이 갑자기 터지고, 잠을 제대로 자지 못하고, 쉽게 놀라고, 해당 사건에 관련된 자극에 대해 과다각성을 하는 증상도 포함된다.

강박장애

강박증은 불안하고 꺼림칙한 생각이 계속 들어 그만둘 수가 없는 증상으로, 그런 강박에 반응하는 행동을 계속 반복하게 된다. 끊임없이 주변을 확인하거나, 물건을 정해 놓은 순서대로 배열하거나, 손을 씻거나, 무언가를 세는 행위를 계속한다. 강박장애가 있는 사람은 어떤 상황에서든 자신의 강박적인 행동을 고집하므로, 다른 사람의 눈에 너무 지나치거나 부적절해 보인다.

우울증

우울증의 주요 증상은 절망감, 무력감, 자신이 쓸모 없다는 생각, 기력 저하, 피로감, 입맛 없음이나 과식 등이지만, 우울증에 걸린 사람들이 불안감, 걱정, 긴장, 초조함을 느끼는 것도 드물지 않다. 감정과 정서는 하나의 카테고리에만 들어맞는 경우가 거의 없다.

향정신성 의약품

심리치료에 수많은 유형이 있듯이, 당신의 불안감을 줄여 주고 긴장을 풀어 주며 스트레스를 낮춰 줄 수 있는 향정신성 의약품도 수없이 많다. 이런 약품들은 기분, 관심, 기력, 인지 같은 여러 가지 정신적 기능에 영향을 미치는 중추신경계에 주로 작용한다. 불안장애에 사용되는 약품의 주요 카테고리는 (자낙스 및 클로노핀 같은) 항불안제와 (프로작 및 팍실 같은 SSRI뿐 아니라 웰부트린 및 지반 같은 중추신경 흥분제가 포함되는) 항우울제이다.

항불안제는 주로 급성 스트레스 장애 및 공황장애 증상 관리에 처방한다. 약효가 빠르며 약 성분이 체내에 오래 머무르지 않는다. 매일 또는 필요한 때마다 복용하도록 처방할 수 있다. 항우울제 역시 불안장애를 관리하는 데 사용되지만 약효가 나타나기까지 몇 주일이 걸리기도 한다. 하루 단위로 복용하도록 처방해야 하며, 복용을 중단할 때는 갑작스럽게 약을 끊지 말고 서서히 복용량을 줄여 나가야 한다. 불안감이나 우울증을 치료할 때는 심리치료와 병행하는 것이 가장 약효가 좋다.

두려움을 줄이는 대안들

심리치료와 약물 외에도 많은 사람들이 두려움을 다스리는 데 도움이 되었던 대안을 여기 소개한다.

바이오피드백

바이오피드백은 감각 모니터링 장치를 이용하여 몸의 자율기능 (심박수나 근육 긴장도)에 대한 정보를 알아 보는 기법이다. 이 방법의 목적은 그러한 자율기능을 의식적으로 통제하여 긴장, 불안, 두려움을 덜 느끼게 하는 것이다. 통제하는 방법을 형상화한 이미지를 보며 바이오피드백을 사용하면 신경계와 근육계를 모두 이완시키는 기술을 터득할 수 있다.

요가 및 여타 동양식 치료법

요가는 5천 년이 넘는 인도의 전통이지만 "주류"가 된 것은 불과 몇 십 년 전부터이다. 이제는 요가의 종류도 많아져서 입맛대로 골라 즐길 수 있다. 유명한 요가 유파로는 크리팔루, 쿤달리니, 인테그랄, 아슈탕가, 아이엥가 등이 있고, 헬스클럽, 평생교육원, 사설 학원 등에서 다양한 코스로 요가를 배울 수 있다. 종류는 다양하지만 모든 요가는 몸을 이완시키고, 정신을 차분하게 하며, 내면의 힘을 끌어올리고, 기의 흐름을 촉진한다.

요가 외에도 수없이 많은 동양식 치료법(태극권, 기공, 쿵푸, 가라테, 주지츠 등의 각종 무술)을 통해 자신감을 키우고 두려움을 다스리는 도움을 얻을 수 있다.

마사지

마사지는 신체의 긴장을 풀고 마음을 가라앉히며 머리끝부터 발끝까지 이완시킬 수 있는 다양한 방법을 일컫는다. 마사지는 받을 때 아무 것도 하지 않아도 된다는 점이 장점이다. 따라야 할 지침도 없고, 배워야 할 기술도 없으며, 주변의 눈치를 볼 필요도 없고, 제대로 진행되고 있는지 궁금해 할 것도 없다. 각종 오일, 향기, 음악, 그리고 섬세하고 정확한 손길에 몸을 맡긴 채 긴장을 풀고 마음의 짐을 벗어 버릴 수만 있다면, 내가 왜 두려움을 이기는 방법으로 마사지를 적극 추천하는지 이해가 갈 것이다.

심리치료에
거부감이 있다면

　어떤 사람들은 항상 강한 모습을 보여야 한다는 생각에서, 그리고 자신의 문제는 혼자 힘으로 극복해야 한다는 생각에서 심리치료를 거부한다. 이들은 심리치료를 받는다는 것은 자신이 어딘가 잘못되었다는 것, 즉 아프거나 심지어 "미쳤다"는 의미는 아닌지 걱정하기도 한다. 이런 생각을 하는 사람들이 요즘은 훨씬 줄어들었다는 것이 얼마나 다행인지! 이제는 대부분 사람들이 정서적인 문제 때문에 치료를 받는다는 것이 자신의 치부를 드러내는 행위가 아니라는 사실을 잘 알고 있다. 오히려 심리치료를 받는다는 것은 내게 문제가 있으니 그것을 해결하고 싶다고 인식할 정도로 강하고 현명하며 건전한 정신을 지녔음을 의미하는 행위가 되어가고 있다.

　비유를 하나 들어 보겠다. 당신의 몸에 건강상의 문제가 있다면 그 문제를 혼자서 치료할 것인가? 뭐, 그럴 수도 있다. 예를 들어 기침이 계속된다고 해 보자. 별로 큰일은 아니다. 며칠 두고 보든가 아니면 기침약을 사다 먹으면 된다. 하지만 기침이 꽤 오래 계속되거나 강도나 빈도가 심해진다면 병원에 가 보는 것이 현명한 일이다. 그대로 방치했다가는 기침이라는 문제가 더 나빠질 수도 있으니까. 본인에게 문제가 있는데 그 문제를 해결할 지식, 기술, 또는 전문적인 능력이 없다면 당신을 도와 줄 수 있는 누군가에게 도움을 청하는 것이 현명한 사람이 택하는 방법이다. 심리나 정서 상의 문제가 있을 때에도 똑같다.

또는 당신은 심리치료에 거부감이 없는데 주변의 오지랖 넓은 누군가가 "심리치료를 왜 받아?"라든가 "참 유난 떤다. 그냥 좀 있으면 기분이 나아질 걸."이라고 말하는가? 그럼 내가 이 책에서 말했던 조언을 기억하시라. "누구의 목소리에 귀를 기울일 것인가?"

약물에 거부감이 있다면

어떤 사람들은 알약 하나만 삼키면 금방 기분이 좋아진다는 사실을 더없이 반기지만, 그와는 완전히 반대로 약을 복용하는 편이 도움이 된다 하더라도 한사코 약을 거부하는 사람들도 있다. 이들은 약을 의존해서는 안 될 대상으로 생각한다. 약을 복용하여 "약에 굴복"하느니 증상을 참고 견디는 쪽을 택하는 것이다. 또 어떤 사람들은 병원에서 처방하는 약은 입에도 대지 않고 각종 허브나 생약을 복용하기도 한다. 그런 허브나 생약은 부작용이 없다거나, 각종 보충제 같은 것은 복용해도 해가 되지 않는다는 그릇된 믿음 때문이다. 과거 처방약을 복용하다가 부작용을 겪었거나 약효를 보지 못해서 약물에 거부감을 보이는 사람도 있다. 하지만 지금 약국에 나와 있는 약품들은 과거보다 훨씬 종류가 많다. 그리고 당시의 처방전이 당신에게 최선의 처방전이 아니었을 수도 있다. 당신에게 맞는 약을 당신에게 맞는 양만큼 복용한다면 상황이 완전히 달라질 수 있다.

약물을 복용하는 것만이 두려움을 줄이는 유일한 방법이라는 말은 아니다. 하지만 나는 약물 복용이 많은 사람에게 도움이 될 수 있음을 알고 있다. 실제로 당신이 너무 초조하거나, 너무 두려워하거나, 너무 신경과민이라면, 심리치료나 내가 이 책에서 소개한 기술을 실천하는 것만으로는 큰 도움이 되지 않을 수도 있다.

이러저러한 대안에 거부감이 있다면

두려움이 많은 사람은 대체로 경계심도 지나치게 많다. 새로운 기법을 시험해 보는 것조차도 거부감을 보이기도 한다. 특히 그런 기법이 주류가 아니라고 생각하거나 다른 문화권의 방법이라면 더더욱 그렇다. 당신이 이런 사람이라면, 내가 언급했던 방법들을 열린 마음으로 봐 주기를 부탁한다. 이 방법들은 모두 예방의학이나 치료의학계에서 이미 확고한 자리를 차지하고 있다. 낯설어 보이는 일부 방법들은 미국 주류사회에 소개된 지 얼마 되지 않았을 뿐이다.

물론 모든 방법이 모든 사람에게 좋은 효과가 있는 것은 아니다. 하지만 그 방법에 대한 최소한의 정보라도 알아 보지 않는다면 그 방법이 당신에게 효과가 있을 것인지 아닌지 어떻게 알 수 있겠는가? 때로는 전혀 기대하지 않은 곳에서 너무나 어마어마한 보물이 불쑥 튀어나오기 마련이다.

두려운 마음
버리기

초판 1쇄 인쇄 2014년 6월 20일
초판 1쇄 발행 2014년 6월 30일

지은이 린다 새퍼딘
옮긴이 최세민

펴낸이 박세현
펴낸곳 팬덤북스

기획위원 김정대 · 김종선 · 김옥림
편집 김종훈 · 이선희
디자인 강진영
영업 전창열

주소 (우)121-250 서울시 마포구 성산동 275-60번지 교홍빌딩 305호
전화 070-8821-4312 | **팩스** 02-6008-4318
이메일 fandombooks@naver.com
블로그 http://blog.naver.com/fandombooks

등록번호 제25100-2010-154호

ISBN 978-89-94792-88-0 13320